O Diário de Renia

UM DIÁRIO DO HOLOCAUSTO

BEST-SELLER DO *NEW YORK TIMES*

O Diário de Renia

RENIA SPIEGEL

COM SUA IRMÃ, ELIZABETH BELLAK

COM PREFÁCIO DE
DEBORAH E. LIPSTADT

ALTA LIFE
EDITORA
Rio de Janeiro, 2021

O Diário de Renia

ISBN: 978-65-5520-390-5

Impresso no Brasil — 1a Edição, 2021 — Edição revisada conforme o Acordo Ortográfico da Língua Portuguesa de 2009.

Erratas e arquivos de apoio: No site da editora relatamos, com a devida correção, qualquer erro encontrado em nossos livros, bem como disponibilizamos arquivos de apoio se aplicáveis à obra em questão.

Acesse o site **www.altabooks.com.br** e procure pelo título do livro desejado para ter acesso às erratas, aos arquivos de apoio e/ou a outros conteúdos aplicáveis à obra.

Suporte Técnico: A obra é comercializada na forma em que está, sem direito a suporte técnico ou orientação pessoal/exclusiva ao leitor.

A editora não se responsabiliza pela manutenção, atualização e idioma dos sites referidos pelos autores nesta obra.

Dados Internacionais de Catalogação na Publicação (CIP) de acordo com ISBD

S755d Spiegel, Renia

Diário de Renia / Renia Spiegel, Elizabeth Bellak ; traduzido por Samantha Batista. - Rio de Janeiro, RJ : Alta Books, 2021.
336 p. : il. ; 16cm x 23cm.

Tradução de: Renia's Diary
Inclui índice.
ISBN: 978-65-5520-390-5

1. Biografia. 2. Renia Spiegel. 3. Holocausto. I. Bellak, Elizabeth. II. Batista, Samantha. III. Título.

2021-2392 CDD 920
CDU 929

Elaborado por Vagner Rodolfo da Silva - CRB-8/9410

Rua Viúva Cláudio, 291 — Bairro Industrial do Jacaré
CEP: 20.970-031 — Rio de Janeiro (RJ)
Tels.: (21) 3278-8069 / 3278-8419
www.altabooks.com.br — altabooks@altabooks.com.br

ALTA BOOKS
EDITORA

Produção Editorial
Editora Alta Books

Diretor Editorial
Anderson Vieira

Gerência Comercial
Daniele Fonseca

Coordenação Financeira
Solange Souza

Editor de Aquisição
José Rugeri
acquisition@altabooks.com.br

Produtores Editoriais
Ian Verçosa
Illysabelle Trajano
Larissa Lima
Maria de Lourdes Borges
Paulo Gomes
Thiê Alves
Thales Silva

Equipe Comercial
Adriana Baricelli
Daiana Costa
Kaique Luiz
Tairone Oliveira
Victor Hugo Morais

Equipe Ass. Editorial
Brenda Rodrigues
Caroline David
Luana Goulart
Marcelli Ferreira
Mariana Portugal
Raquel Porto

Marketing Editorial
Livia Carvalho
Gabriela Carvalho
Thiago Brito
marketing@altabooks.com.br

Atuaram na edição desta obra:

Tradução
Samantha Batista

Revisão Gramatical
Hellen Suzuki
Jana Araujo

Copidesque
Ana Gabriela Dutra

Diagramação
Joyce Matos

Mapas
Jeffrey L. Ward

Ouvidoria: ouvidoria@altabooks.com.br

Editora afiliada à:

abdr ASSOCIAÇÃO BRASILEIRA DE DIREITOS REPROGRÁFICOS

ASSOCIADO CBL Câmara Brasileira do Livro

MAPA DA POLÔNIA DE 1939

O GUETO DEPOIS DO FECHAMENTO EM 15 DE JULHO DE 1942
Gueto de Przemy's!
1 – Judenrat
2 – Prisão
3 – Hospital
4 – Entrada Principal
5 – Ponto de Deportação
6 – Forcas
7 – Sede da Gestapo
8 – Vila do comandante nazista
9 – Cemitério das vítimas executadas
Rio San
PRZEMY'SL
ZASANIE
GARBARZE
KOPERNIKA
REYMONTA
WYBRZEZ E WILSONA
3-go MAJA
CZARNECKIEGO
JAGIELLO NSKA
ESTAÇÃO DE TREM
MICKI EWICZA
RYNEK
SŁOWACKIEGO 19
0 Milhas .25
0 Quilômetros .25
© 2019 Jeffrey L. Ward

PREFÁCIO

Nas últimas quatro décadas, vários sobreviventes do Holocausto publicaram suas memórias. Alguns esperaram até que chegassem a uma idade em que as pessoas, no geral, ficam mais propensas a refletir sobre o passado para escrever. Outros escreveram porque sentiram que o mundo agora está mais atento para ouvir o que eles têm a dizer sobre esse genocídio. Outros, ainda, foram encorajados a fazê-lo por seus filhos ou netos. Desde a década de 1980, tantas memórias foram publicadas que é fácil esquecer que esse desejo de "escrever e registrar" começou há muito mais tempo.

Na verdade, os sobreviventes do Holocausto têm escrito suas memórias e dado seus testemunhos desde o fim da guerra. No início dos anos 1960, quinze anos após o fim do Holocausto, havia milhares de memórias impressas de sobreviventes. Em 1961, quando Elie Wiesel procurou uma editora norte-americana para publicar o livro *A Noite*, que já tinha sido lançado em francês, muitas o rejeitaram, porque acreditavam haver memórias demais em circulação. Em sua introdução à edição francesa, o vencedor do Prêmio Nobel François Mauriac reconheceu que o livro de Wiesel era um em meio a uma grande variedade de memórias do Holocausto, ao escrever: "este registro pessoal, *de fato, sucede muitos outros*" (grifo nosso).* Infelizmente, com a morte da geração de sobreviventes, essa tendência está chegando ao fim.

Às vezes, é difícil imaginar que essas lembranças, agora tão estimadas e valorizadas, um dia foram evitadas por historiadores que preferiam documentos — apesar do fato de a maioria desses documentos serem pro-

* François Mauriac, "Introduction", *La Nuit*, de Elie Wiesel, como citado em Ruth Franklin, *A Thousand Darknesses* (Nova York: Oxford University Press, 2011), p. 70.

dutos do Terceiro Reich — a relatos pessoais. Esses historiadores se preocupavam que as memórias pessoais não fossem tão "confiáveis" quanto documentos. Os historiadores de hoje reconhecem o valor desses trabalhos, particularmente quando são justapostos a evidências documentais e materiais.

É claro que existem vários problemas metodológicos envolvidos na confiabilidade desses testemunhos e memórias. Eles são escritos a partir do fato passado. A memória é vaga e impactada por outros eventos simultâneos. A lembrança que um indivíduo tem de um evento pode ser maculada pelo modo como outra pessoa também presente se lembra dele. Um sobrevivente pode narrar os detalhes de um evento a fim de enfatizar um ponto específico, cuja importância só fica evidente para ele muito tempo depois do fato. Sem dúvida, isso é válido para qualquer memória ou testemunho. Nós escrevemos para defender um ponto de vista. E esse aspecto se aplica particularmente quando a memória lida com um evento traumático. E o que poderia ser mais traumático do que o Holocausto?

Além do mais, as memórias são as vozes daqueles que sobreviveram, não dos que morreram. Foi por uma boa razão que David Boder, um dos primeiros estudiosos a registrar sistematicamente os relatos de sobreviventes sobre suas experiências, intitulou seu trabalho *I Did Not Interview the Dead* ["Eu Não Entrevistei os Mortos", em tradução livre]. Ele sabia que as vozes gravadas eram dos sobreviventes. As vozes e lembranças daqueles que não tiveram a mesma sorte foram, no geral, perdidas para sempre.

Digo "no geral", pois temos algumas das vozes daqueles que morreram na forma de diários, como o de Renia Spiegel. Diários são diferentes de memórias não só porque nos permitem ouvir as vozes daqueles que não sobreviveram, mas porque não apresentam esses desafios metodológicos. Independentemente de serem escritos por alguém que sobreviveu ou não, são fundamentalmente diferentes das memórias, pois são relatos contemporâneos à época. Ou seja, o autor das memórias conhece o fim da história, o do diário não. O diarista pode muito bem estar inconsciente da visão "geral" do que está experienciando. Por exemplo, a criação de um gueto em sua cidade faz parte de uma política mais ampla de formações de guetos ou acontece apenas onde ele mora? Enquanto a pessoa que escreve depois de um evento pode ter uma compreensão de como um decreto alemão específico se encaixa na política nazista geral, o diarista geralmente não a tem. O que, à primeira vista, parece ser relativamente pouco importante para o diarista pode, de fato, ser muito significativo. Em contrapartida, o que a princípio aparenta ser completamente traumático para um diarista perde a gravidade diante do que ocorre em seguida.

E, o mais importante, os diários nos oferecem algo que as memórias carecem: um imediatismo emocional. E é esse imediatismo emocional que chama tanto a atenção. Lembro de Hêlène Berr, a jovem judia francesa que manteve um diário de 1942 até o dia em que ela e seus pais foram capturados, em março de 1944. Por acaso, ela começa a escrever pouco tempo antes do decreto de que todos os judeus deveriam usar uma estrela amarela. Ela confidencia ao diário sua dúvida angustiante de usá-la ou não. Seria um ato de obediência a um regime odioso ou uma demonstração de orgulho por sua identidade judia? Lemos suas reações aos comentários dos transeuntes. Alguns expressam solidariedade e outros, pena. E ela reflete sobre eles, não depois de muitos anos, mas no dia em que os encontrou. Hêlène não contextualiza esse ato como o primeiro passo em uma série de perseguições piores que estavam por vir — porque não pode.

Ao ler o diário de Renia Spiegel, também me lembrei, como muitos leitores lembrarão, do trabalho icônico de Anne Frank. Esses três diários — de Spiegel, de Frank e de Berr — são repletos de reflexões aparentemente mundanas de jovens fascinadas pelo primeiro amor e cheias de esperança para o futuro. O diário de Renia Spiegel tem muitas expressões familiares da angústia adolescente — o primeiro amor, o primeiro beijo e o ciúme, que, em retrospecto, pode parecer insignificante, mas, no momento, parece muito importante, pelo menos para Renia. Também tem muitas poesias, que inevitavelmente comovem o leitor.

Nós, leitores, temos algo que ela não tinha: conhecimento do resultado. No início do diário, ela está angustiada, pois foi forçada a viver com os avós e, portanto, diz: "não tenho mais um lar de verdade". Isso a deixa "muito triste a ponto de chorar". Em comparação ao que está por vir, não ter um lar parece bobagem. Se ela tivesse escrito suas memórias, saberia desse fato e poderia ter atenuado esse momento traumático. Mas não o faz. Em 1940, após a queda da Europa Ocidental, Renia lamenta: "Estou aqui sozinha, sem Mamãe ou Papai, sem um lar, sendo debochada e ridicularizada. Ó, Deus, por que um aniversário tão terrível tinha que acontecer? Não seria melhor morrer? Olho para baixo, do alto dos meus 16 anos, e me pergunto se chegarei ao fim." Se estivesse escrevendo memórias, sabendo o que aconteceria em um futuro próximo, provavelmente teria desconsiderado esse momento de desânimo. Talvez não ficasse tão angustiada quando o luxo das roupas de pele foi retirado dos judeus. "Ontem, casacos, peles, golas, sobremangas, chapéus e botas estavam sendo tomados nas ruas. E agora há um novo regulamento que, sob pena de morte, é proibido ter qualquer pedaço de pele em casa."

Ela também não sabia que o que aparentemente era um destino terrível poderia, na verdade, ser um salvador de vidas para algumas vítimas. Ela descreve "o medo, o desespero, o abandono" experimentados por aqueles deportados pelos soviéticos para Birobidjan* e outras partes do interior soviético. Renia está angustiada que eles "viajarão em vagões fechados e escuros, com cinquenta pessoas cada um... sem ar, na sujeira e infestados. Podem até ficar com fome... com as crianças entre eles morrendo". Ironicamente, é claro, essas pessoas tinham uma chance muito maior de sobrevivência do que aqueles que subsequentemente seriam forçados pelos alemães a viajar em condições ainda piores para destinos muito mais horrendos.

Mesmo assim, essa jovem menina — pois é isso que ela é —, com seus sonhos para o futuro, reconhece o quanto o cerco está se fechando sobre ela e seu povo. "Gueto! Essa palavra está soando em nossos ouvidos, ela aterroriza, atormenta. Não sabemos o que acontecerá conosco, para onde iremos e o que nos deixarão levar." Contudo, ela continua a ter esperanças no futuro. Essa tensão entre uma realidade cada vez mais sombria e o otimismo sobre o que ainda pode ser possível fatalmente parte o coração do leitor.

Porém, alguns dias antes de ser capturada e assassinada pelos alemães, ela sente que o fim pode estar próximo. Escreve com presciência: "Meu querido Diário, meu bom e amado amigo! Passamos por tempos tão horríveis juntos e agora o pior momento jaz sobre nós. Eu poderia estar com medo agora. Mas Aquele que não nos deixou antes também nos ajudará hoje. Ele nos salvará. Ouve, Israel,† salve-nos, ajude-nos." Sua oração não serviu para nada.

---

* Uma cidade na URSS, próxima da fronteira com a China, centro administrativo do Oblast Autônomo Judaico, criado em 1934.

† Uma referência a uma das orações mais importantes do judaísmo, Shemá Israel ("Ouve, Israel, o Senhor, nosso Deus, é o único Senhor").

PREFÁCIO

Renia Spiegel, uma jovem menina tão cheia de entusiasmo pela vida e com uma capacidade de descrever em prosa e em poesia a beleza do mundo à sua volta, teve o que mais queria negado a ela por uma bala: um futuro. Se não fosse por este diário, ela teria seguido, junto de outros milhões, para o cruel esquecimento que foi o destino da maioria das vítimas do Holocausto. Aqueles que salvaram o diário e trabalharam para publicá-lo "resgataram" Renia. Não puderam salvá-la de um destino impiedoso nem dar a ela o futuro que tanto desejava, mas a resgataram da dor adicional de ser esquecida.

— Deborah E. Lipstadt,
Professora *Dorot* de História do Holocausto na Universidade Emory

PRÓLOGO

Minha irmã, Renia Spiegel, nasceu em 18 de junho de 1924, em Uhryńkowce, na província de Ternopil, no sudeste da Polônia. Essa cidade rural é chamada de *Uhrynkivtsi* em inglês e agora faz parte da Ucrânia. Antes de a Segunda Guerra Mundial arruinar nossa família, nosso povo e país, Uhryńkowce ficava na Polônia.

Eu nasci em 18 de novembro de 1930, seis anos depois de Renia. Fui muito bem casada com meu marido vienense nascido na Áustria, George Bellak, por 53 anos; lecionei na cidade de Nova York por três décadas; e sou mãe de dois e avó de três meninos maravilhosos. Minha irmã só viveu até os 18 anos. Foi assassinada pelos nazistas em 1942. Além de algumas fotos, relíquias de família e memórias que revirei em minha mente por quase noventa anos, o diário que você está prestes a ler é tudo o que me restou dela.

Mas eu nem sempre consegui digerir este diário. Eu me escondi dele e do meu passado por muitos anos, até que minha filha, Alexandra Renata, retirou-o do cofre em que estava, intacto, há mais de quatro décadas. Percebendo o importante trabalho de história e literatura que este diário é, e como pessoas do mundo todo poderiam se identificar com ele, mandou traduzi-lo para o inglês. E continua trabalhando incansavelmente para publicá-lo em todo o mundo, ajudando a difundir o valor de sua história, mesmo hoje. Agradeço a ela por me devolver o diário — e a memória de minha irmã.

Quando nasci, meus pais fizeram uma cegonha de papel, colocaram na janela e disseram para minha irmã que eu estava chegando. Nessa época, minha família tinha se mudado para uma propriedade rural em uma cidade chamada Stawki (*Stavky* em inglês), que ficava próxima do Rio Dniestre e da fronteira romena, mas Renia a adorava tanto quanto sua antiga casa. Ela amava ouvir os pássaros cantando, o vento, a floresta. Às vezes, acho que as memórias desses lugares — distantes, em outros tempos — são o que inspiraram a poesia que ela escreveu neste diário. Seus poemas eram pensamentos calmos e serenos, anotados enquanto estava cercada pela guerra.

Não foi a guerra que nos fez sair de nossa casa em Stawki. Eu era uma atriz mirim, conhecida como a "Shirley Temple da Polônia", e, em 1938, minha mãe e eu nos mudamos para Varsóvia a fim de me promover. Ela deixou Renia com nossos avós em sua terra natal, Przemyśl, uma pequena cidade no sudeste da Polônia que agora fica na fronteira com a Ucrânia. Em janeiro de 1939, Renia começou seu diário. Naquele verão, visitei Renia e meus avós durante as férias, e minha mãe voltou para Varsóvia.

Os exércitos alemão e soviético invadiram a Polônia em setembro de 1939 e, no fim daquele mês, o país foi dividido em duas zonas de ocupação: o lado alemão no oeste e o soviético no leste. Przemyśl se espalhava pelos dois lados das margens do rio San, logo, foi dividida em duas. Meus avós moravam no leste, a parte ocupada pelos soviéticos. Nossa mãe estava em Varsóvia, no oeste, a parte da Polônia ocupada pelos alemães. Não podíamos atravessar o San, então fomos subitamente separadas dela. Foi então que Renia se tornou minha mãe substituta. Nós só vimos nossa mãe algumas vezes nos dois anos seguintes, e suas cartas não chegavam com frequência. Renia sentia uma falta terrível dela. Até hoje, me pergunto se este diário substituiu a mãe que ela amava e de quem sentia tanta saudade.

Até o namorado de minha irmã, Zygmunt, entregar este diário à minha mãe no início dos anos 1950, eu não tinha nem ideia de que Renia o mantinha. Como ela escondeu setecentas páginas de mim é um mistério, mas era o seu segredo, e ela o compartilhou apenas com Zygmunt. Renia deixou seu diário com o namorado pouco antes de ser morta, e ele o entregou para alguém a fim de mantê-lo a salvo antes de ser enviado para os campos de concentração. As páginas sobreviveram, assim como ele, e um amigo — ainda não sabemos quem — as levou até Zygmunt nos Estados Unidos. Minha mãe morreu em 1969, e, quando encontrei o diário em meio às suas coisas, tranquei-o em um cofre em uma agência do Chase Bank perto do meu apartamento. Não conseguia lê-lo. Era emoção demais para mim.

PRÓLOGO

Até hoje, só li algumas partes dele, e elas me deixaram mal ou me fizeram chorar. Mas sei que estas páginas são relevantes, então as compartilharei com você. Vivemos em uma época em que, às vezes, é difícil encontrar tolerância, mas ela é muito importante. A guerra também é difícil de entender — especialmente se você estiver no meio dela —, mas Renia sempre foi muito inteligente e conseguiu. Acredito que seus pensamentos, suas dificuldades e sua morte nos mostram por que o mundo precisa de paz e aceitação. Portanto, deixarei que as palavras e os poemas de minha irmã falem por si. No final do diário, escrevi comentários que correspondem a registros específicos e épocas de minha vida das quais me lembro de passar com minha irmã. Discuto a história e o que me lembro dos últimos anos da vida de Renia, e então lhe conto como os sobreviventes entre nós seguiram em frente depois da guerra. Minhas memórias não são tão claras quanto eram oitenta anos atrás, mas faço o melhor que posso. Em alguns pontos, meus pensamentos e os de Renia podem parecer dispersos ou não lineares, mas diários são assim, imediatos e impulsivos, e, às vezes, minhas memórias também são.

No fim, sei que minhas palavras são o legado da vida que minha irmã não pôde ter, enquanto as de Renia são memórias de uma juventude presa para sempre na guerra.

— Elizabeth Leszczyńska Bellak, antigamente Ariana Spiegel

31 DE JANEIRO DE 1939

Por que decidi começar meu diário hoje? Algo importante aconteceu? Eu descobri que minhas amigas estão escrevendo seus próprios diários? Não! Só quero um amigo. Quero alguém com quem possa conversar sobre minhas preocupações e alegrias cotidianas. Alguém que sinta o que eu sinto, acredite no que digo e nunca revele meus segredos. Nenhum ser humano poderia ser esse tipo de amigo, e é por isso que decidi procurar um confidente na forma de um diário.

Hoje, meu querido Diário, é o começo de nossa grande amizade. Quem sabe quanto tempo irá durar? Pode ser até o fim de nossas vidas. De qualquer forma, prometo sempre ser honesta com você, me abrirei e lhe contarei tudo. Em contrapartida, você escutará minhas preocupações e meus pensamentos, mas nunca os revelará para mais ninguém; permanecerá calado como um livro enfeitiçado, trancado com uma chave mágica e escondido em um castelo encantado. Você não me trairá. Se acontecer, a culpa será destas letrinhas azuis que as pessoas conseguem reconhecer.

Em primeiro lugar, permita que eu me apresente. Estou no terceiro ano do ginásio na Escola Maria Konopnicka para Garotas.* Meu nome é Renia, ou pelo menos é assim que minhas amigas me chamam. Tenho uma irmã mais nova, Arianka,† que quer ser estrela de cinema. (Ela realizou parte desse sonho, pois já participou de alguns filmes.)

Nossa mãe mora em Varsóvia. Eu costumava morar em um casarão perto do Rio Dniestre, que adorava. Acho que foram os dias mais felizes da minha vida até hoje. Havia cegonhas em velhas tílias, maçãs cintilavam no pomar e eu tinha um jardim organizado com fileiras de flores encantadoras. Mas isso é passado e esses dias nunca mais voltarão. Não há mais casarão, cegonhas em velhas tílias, maçãs ou flores. Tudo o que restam são memórias, doces e agradáveis. E o Rio Dniestre, que flui distante, estranho e frio — que murmura, mas não mais para mim.

Agora eu moro em Przemyśl, na casa da vovó. Mas a realidade é que não tenho mais um lar de verdade. É por isso que, às vezes, fico muito triste a ponto de chorar. Choro, apesar de não sentir falta de nada; nem dos vestidos, nem dos doces, nem de meus sonhos estranhos e preciosos. Só

* O ginásio para garotas da Escola Maria Konopnicka, em Przemyśl, na Rua Grodzka, nº 4.

† Ou também *Ariana, Jarośka, Jarka, Jara, Jarusia, Jarosia, Jakusia.*

sinto falta de Mamãe e de seu coração afetuoso. Sinto falta da casa em que todos morávamos juntos, como o casarão branco no Rio Dniestre.

Mais uma vez, sou tomada pela vontade de chorar
Quando me lembro dos dias que costumavam se desenrolar
As tílias, as cegonhas, as borboletas e o casarão
Longe… em algum lugar… longe demais para minha visão
Vejo e ouço o que me traz saudades
O vento que costumava embalar velhas árvores
E ninguém mais me informa
Sobre a neblina, sobre o silêncio
A distância e a escuridão do lado de fora
Sempre ouvirei esse acalanto
Verei nossa casa e a lagoa no recanto
E as tílias contra o céu, que encanto…

Mas também tenho momentos felizes, e existem muitos deles… Tantos! Preciso apresentar minha turma para você, para que possa entender todas as piadas internas.

Minha melhor amiga, Norka,* senta ao meu lado. Alguém poderia dizer que não gosta dela, e outra pessoa poderia dizer que se encanta por ela. Eu sempre gosto de Norka, ela é sempre a mesma doce Norka para mim. Compartilhamos os mesmos pensamentos, temos os mesmos pontos de vista e as mesmas opiniões. Em nossa escola, as meninas geralmente têm "paixonites" pelos professores, então Norka e eu temos uma paixonite, de verdade (algumas meninas só fazem isso para bajular os professores), pela nossa professora de latim, a Sra. Waleria Brzozowska, Brühl quando solteira. Nós a chamamos de "Brühla". Ela é casada com um belo policial que mora em Lviv e o visita em domingos alternados. Nós tentamos descobrir a rua dele por meio do escritório de endereços, mas não conseguimos porque não sabemos seu nome. (Nós o chamamos de "Zdzisław".) Brühla ensina latim e nós somos boas nessa matéria, o que comprova que realmente a amamos.

A próxima da nossa fila é Belka ou "Belania" — rechonchuda e atarracada como trezentos demônios! Ela tem um talento excepcional para os

* Ou também *Nora, Noruśka, Noreńka.*

estudos e outro ainda maior para ser odiada. Ela tem uma "paixonite" terrível pela Sra. Skorska* e faz caretas ridículas quando olha para ela.

Em seguida vem Irka (*ira-ae* — ira). Eu não gosto dela e isso é coisa de sangue. Herdei este ódio: minha mãe não gostava muito da mãe dela quando estavam no ginásio. Passei a detestá-la ainda mais quando ela começou a me subestimar na escola — tudo isso, mais seu boletim injusto e a bajulação repulsiva, as mentiras e a insinceridade me fizeram odiá-la genuinamente. Preciso acrescentar também o fato de que Brühla visita Irka em casa, coisa que nós investigamos. E a mãe de Irka faz visitas à nossa professora; descobrimos isso espiando pelas janelas da casa de Brühla, onde passei muitas horas com Nora esperando por ela. Tudo isso significa que não suporto essa menina! Mas como estamos na mesma turma, preciso aguentar. Então Nora e eu cerramos os punhos e aguardamos uma oportunidade.

Em relação às meninas que se sentam ao lado de Irka, ou eu não me importo, ou gosto pouco delas. Por outro lado, me importo um pouco mais com a menina que senta bem no fundo da sala, isto é, Luna, que senta atrás de mim e atira coisas nas minhas costas constantemente. Ela se acha uma criatura muito talentosa e excepcional. Durante festas e, no geral, o tempo todo ela "finge" ser isso ou aquilo, tenta salientar sua beleza (que não existe), suas habilidades extraordinárias (que são frutos de sua imaginação) e sua importância (que nunca teve). Luna está sempre tentando chamar a atenção dos meninos, então, sendo baixa, usa salto alto, alonga as sobrancelhas com lápis e usa pó no rosto. Primeiro ela "emprestava" o pó de Irka Łozińska, supostamente "só de brincadeira". E agora ela não faz nem um pouco "de brincadeira", é totalmente sério.

Irka Łozińska deve ser a menina mais bonita da sala, ou talvez de toda a escola. Você até se esquece do seu tom de pele escuro, quase alaranjado (por causa do pó, é claro) e da sua voz arrogante ou das palavras ríspidas emitidas por seus lábios vermelho-coral que revelam lindos dentes brancos como a neve. Mas Irka tem a pior de todas as imperfeições: tuberculose... Sim, às vezes ela sangra pela boca e pelo nariz. Sinto pena dela. Ela tem um namorado que a ama, mas ele não sabe que a namorada está gravemente doente.

Irka senta bem no fundo da sala. Ao seu lado há duas figuras impassíveis: Halina (muito má), com o cabelo muito bem arrumado, e Sławka, que

* Olga Skorska.

sempre se faz de desentendida, nunca responde e esconde Halina debaixo da carteira quando ela quer evitar responder qualquer pergunta de uma professora. E, então, tem a terceira Irka, magra como um palito e muito feia. Ao lado dela senta a Elza, minha ex-vizinha. Ela se faz de inocente, mas sei muito bem que é tudo fingimento. Ela tem notas decentes, mas seu boletim está sempre muito melhor do que merece. Supostamente, sempre copia a tarefa de latim da terceira Irka... mas quem se importa?

E tem a presidente da nossa turma, Krzyśka. Ela não sabe nada e fala como se tivesse bolinhos cheios de areia na boca, mas é bonita e está sempre caidinha de amores por todos os seus Zbyszeks, Sławeks, Leszeks, Zdzisios etc. Ela é amiga da Luna.

Diante dela, a primeira Eda (existem três delas) se desdobra. Eda é uma "moça traiçoeira", está noiva, tem um corpo bonito e tudo. A segunda Eda é a antiga amiga de Belka. Ela também tem uma paixonite pela Sra. Skorska, mas não é boa em história, o que me deixa desconfiada. A terceira Eda era nossa inimiga há alguns meses. Imagine, meu querido Diário, uma estranha, uma "perdida" do mato, chega e quer ser a chefe, tenta nos mostrar que somos lentas e se acha a "talentosa em tudo". Sério mesmo?

Luśka e Dziunka sentam na frente de Eda. Dziunka faz movimentos "nervosamente estremecedores". Fiquei de mal com ela por mais de um ano, mas superei no onomástico* de Brühla. Dziunka é considerada a pessoa mais chata da sala, e de fato é. Luśka é boba, burra e atrasada. Você pode falar o que quiser para ela. Mas ela é divertida, sempre dança "Andrusovo" comigo nas festas. Um dia, Luśka gritou durante uma aula de matemática: "Senhorita, senhorita, eu não sou chamada há tanto tempo e gosto tanto de matemática!" A reação de Nora para isso foi: "Luśka, pare, não seja burra." Para o que ela respondeu: "Nem um pouco", mas então percebeu o que fizera e começou a gaguejar e arregalar os olhos brilhantes.

Na frente delas, da primeira Eda, de Luśka e de Dziunka, há uma mesa estranha reservada para "alunas antigas". Isto é, Janka. Ela é a melhor da sala em "bancar a burra" e só sobrevive graças à ajuda das pessoas. Quando é chamada à lousa, está com todas as respostas escritas nas unhas. Se, por acaso, a professora notar algo suspeito, Janka lambe rapidamente

* N. da T.: O onomástico é comemorado no dia do santo com o mesmo nome da pessoa. Por exemplo, no dia de Santo Antônio, é comemorado o onomástico de todos que se chamam Antônio.

a tinta e se finge de santa. Ela sabe chorar, lamentar e até desmaiar de propósito, assim como a primeira Eda, que de repente se sente tonta quando Pacuła está prestes a pedir que recite um poema. Janka geralmente é muito talentosa quando se trata de encenar. Ao seu lado fica Wisia, uma pequena criatura que não tem nem um metro de altura apesar de seus 15 anos de idade. A terceira da fila é Frejka, ou Salka. Ela tem crises nervosas de vez em quando, às vezes não consegue dizer nada quando está irritada, anda e saltita de um jeito engraçado e, com frequência, "não aguenta" ficar sentada na carteira.

Também devo mencionar Ninka, essa menina estranha que parece completamente inocente, mas recebe cartas posta-restante de várias "pessoas", organiza reuniões em ruas escuras, visita homens solitários e tem orgulho disso. Ela é bem legal. Há mais meninas como ela em nossa turma, mas, como eu disse antes, ou não ligo para elas, ou não quero conviver com elas, porque sou uma boa menina.

Planejamos uma festa há meses. Brigamos e discordamos, mas a festa acontecerá no próximo sábado.

02 DE FEVEREIRO DE 1939[1]

Meu querido Diário! Sempre fui mediana em ginástica, então pratico em casa para melhorar. Acabei de conseguir dar minha primeira cambalhota. Nenhuma das minhas amigas consegue. Estou triunfante, apesar de ter ralado o joelho.

05 DE FEVEREIRO DE 1939

Meu querido Diário, a festa finalmente aconteceu! Estou tão feliz. Foi ótima e todas, especialmente Brühla, se divertiram muito. Mas certa tristeza me esperava depois da festa. E, novamente, pela milionésima vez, pensei: "Queria que Mamãe estivesse aqui." O que aconteceu foi que a mãe de Irka, a Sra. Oberhard, estava o tempo todo em cima de Brühla, bajulando-a o máximo que podia, o que, é claro, certamente beneficiará Irka e sua irmã mais nova no futuro. Ah, querido Diário, se você soubesse o quanto é difícil querer muito alguma coisa, se esforçar tanto e, então, não consegui-la no final! O que era mesmo que eu queria? Não sei. Recebi o maior elogio de Pacuła, e não me importo (ela falou conosco, Norka e eu). Brühla foi bem gentil. Mas não estou satisfeita.

Luna se apresentou duas vezes e eu também. Hoje vi Brühla com a Sra. Oberhard, muito provavelmente voltando da casa dela. Acenei com a cabeça educadamente, passei por elas e disse a Nora: "O que você acha? Ela estava lá de novo, não estava?" E, então, de repente a vi fazendo uma careta. Olhei em volta e vi que Brühla estava caminhando atrás de nós. Está com uma aparência horrível, não sei o que aconteceu com ela, gostaria de ser útil, ajudá-la, talvez aconselhá-la, mas o abismo entre nós é tão grande, tão, tão gigantesco... Talvez ainda maior do que o que me separa de minha Mamãe. Ela também poderia me ajudar, me aconselhar. Mas é muito mais difícil, tão mais difícil reduzir essa distância.

08 DE FEVEREIRO DE 1939

Querido Diário! Faz vários dias desde que lhe contei sobre minha vida, mas nada de especial aconteceu. A vida segue como sempre, com algumas pequenas exceções. Brühla participou de uma conferência de professores de latim, então a aula foi dada pelo Sr. Skorski. O Sr. Dziedzic elogiou muito Irka (desmerecidamente), Belka tirou uma nota ruim, eu me safei, mas estou preocupada com o que pode acontecer amanhã, pois poderá ser um dia muito ruim. Isso é tudo o que preciso lhe contar.

11 DE FEVEREIRO DE 1939

Hoje está chovendo... Está um dia muito melancólico e cinza. Mas não me sinto muito triste, não sei por quê. Talvez seja a ideia de ir para o Canadá, apesar de que pode não ser tão bom no fim das contas. Ou talvez seja porque estou fazendo um vaso grego. Enfim, não estou tão triste quanto normalmente fico em dias chuvosos, quando permaneço na janela e conto as lágrimas escorrendo na vidraça. Há muitas delas. Uma pequena escorre rápido e outra maior a segue de perto, então a quinta, a sexta... bem como duas no meu rosto. Todas escorrem, como se quisessem cair na rua molhada e lamacenta, como se quisessem deixá-la ainda mais suja, deixar este dia feio, ainda mais feio do que já é. Mas o dia de hoje é um mistério. Como... como uma lixeira. Todo mundo acha que não é nada demais, simplesmente nada. Mas não é o caso. Eu não sei. As pessoas podem rir de mim, mas você certamente entenderá, meu querido amigo. O que acontece é que, às vezes, eu acho que objetos inanimados podem falar. (Na verdade, eles não são nada inanimados. Têm almas, assim como as pessoas.) Às vezes, acho que fontes podem rir. E não sou a única a pensar assim, então deve ser verdade. Outras pessoas chamam essa risada por outros nomes, mas nem passa pela cabeça delas que é exatamente isso: uma risada. Ou uma lixeira:

Ah, a noite! A escuridão enfim chegou!
Não gosto daqui! Sentindo-me assediada estou!
Era melhor na cidade,
Com seu conforto, luz e aconchego. Que adversidade,
Uma página veio em branco
Na revista semanal de cinema, sobrando.
Eles me compraram ontem
e já estou no lixo agora!
Você, pelo menos, alguma coisa viu.
Pelo menos esteve mundo afora.
No fardo do vendedor de jornais, você tinha uma vida tranquila
Enquanto eu tinha que correr por aí
Gritando o tempo todo pela vila.
É melhor sair toda semana
Do que todo dia e acabar de forma desumana.
Eu estava preparado e não me ressinto
Em ir para o lixo,
Disse o papel de embrulho sem qualquer agito.
Eu era uma revista infantil, ai de mim,
De ilustração bela,
Cheia de cor e de classe,
A lixeira persevera.
Sou de um tipo diferente,
Eu acho, do que um periódico eminente
Ou mesmo de uma revista semanal de cinema,
Ou até deste… deste papel de presente com um tema.
Então deixe-me lhe contar, não gosto daqui.

Fique longe de mim ou me verá sumir!
Isso causa uma comoção na lixeira.
O quê? Que petulância! Ahá! Vai começar, traiçoeira!
E todos os papéis agrupados
Voaram da lixeira como penachos.
Pela manhã, surpresas as pessoas ficaram,
E como um aviso, consideraram
Que alguém, para início da conversação,
Em vez de na lata de lixo, jogou os papéis no chão.

Renia. Mando beijos, mas agora preciso sentar e estudar.

13 DE FEVEREIRO DE 1939

Pode haver algum dia pior do que uma segunda-feira 13? Só a segunda-feira já é bem ruim, e agora temos o número 13 junto. Que azar! Definitivamente, não foi um dia bom para mim. Além de todos os pequenos infortúnios, estou na escola. É hora da aula de latim e Brühla entra na sala, então acho que aplicará uma prova. Mas não. Tudo bem, melhor ainda (penso), estou a salvo. Mas ela quer que escrevamos redações em folhas de papel arrancadas de nossos cadernos. A minha ficou o melhor que consegui para uma segunda-feira 13. Em um dia ruim não ficou nada boa. Por quê? Hunf... Boa pergunta, por quê?

Somente uma pessoa nada supersticiosa poderia fazer essa pergunta. Exatamente, então, em primeiro lugar: faltei uns dias da aula e, consequentemente, não aprendi alguns conteúdos; segundo: ri bastante o tempo todo; e terceiro: a redação foi escrita em uma folha de papel rasgada que não respeitei muito, então não dei tanta importância, achando que Brühla nem recolheria as páginas. Na aula de geografia, tivemos uma briga repentina e conturbada pelos lugares, da qual não participei, mas ainda fui considerada uma das párias. Deveríamos trocar de lugares. Eu já disse muitas vezes que não sou uma perdedora. Então fui silenciosamente com Nora para a última carteira. Gruca me procura e fala para trocar de lugar. Eu não quero, digo que estou bem lá. Ela segue e eu prossigo.

"Mexa-se!"

"Mas eu não fiz nada."

E continuamos. Finalmente, percebo que não serei capaz de me safar, então procuro outro lugar para me sentar.

"Tem um lugar ali, por favor, troque", diz Gruca.

"Ah, qualquer lugar menos ali. Sou tão delicada, fico resfriada com facilidade. Posso ficar quente demais ao lado do forno e pegar uma pneumonia", respondo.

Está na hora de acabar com isso.

"Certo, aqui então", diz Gruca novamente.

"Ah, não ao lado da porta! Como posso sentar lá se sou tão delicada?"

É claro que toda a turma está em polvorosa, gargalhando e berrando de tanto rir.

Percebo que não tenho outra escolha e finalmente mudo de lugar, mas somente na quarta tentativa dela. Nora está esse tempo todo debaixo da mesa e eu não paro de batucar. Então, falo para Gruca que não consigo enxergar o mapa. E continuo batucando, fingindo que o inspetor está vindo. Provavelmente tivemos outras mil aventuras, mas estou feliz que este dia excepcionalmente ruim tenha acabado.

14 DE FEVEREIRO DE 1939

Hoje teve a reunião de pais e professores. Não foi nada boa, graças ao que aconteceu ontem. Brühla disse que minha redação ficou horrível, então agora tenho algo com que me preocupar.

15 DE FEVEREIRO DE 1939

Nada de especial hoje. Przemyśl está se preparando para um ataque de gás e eu estou me preparando para um ataque nervoso. Tudo por causa da última segunda-feira! Fui chamada para a lousa na aula de química. Estava preparada! Droga, Dziedzic estava tentando me pegar.

26 DE FEVEREIRO DE 1939[2]

Estive ocupada nos últimos dias. Arianka está aqui. Temos uma reunião amanhã e preciso escrever meu relatório.

28 DE MARÇO DE 1939[3]

Deus, estou tão triste, tão, tão triste... só quero chorar, lamentar e soluçar. Como posso expressar o quanto estou me sentindo mal? Não... não é possível. Mamãe foi embora e quem sabe quando a verei novamente. Briguei com Nora vários dias atrás, então preciso andar com Irka, coisa que não está ajudando.

E tem as memórias... elas sempre estão lá e mesmo me fazendo chorar, mesmo partindo meu coração, elas são doces. São memórias da melhor época de minha vida. Já é primavera! A primavera costumava ser boa. Os pássaros cantavam, as flores desabrochavam; tudo era céu, coração e felicidade! As pessoas de lá devem estar pensando nas férias agora. Era tão diferente de tudo aqui. Tão tranquilo, aconchegante e amigável; eu gostava tanto.

Na noite do Sêder de Pessach, esperei por Elias. Talvez houve uma época em que esse velho homem sagrado aparecia para ver crianças felizes. Mas se só surgiu para ver pessoas pobres, se nunca parou em nossas portas escancaradas, se nunca me deixou vê-lo, então precisa vir agora que não tenho nada. Nada além de memórias. Vovô não está bem. Vovó está muito preocupada comigo. Ah! Estou tão infeliz! Às vezes, não me alimento de propósito para evitar...

Espera por mim em todo lugar
Espreita, pois estou a par
Suas mãos ossudas e horripilantes
Querem me pegar, ser meu comandante
Sussurra em meu ouvido
É tudo o que ouço, cada período
Espera por mim, me chama alto e bom som
Balança as mãos com presunção
Seu dedo chacoalha
Observa e faz tocaia...

02 DE ABRIL DE 1939[4]

O retiro religioso acabou. Não gostei desses dias. Ainda estou brava com Nora. E Irka não me deixava em paz, então passei um tempo com ela. Quase no fim, eu não tinha nem um bom livro para ler. As festas estão chegando. Estou aprendendo francês agora e, se não tiver guerra, talvez eu vá para a França. Já deveria ter ido, mas Hitler tomou a Áustria, depois a Região dos Sudetas, a Checoslováquia, a Klaipeda* e quem sabe o que ele fará em seguida. Ele está afetando a minha vida também. Quero escrever um poema para Arianka. Ficarei muito feliz se ficar bom.

Uma galinha estava se sentindo doente.
E foi ao médico rapidamente.
Disse a ele sem hesitação:
"Ajude-me, doutor, tenho uma preocupação.
Quando fico com raiva, sinto um formigar
Algo me espeta, parece um fisgar
(Fico ocupada com tanta amargura!)
O tempo todo sentindo tontura,
Não sinto fome, o estômago a revirar,
Não consigo pregar o olho até o sol raiar.
Então, durante o dia, fico exaurida
Enxaquecas mostram que não estou mais no auge da vida.
Meu rosto num tom escarlate.
E quando meu marido canta, quando o sol nasce,
Fico roxa, preta e rosa,
Tenho uma crise nervosa.
E, médico querido, me permita acrescentar,
Que tenho medo por muito suada ficar."
São tantas enfermidades significativas
Que desnorteado o médico fica
Ele pensou e pensou demasiadamente,
E muitos livros leu atentamente,
E disse para a galinha enfim:
"Volte para o seu galinheiro.
Não posso ajudá-la, chegou o seu fim."
"Meu fim? O que está dizendo? Com certeza mente!
Meu querido doutor, não seja um monstro,
De modo algum estou doente!"

* Esses foram territórios anexados pela Alemanha nazista em 1938 e 1939, antes do início da Segunda Guerra Mundial.

07 DE ABRIL DE 1939

Sim... Ah, sim... Um pássaro e seu cantar
Nossa, tanto a se apressar
Muito tempo se passou
O tempo voa e nada mudou

É igualmente triste... lamentável... pesaroso. Não tenho um casaco novo e este está velho e puído. Não tenho sapatos novos como todas as minhas amigas. E, embora me console por ter pensamentos doces e belos sonhos para o futuro, ainda estou triste. Toda a cidade de Przemyśl está enfeitada, todas as pessoas reluzem de longe com seus novos sapatos especiais (é possível saber observando a parte debaixo de um sapato e escutando as vozes dizendo aqui e ali: "Aai, bolhas!"). E todos têm uma expressão solene, como devemos ter em dias festivos. Eu só não sei por que esse ânimo festivo me lembra da época em que ocorreu o treinamento antiaéreo.

"Sr. Sztajner, eu lhe digo, que palhaçada!"

"Inacreditável! Verdade! Eles me transformaram em um tipo de comandante, bom senhor. Eu sigo correndo como uma galinha sem cabeça o dia todo, bom senhor. E nem sei o que é o quê!"

"Sim, sim. 'Comediante' na velhice. O que mais?"

Você ouve conversas como essa por toda a cidade.

"Querido amigo, deixe-me lhe contar, há um sutil sinal de guerra."

"É. O fim do mundo está chegando... Ouvi algo sobre bombas caindo. Mas as pessoas dizem que não será uma guerra, meu amigo, apenas que continuarão insultando um ao outro, os de cá e os de lá."

"Nenhuma guerra, você diz?! Mas eu acho que haverá uma. Você, meu amigo, você não sabe, mas eles sempre penduram cartazes antes da guerra. Eles vêm e vão, e então, de repente, meu amigo, a guerra começa."

C: "Sirenes?! Um alarme! Apague as luzes! Feche as cortinas! Kazio, pegue uma panela e bata nela, rápido", grita o comandante.

V: "Do que você está falando, meu querido vizinho? Claramente diz que, no caso de um alarme, é preciso bater em um corrimão", diz o vizinho.

Vizinho 2: "Que diabos? Você está louco? No caso de um alarme, não é preciso fazer nada, apenas ficar parado em silêncio na entrada."

C: "Acho que sou o comandante aqui e sei o que deve ser feito! Aqui está você, há gongos soando por todos os lados, Kazio! Uma panela e um corrimão, bata nos dois."

V: "Senhor, e que tal uma braçadeira?"

C: "Como é que é?! Não me diga o que fazer. Se continuar me contrariando, entregarei minha demissão imediatamente ao fiscal do prédio. E você, é claro, precisará pagar uma multa."

Vizinha: "Vocês poderiam ficar quietos? Acabei de colocar as crianças na cama e vocês estão fazendo muito barulho. O que está acontecendo? Precisamos de ordem. Deixem as pessoas decentes viverem suas vidas. Você é o comandante e, em vez de garantir que haja paz e tranquilidade, faz barulho na vizinhança, mantém as crianças acordadas, tira pessoas decentes da cama?"

C: "Minha querida senhora, houve um alarme..."

Vizinha 3: "Que alarme, que alarme?! Sra. Pietroszkowa, você ouviu? Só consegui colocar as crianças na cama agora. Henio está doente, o médico disse que ele precisa descansar. E agora todo esse alvoroço no prédio no meio da noite. Sem precedentes! Você já ouviu alguma coisa como essa?"

Sra. Pietroszkowa: "Sim, minha querida, é uma balbúrdia real."

Vizinho 2: "Eu não disse que o que precisamos é ficar aqui em silêncio e esperar até..."

Zosia: "Minha mãe está com enxaqueca. Ela disse para ficarem quietos imediatamente ou chamará a polícia."

C: "Sou o comandante aqui, a responsabilidade é minha, então eu faço o que acho certo e não me importo com qualquer enfermidade. Kazio, outro golpe no barril!"

Policial: "O que está acontecendo aqui? Voltem para seus apartamentos. O alarme já parou faz tempo. Toda essa gritaria! Que algazarra! Vou emitir uma punição. Todos os residentes da Rua Nieszczęśliwska, nº 13, pagarão uma multa por fazer barulho."

Sra. P.: "Grande comandante!"

04 DE MAIO DE 1939

Faz tempo que não lhe conto nada. Por quê? E eu sei por quê? Estou estudando francês agora e frequento a Jerschina.* Escrevi um trabalho sobre pinturas romanas e agora planejo, ou melhor, já comecei a escrever um texto em alemão. Ontem, dia 3 de maio, participei de uma marcha, e é por isso que não estou bem hoje. Fiquei ensopada na chuva. Muita coisa mudou desde minha última conversa com você. Mamãe e Arianka foram para Łódź. Eu me desentendi com Brühla. Ela não me testou na aula de grego e disse para o Diretor que eu só fico andando com Nora o tempo todo. Foi isso que Irka me disse, mas ela gosta de fofocar. Houve um baile da escola, mas não participei. Por outro lado, Luna estava se exibindo o máximo que podia. Por alguma razão essa idiota acha que é minha rival! Minha rival! Eu não me importo nem um pouco com sua recitação. Não, nem um pouco, só sei um pouquinho sobre ela. Também não posso afirmar que não me vangloriei. Mas sinto que um dia ela será artista de cabaré (dá para saber olhando seu cabelo e movimentos), enquanto eu tenho planos diferentes (acho), então nossos caminhos não se encontrarão, por isso é besteira dizer que Luna poderia ser minha rival. Hoje declaro guerra — uma guerra interna. Falei para ela ontem e me mantenho firme. O que aconteceu é que ela não quis me deixar entrar na fila, onde fica meu lugar. Finalmente a comandante chegou e me disse para trocar de lugar com ela, isto é, com Luna. Então ela me disse: "Eu sabia que você estava certa, mas queria te provocar!" Ela queria me provocar! Ha ha ha, isso é muito engraçado. Ela, que depende totalmente de mim na aula de latim e no geral. Então falei: "Você queria me provocar, então agora lembre que eu também tentarei provocar você." Farei exatamente isso, até o fim, porque é isso que eu quero.

07 DE MAIO DE 1939

Maio. Um mês de maio muito estranho. Tão triste... Brrr... Está chovendo. E pensar que já é maio, maio, e eu ainda não vi uma árvore desabrochando, não senti o cheiro dos campos ao acordar, meus campos... Chove. É bom que esteja chovendo. Ultimamente gosto da chuva, porque pelo me-

* Stanisław Jerschina — especialista em estudos poloneses, professor, fundador e diretor da Escola de Formação em Kielce.

nos sei que também era assim por lá quando chovia. Ontem fui a uma festa e falei com Nora sobre isso e aquilo, os diferentes objetivos que as pessoas têm na vida, os benefícios do estudo. Gosto tanto de falar quando sei que alguém me entende...

A lua se move suavemente no silêncio
Para brilhar no céu, bruxulear para os sonhadores
Enquanto uma rua insistentemente ressoa abaixo
Repleta de trabalho, calor e cansaço
O som alto dos passos humanos
Ecos de ruas de paralelepípedos
Carroças cinzas e suas rodas
Rangem e nunca perdem um tempo
Os táxis passam zunindo
E o bonde desliza uniformemente
Em seus trilhos de aço
Parando apenas ocasionalmente
Para acolher, uma vez mais,
Outra massa de pessoas
Depois sair sem reclamar
Impulsionado pelo calor flamejante
No céu azul acima
Também se move o disco prateado da lua
Mas ninguém vê seu voo
"Uhhh", murmura abaixo uma rua
Correntes brilhantes de luzes
Iluminam a obscuridade
Enfeitando tão estranhamente
As vitrines e os cartazes
Enormes postes de luz
Se elevam abaixo do prateado
Da lua tremeluzente
Ninguém olha com fascínio para cima
A rua abaixo é brilhante em demasia

Renia

Quando olho por detrás de minha pequena jardineira
Vejo as mesmas papelarias, as mesmas cumeeiras
Vejo as mesmas sarjetas, aninhadas nos muros confortavelmente
E apenas as pessoas na rua mudam minimamente
Até a estrada, reluzente e escorregadia após a chuva
Tudo igual, até as pessoas, os vizinhos do outro lado da rua
O advogado de óculos e sua filha
O zelador em seus aposentos, o farmacêutico acima
Dois empregados e a senhora de cabelos grisalhos no terceiro andar
E aqui uma menina, uma boneca, um palhaço, um macaco, brinquedos para não faltar
Eles sempre abrem as cortinas da mesma forma
E todos os dias olham para a rua lá fora
As casas também olham para fora, assim como as vidraças, cochilando confortavelmente
E apenas as pessoas na rua mudam, supostamente

18 DE JUNHO DE 1939

Hoje é meu aniversário. Não quero pensar em nada triste, no fato de que não estou lá… Xiu! Em vez disso, estou pensando em todas as coisas úteis que fiz até hoje na vida.

Uma voz: "Nada."
Eu: "Tiro notas boas na escola."
Voz: "Você não mereceu. O que mais?"
Eu: "Nada. Queria muito ir para a França."
Voz: "Você quer ser famosa?"
Eu: "Gostaria de ser famosa, mas não serei. Então quero ser feliz, muito feliz."

Amanhã acaba o ano letivo, mas não me importo. Com nada… Nada… Nada.

Eu gosto muito de Jerschina de novo, mas menos de Brühla. Não falei para Nora, não quero preocupá-la. Amanhã vou lhe contar sobre nossa viagem.

Se o homem tivesse asas
E tudo pudesse ter alma
O mundo perderia o controle
O sol nos banharia de brasas
As pessoas dançariam além da eternidade
Gritando, mais! Queremos sair em disparate!
Precisamos é de vento e velocidade
O mundo é sombrio, sufocante, entulhado, isso é verdade
Deixe que chegue a vastas alturas
Deixe que se torne grande e à luz dê abertura
Deixe que cruze a um domínio ilimitado
Deixe que se perca em seu próprio grande reinado
Suportado por centenas de membros
Milhões de mãos, asas, um realento
Deixe a linha do tempo correr
Até a escuridão da noite novamente se estabelecer
Nesse poderoso reino do submundo
Até que seu voo seja infecundo
Até que, cansado, exausto e tudo
Tenha que cair já sem escudo

15 DE AGOSTO DE 1939[5]

Não falo com você há mais de um mês. O ano letivo já acabou faz tempo, minhas férias de verão estão quase no fim e eu não falei com você. Fui visitar minha tia no interior, fui para Varsóvia, vi Mamãe e agora estou de volta. Mas você não sabe de nada disso. Esteve aqui, sozinho com meus pensamentos e nem sabe que temos uma mobilização secreta, não sabe que os russos assinaram um tratado com os alemães. Não sabe que as pessoas estão estocando alimentos, que todos estão em estado de alerta, esperando pela… guerra. Quando estava dizendo adeus a Mamãe, abracei-a com força. Queria lhe dizer tudo naquele abraço calado. Queria pegar sua alma e deixar-lhe a minha, porque — quando?

O abraço de mãe
Incomparável e único, o último
Ficará comigo por todos os dias
Por todas as lágrimas, todos os infortúnios
Por todos os momentos difíceis
Ambas conseguiremos, você e eu
E, então, um raio reluzirá

Não consigo pensar de forma lógica hoje. Supostamente chamam de "spleen". Algo que voa rapidamente e desaparece na névoa. Zigue-zagues, círculos, listras, neblina... neblina rosa, esverdeada. Não. Não tenho curiosidade alguma. Um pensamento gira em minha mente, apenas um, o mesmo o tempo todo. Mamãe... guerra... sapatos marrons... guerra... Mamãe.

06 DE SETEMBRO DE 1939

A guerra começou na quinta-feira! Primeiro, no dia 30 ou 31 de agosto, a Polônia entrou em guerra com a Alemanha. Depois, a Inglaterra e a França também declararam guerra contra Hitler e o cercaram de três lados. Mas ele não está indolentemente sentado. Aviões inimigos continuam sobrevoando Przemyśl e, de vez em quando, há uma sirene de ataque aéreo. Mas, graças a Deus, nenhuma bomba caiu em nossa cidade até agora. Outras cidades como Cracóvia, Lviv, Częstochowa e Varsóvia foram parcialmente destruídas.

Mas todos estamos lutando, todos estamos lutando, de meninas a soldados. Eu tenho participado de um treinamento militar feminino — cavando abrigos antiaéreos, costurando máscaras de gás. Tenho servido como mensageira. Faço turnos para servir chá aos soldados. Caminho coletando comida para eles. Resumindo, estou lutando junto com o resto da nação polonesa. Estou lutando e vencerei!

10 DE SETEMBRO DE 1939

Ó, Deus! Meu Deus! Estamos na estrada há três dias. Przemyśl foi atacada. Tivemos que fugir. Nós três escapamos: eu, Arianka e Vovô. Saímos da cidade em chamas e parcialmente destruída no meio da noite a pé, carregando nossas malas. Vovó ficou para trás. Senhor, por favor, a proteja. Ouvimos falar na estrada que Przemyśl estava sendo destruída.

Saímos da cidade
Como fugitivos
Por conta própria, na noite escura e nublada
A cidade nos deu adeus
Com o som dos prédios caindo
A escuridão sobre a minha cabeça
Piedade às boas pessoas
Abraços de mãe a distância
Deixe que sejam nosso guia
Deixe que nos deem conforto e assistência
Percorreremos
Todas as nossas provações
Até que o dia amanheça, até que brilhe
Somos fugitivos solitários
Fugitivos desertados por todos desde então

18 DE SETEMBRO DE 1939

Estamos em Lviv há quase uma semana, mas não podemos chegar até Zaleszczyki. A cidade está cercada. Não há muita comida. Às vezes, acordo ao amanhecer e fico em uma longa fila para conseguir pão. Fora isso, passamos o dia todo em um bunker, um porão, ouvindo os assobios terríveis das balas e as explosões das bombas. Deus, por favor, nos salve. Algumas bombas destruíram vários prédios residenciais, e três dias depois tiraram pessoas dos escombros, vivas. Alguma pessoas estão dormindo nos bunkers; outras, corajosas o bastante para dormir em casa, precisam levantar várias vezes durante a noite e correr para seus porões. Esta vida é terrível. Estamos amarelos, pálidos, por causa desta vida no porão — pela falta de água, camas confortáveis e sono.

Mas os pensamentos horrendos são muito piores, escuros como a noite, como abutres. Vovó ficou em Przemyśl, Papai está em Zaleszczyki e Mamãe, a minha mãe, está em Varsóvia. Varsóvia está cercada, defendendo-se com coragem, resistindo a ataques repetidamente. Nós, polacos, estamos lutando como cavaleiros em um campo aberto, onde o inimigo e Deus podem nos ver. Não como os alemães, que bombardeiam casas de civis, que transformam igrejas em cinzas, que envenenam crianças pequenas com doce tóxico (contaminado com cólera e febre tifoide) e balões cheios de gás mostarda. Nós nos defendemos e estamos vencendo, assim como Varsóvia e como as cidades de Lviv e Przemyśl.

Minha mãe está em Varsóvia. Eu a amo mais do que tudo no mundo, minha alma mais querida, mais preciosa. Sei que se ela vir crianças agarradas às mães em bunkers, deve sentir o mesmo que sentimos quando vemos essas cenas. Ó, meu Deus! O maior, incomparável e único. Deus, por favor, salve minha Mamãe, dê a ela a fé de que estamos vivas. Deus misericordioso, por favor, faça a guerra parar, faça com que todas as pessoas sejam boas e felizes. Amém.

22 DE SETEMBRO DE 1939

Meu querido Diário! Tive um dia estranho hoje. Lviv se rendeu. Não para os alemães, mas para a Rússia. Os soldados poloneses estavam desarmados nas ruas. Alguns, com lágrimas nos olhos, simplesmente largaram suas baionetas no chão e viram os russos quebrarem seus rifles. Os civis pegaram cavalos, selas e cobertores. Sinto tanto pesar, um pesar tão grandioso... Apenas um pequeno grupo ainda está lutando. Apesar da ordem, os defensores de Lviv seguem sua heroica luta para morrer por sua pátria.

A cidade está cercada
Em suas fronteiras
Um punhado continua a luta
Sem comando
Um punhado continua a luta
Não se renderão
São os defensores de Lviv

28 DE SETEMBRO DE 1939

Os russos entraram na cidade.* Ainda há escassez de comida, roupas, sapatos, tudo. Longas filas se formam na frente de todas as lojas. Os russos estão especialmente ávidos para comprar coisas. Estiveram organizando batidas para obter relógios, tecidos, sapatos etc.

Esse Exército Vermelho é estranho. Não é possível distinguir um soldado de um oficial, todos usam o mesmo uniforme marrom acinzentado. Todos falam uma língua que não consigo entender. Chamam uns aos outros de *Tovarishch*.† Mas, às vezes, os oficiais parecem ter uma cara de mais inteligentes. A Polônia foi totalmente invadida pelos exércitos alemão e russo. A única cidade ilhada que ainda luta é Varsóvia. Nosso governo fugiu do país. E eu tinha tanta fé.

Onde está Mamãe? O que aconteceu com ela? Deus! Você ouviu minhas orações e não há mais guerra (ou, pelo menos, não consigo mais vê-la). Por favor, ouça a primeira parte também e proteja minha Mamãe do mal. Onde quer que ela esteja, o que quer que esteja acontecendo com ela, por favor, fique de olho nela e em nós e nos ajude em todas as nossas necessidades! Amém.

27 DE OUTUBRO DE 1939

Voltei para Przemyśl há algum tempo. Estou indo para a escola. A vida voltou para sua rotina normal, mas ao mesmo tempo está diferente, tão triste. Mamãe não está aqui. Não tivemos notícias dela. Tive um pesadelo terrível em que ela estava morta. Sei que não é possível. Choro o tempo todo, atormentada por sentimentos ruins. Se ao menos eu soubesse que a veria daqui a dois meses, ou até um ano, contanto que soubesse que certamente a veria. Isso é impossível. Não, me deixe morrer. Santo Deus, por favor, me dê uma morte tranquila.

28 DE OUTUBRO DE 1939

A vida escolar está tão estranha. Ontem tivemos um encontro; no dia anterior, uma marcha. As mulheres polonesas se rebelam quando ouvem pes-

---

* A ocupação de Lviv começou na tarde de 22 de setembro de 1939.

† Camarada, em russo.

soas saudando Stalin. Elas se recusam a participar. Escrevem mensagens secretas que dizem: "A Polônia ainda não pereceu",* apesar de que, para ser sincera, tenha perecido há muito tempo. E agora a Ucrânia Ocidental está aqui, temos "cumunismo", todos são iguais e é isso que os machuca. Dói não poderem falar: "Seu judeu nojento." Ainda dizem, mas em segredo.

Esses russos são meninos muito bonitos (mas nem todos). Um deles estava determinado a se casar comigo. *"Pajdyom baryshnya na moyu kvateru budem zhyly"*† etc. etc. A França e a Inglaterra lutam contra os alemães e algo está se armando aqui, mas o que me importa? Eu só quero que Mamãe venha ficar conosco. Então poderei enfrentar todas as minhas provações e tribulações.

Uma "tia" morreu aqui, uma velhinha enrugada, magra e de cabelos grisalhos:

Ela vivia tão quieta…
Era como uma sombra
Em um outono triste, apenas desistiu
Essa senhora grisalha, toda enrugada e tremulante
Corcunda, murcha, tossindo, sempre precisando de óculos para ver adiante
Morreu… (como todo mundo faz)
E de um calendário voou um cartaz
Um novo dia chegou
Nada na vida mudou
Esta vida, da qual gostava tanto
A senhora grisalha, derramou um pranto
Para ela, ela era como uma sombra
E em um outono triste, apenas desistiu

1º DE NOVEMBRO DE 1939

Estou com tanta raiva hoje. Irada, como dizem. Mas, sinceramente, estou triste, muito triste.

---

* "Jeszcze Polska nie zginęła" (A Polônia ainda não pereceu) — hino nacional polonês.
† N. da T.: "Vamos, mocinha, para o meu quarto."

Agora há um novo clube de jovens aqui. Muitos meninos e meninas o frequentam, com muita diversão (para alguns). Não estou mais de paixonite por Brühla. Finalmente contei para Nora e ela me disse que sente o mesmo. Agora, de acordo com os estágios de desenvolvimento feminino, devo me "apaixonar" por um garoto. Eu gosto do Jurek. Mas ele não sabe e nunca saberá. Você sabe, você e eu, e...

O primeiro dia no clube foi divertido (quero dizer, eu me diverti), mas hoje me senti como um peixe fora d'água. Resolveram brincar de flertar (que jogo!) e eu não recebi nenhum bilhete. Estou envergonhada em admitir isso até para você. Um menino chamado Julek (não Jurek) supostamente gosta de mim, mas por quê? Talvez porque eu seja tão diferente das minhas amigas. Não estou dizendo que é uma coisa boa — pode até ser uma coisa ruim — mas sou muito diferente delas. Não sei nem sorrir de um jeito sedutor. Quando dou risada, é verdadeiro, de um jeito franco. Não sei como me "comportar" perto dos garotos. É disso que sinto falta dos velhos tempos, a idade do rosa... azul... ser despreocupada... Quando Mamãe ainda estava comigo, quando eu tinha meu próprio lar, quando havia paz no mundo, quando tudo era azul, brilhante, sereno; quando esse humor prevalecia em meu coração.

Eu vivi em meio a prados alegres
Em meio a campos pintados pela luz solar
Sorri para as estrelas douradas
Para o rosa do amanhecer brilhar
Minha vida também era cor-de-rosa
Tão brilhante quanto os dias ensolarados
Pensar que acabariam rápido me deixava receosa
Ser um eco feliz era engraçado
Emitindo positividade
Alegremente sobre o céu eu refletia
Apaixonada por tudo, feliz em sua infinidade
O quanto o coração podia chorar já não sabia
Não conhecia de uma alma o lamentar
Não sabia que podia ser diferente.
Hoje sou cheia de remorsos
E, embora ainda seja tão jovem, nada mais há a completar

Olho para trás, para o passado recente
E choro. Já passou... Que pena, a perplexidade se faz presente...

06 DE NOVEMBRO DE 1939[6]

Estou doente. Dor de garganta. Mas estou respirando com mais facilidade agora. Sei que Mamãe está viva, que está em Varsóvia. Ela virá me ver a qualquer momento. E mal posso esperar, mal posso esperar... Ticio* enviou um cartão postal; eles têm tudo em abundância em Horodenka.† Papai trabalhará de fazendeiro. Ele deve nos trazer alguns mantimentos.

Temos três dias de folga. Aniversário da revolução. Haverá assembleias matutinas nas escolas, marchas de jovens. Uma pena eu não poder participar. Estou doente...

09 DE DEZEMBRO DE 1939

As festas de fim de ano estão chegando. Papai conseguiu um emprego em uma refinaria de açúcar. Talvez eu vá para lá. Mamãe está em Varsóvia, e não planeja vir para cá.

Talvez eu consiga uma bolsa de estudos... Vamos esperar...

Eu o amo, ele é maravilhoso, bem do jeito que eu quero, eu o amo — mas não sei se é amor de fato. Ele não me conhece e só sei que ele é da Patrulha de Fronteira. E mais uma coisa, algo terrivelmente "adolescente" — eu adoraria beijar seus lábios, olhos, suas têmporas, assim como lemos em romances.

Irka está apaixonada. Vai à casa de Marysia; há muitas camas lá, com roupa de cama, e cada casal vai para um quarto separado e... bem, isso dá o que pensar. Belka disse uma frase misteriosa enquanto estávamos trabalhando (ela sabe de muita coisa): "Enfim, olha a Irka, seu andar largo..." Eca... É tão nojento. Verdade seja dita, não estou apaixonada. Gostaria de ter um marido bonito, como ele... Gostaria de viver na Crimeia, em uma

---

* *Ticio, Ticiu, Tusio* — pai de Renia.

† Uma cidade em Stanisławów Voivodeship, um centro administrativo do distrito de Horodenka, na época sob ocupação soviética e, mais tarde, alemã.

bela casa de veraneio, ter um menino de cabelos dourados, um filho, ser feliz e amar tudo...

Preciso escrever uma tradução de um poema alemão. Ah, cansei da escola!

Milhões de mãos, sempre trabalhando
Por mil séculos, muitas décadas
E cada mão, que por um machado se dobra
Como um Atlas, sustenta o firmamento

Retinindo e zumbindo, bramindo e martelando
Do ferro de nossa terra, este é o som do chamado
Rangendo e tremendo, retumbando e ressoando
Acontece o canto imortal do trabalho

Muitos cilindros devem entrar e sair
E vários parafusos devem ficar
Martelos golpeiam a bigorna com força
Para fazer o mundo ferver, incendiar

Milhares de pessoas devem arder
Cérebros devem inflamar e nunca cansar
Para manter essa chama sempre acesa
Por anos, o mundo de luz cálida fartar

10 de DEZEMBRO DE 1939

"Nós trabalhamos!" Esse é o título de nosso jornal. "Trabalho é poder!", "Continuem o trabalho" e muitos slogans similares que já ouvi. E eu passei algum tempo pensando no que é trabalho. Toda vez que pensei nisso, várias imagens me vieram à mente. Aqui está um exército cinza de trabalho, estes são os trabalhadores, posso ver estudantes com suas cabeças baixas, pilotos em aviões zunindo, marinheiros em algum lugar ao mar. Todos fazem parte do poderoso exército trabalhador; o trabalho acontece no mar, na terra e no ar. Sim, mas o que de fato é trabalho?

Tudo ao redor murmura e brada
O trabalho acontece e nunca para
Retumba, chacoalha e tremula em espadas
Pedindo aos soldados seu trabalho em brigadas!
Chama a todos na terra e no mar
Aqueles nas minas e os livres a voar
Para que peguem suas trolhas, formões e machados
Para que se juntem à mão de obra e não deixem nada de lado
Para que conquistem o mundo em sua totalidade
Para que construam um novo com esforço e dignidade

15 DE DEZEMBRO DE 1939

O rádio não mencionou uma explosão em uma escola secundária em Przemyśl, os jornais não publicaram nada, os jornaleiros não gritaram: "A Escola Konopnicka explodiu com vapor!" Ninguém soube de nada, mas "algo" aconteceu. Esse "algo" ocorreu em uma aula de química ou física. É claro que foi antes da guerra. O que aconteceu foi o seguinte: nós tínhamos um convidado na aula de física; todos tremíamos como gelatina, praticamos todas as medidas de emergência possíveis, como "um telefone sem fio", empurrando, chutando, limpando a garganta e outros métodos parecidos, que apenas nós conhecemos. Finalmente, a nova lição começou. E estava indo bem! Mas algo tiquetaqueava! Na mesa havia várias pequenas garrafas, frascos, tubos de ensaio, suportes, queimadores e outros dispositivos. Tudo parecia muito impressionante, poderoso e bastante "científico". Ainda mais quando tudo estava alinhado, conectado — era bonito. Ainda consigo ouvir a voz dizendo claramente: "Mas, por favor, lembrem-se de deixar uma abertura para o vapor, isso é muito importante." É claro! Com certeza! Absolutamente! Tudo estava indo bem, excepcionalmente bem, as reações ocorreram exatamente como no livro, até que... ah, que horror! Em comparação ao que aconteceu em seguida, Zeus enviando um raio não passava de um sussurro e as lutas de espadas em Troia eram um leve farfalhar. Garrafas, frascos, tigelas, tubos de ensaio — primeiro, todos voaram e caíram sobre nossas pobres mesas, livros e cadernos. Nosso estimado convidado, é claro, ficou indignado etc. etc... Mas deixe-me guardar esse segredo, já que os jornais e o rádio não falaram nada. E eu já abri o bico, então peço sua discrição. Vamos manter isso entre nós.

26 DE DEZEMBRO DE 1939

Metade do ano escolar já passou. O tempo voou. Primeiro fui eleita para o comitê como presidente do clube de teatro, depois devíamos fazer uma festa com os meninos; tivemos muitas buscas na cidade, houve quatro homicídios sexuais. E agora, amanhã à noite, posso visitar Papai em Horodenka. Mas, antes, tenho uma reunião e irei a um ensaio em Słowacy.* Talvez até tenha uma festa. Pena que não estarei lá, já que recentemente estou me sentindo meio... estou passando por dias e pensamentos joviais, o que é muito agradável. Apenas pensamentos bobos: a vida, comprar pó compacto, tirar fotos, tudo, tudo é bobo.

A reunião é amanhã. Preciso preparar uma canção de cabaré sobre nossa turma, 4A, baseada em "Sofre, minha alma".†

I

Sofre, minha alma, e será redimida
Não sofra o bastante e será condenada
No nosso quarto ano
Rebanhos de jovens meninas
a brigada completa, sonhando,
ao lado de um fogão frio sentadas
Sofre, minha alma...

II

Assim que ao lado do fogão
Os desgarrados se mexeram e reuniram
Imediatamente as vozes ressoaram
"Por favor, da sala de aula saiam!"
Sofre, minha alma...
Embora nossos intervalos
Alto e bom som reverberem
Durante a hora da aula
Todos em silêncio se encolhem
Sofre, minha alma...

* A escola de ensino médio Juliusz Słowacki, em Przemyśl.

† O título e a primeira linha são de uma canção folclórica.

III

Nossa turma competirá pretensiosa
Com uma outra suíte melodiosa
Que ao nosso comportamento não se compara
E, assim, a outra suíte falha
Sofre, minha alma...

27 DE DEZEMBRO DE 1939

I

Virando a esquina
Na Rua Dworski
Perto da sede de Słowacki
Livre, caminha um casal
Bem ao lado da árvore de Natal

II

Vou lhe dizer uma coisa, Rena,[*] *me ouça*
Não seja molenga consigo mesma, moça
Consiga dinheiro e vá para a escola
Não perca uma festa, não seja tola

III

Józek Ciuchraj, escute-me de antemão
Toque uma dança da Estíria em seu acordeão
Um, dois, três, quatro, ele não perde nem um compasso
Esta é uma ótima celebração

IV

Pare de nos olhar
Vá procurar alguém pra dançar
Depois vá pra casa correndo
Vá dormir, não fique ao relento

---

* *Rena, Renusia, Renuśka* — variações do nome de Renia. Também: *Aurelia.*

9 DE JANEIRO DE 1940

A festa acabou. Na festa de Natal, recebi um prêmio de melhor aluna: um jogo de xadrez. Depois, nos preparamos para uma competição que acontecerá amanhã mesmo. Devo recitar um poema chamado "A Locomotiva".* Vamos torcer para que dê tudo certo.

Tirando isso, estamos mudando de escola. Agora frequentaremos uma com meninos. Hoje tiramos tudo da sala de aula, nossas decorações, nossos potes de tinta, tudo. É para ser uma escola com sete anos de duração. Aff, horrível. Odeio tudo. A princípio, prometia ser algo totalmente diferente, mas já mudei de ideia há muito tempo. Ainda tenho medo das buscas, da violência. E todo esse negócio de ir para a escola com meninos! Bom, vamos esperar e ver no que vai dar. A tortura começa no dia 11, depois conto o que aconteceu. Tchau, tchau, meu querido Diário. Fique de dedos cruzados. Vamos torcer para que dê tudo certo!!!

Sou muito burra, o que aconteceu comigo? Nunca fui assim, as pessoas costumavam me achar inteligente. Que idiotice me apaixonar por um komandir, querer beijá-lo! Eu estou louca? Como posso sonhar com amor na forma de um komandir? Não saio por aí beijando meninos; isso é um fato. Também nunca me apaixonei, mas ainda há tempo, acho. Apesar de que, quando eu estava na festa, me senti mal por não conhecer ninguém e fui embora com Nora, enquanto Belka e as outras meninas ficaram para trás. Belka permaneceu na festa e isso me enfureceu. Mas então ela ficou com inveja de mim, porque fui embora. E não aproveitou nada a festa, ficou brava e triste, mal consegui animá-la. E aí fiquei com raiva porque um menino medroso me ignorou, o mesmo no qual eu tinha um leve interesse. É tudo tão nojento e ridículo... achei que eu seria mais esperta que isso...

12 DE JANEIRO DE 1940

Tudo passou. Quero dizer, tudo sobre o que tenho refletido aqui. Eu me apresentei na competição. "A Locomotiva" foi mais ou menos, mas a competição foi muito boa. Tão boa, na verdade, que, quando fui para a escola, os meninos me chamaram de "quatro tempos".

---

* Poema de Julian Tuwim.

Mas me esqueci completamente de lhe contar sobre os meninos. O diabo não é tão ruim quanto dizem. Pelo menos é o que acho, por ora. Temos novos professores, mas todas as nossas meninas estão juntas (estou na turma 8C).

Os meninos são coisinhas tão jovens e inocentes; eles não sabem muito e são bastante educados, bem bacanas. Outras meninas, nossas ex-colegas, estão até com inveja de nosso grupo. Os meninos da 8C não são particularmente atraentes, com exceção de um muito bonitinho chamado Ludwik P. e o querido Majorko S. Eles querem que a gente intercale nossos lugares, isto é, um menino, uma menina, outro menino, mas por enquanto não é assim.

No dia da competição, recebi uma carta de algum komandir (do Krasnaya Armya) me chamando para um encontro. Decidi esconder essa carta, pregar uma peça e escrever uma resposta.

Querido Diário, entendo o quanto você é importante. Gosto cada vez mais de folhear suas páginas, procurando uma sensação já sentida.

Sabe, passo por essas fases variadas em que escolho diferentes maridos entre os meninos ao meu redor. Já devo ter tido umas sessenta dessas fases na vida. Ou talvez até cem. E é claro que sigo achando novos maridos (eu noto as pessoas). Tchau, beijos, Renia.

19 DE JANEIRO DE 1940

Ein Jüngling liebt ein Mädchen,
Die hat einen Andern erwählt;
Der Andre liebt eine Andre,
Und hat sich mit dieser vermählt.

Es ist eine alte Geschichte,
Doch bleibt sie immer neu;
Und wem sie just passieret,
Dem bricht das Herz entzwei.*

---

* Poema de Heinrich Heine.

Talvez você não entenda, então vou tentar traduzir para o polonês. (Ah, a vovó está me importunando desde o meio-dia. O que ela quer de mim? Estou ficando louca!)

Um menino escolheu uma menina como sua flor
Mas ela escolheu outro como seu verdadeiro amor
Ela valoriza o outro como uma pérola
Mas o outro escolheu ainda outra donzela
Seu coração a ela entregou
E com ela se casou
Uma história muito conhecida
Sempre uma nova dificuldade a ser vencida
Caso amor assim já tenha sentido
Sabe o que é um coração partido

Então, no meu caso, é assim:

Łaba se apaixonou por Renia
Mas Renia gosta de Ludwik
Renia tem Ludwik como objetivo
Mas Ludwik de Krzysia ficou cativo
Ele pertence a ela e a segue para todo lado
Enquanto Renia está com o coração despedaçado
Enquanto Renia está incrivelmente enfurecida
Mas logo disso se esquecerá
Um novo amor sua atenção chamará

Sim, essa é a verdade verdadeira. O que me importa esse Łaba, sentado lá e me olhando por cinco horas seguidas até me deixar enojada? O que me importa ele ou qualquer outro que fique me encarando? Gosto do Ludwik. Eu provavelmente me viro e olho demais, quando encontro seu olhar e, às vezes, um sorriso em seu rosto. Será que é piada? Possivelmente, é provável. Por que ainda não falei com ele? Por que fujo quando está perto? Por que me sinto feliz quando ele fica de brincadeira? Ele, por sua vez, nunca me considera para nada, nem para ir ao cinema ou para um comitê; e geralmente me trata meio mal. Então por que, quando me viro e olho para Ludwik, ele me encara? É um mistério. De qualquer forma, hoje em dia estou meio volúvel; sempre gosto de alguém diferente, é natural. Falei para Nora que preciso de animação e quero conferir nosso livro de biologia para ler sobre o estado mental de meninas de 16 anos. Ela respondeu: "Ah, se você precisa de animação, pare de olhar os livros e arrume um namorado." Ela é louca! Nora tem sido terrível ultimamente! Confesso que também tenho uma "mente suja" agora, de acordo com a Tia Lusia.

Majorko é um bom menino, bacana, um amigo. Estou impressionada com Władek; também gosto dele. Como decido o que fazer?

Dizem que a primavera será quente e aí dizem que não. Estou cansada desses "libertadores". Está na hora dos chapins. Como dizem Tońko e Szczepko* lá na França: "Soltem os pardais, criem canários, a primavera trará os chapins!"

26 DE JANEIRO DE 1940

Brrr... Brrr... Brrr... Não consigo nem explicar o quanto estou me sentindo mal. Tenho problemas, como qualquer ser humano normal. Mas que diabos?! Não sou uma princesa para me sentir entediada, mas claramente estou. Tenho lutado contra um resfriado há vários dias. Não saio de casa, tenho lido um pouco e ninguém, literalmente ninguém, me visitou a não ser Eda. Nora não aparece há muito tempo, desde os bombardeios (vovó a repreendeu um dia). Na verdade, tudo com Nora parece ter acabado. Uma amizade como essa é boa se não durar demais. Afinal, eu só saía com ela porque não tinha companhia, mas tentarei vê-la o mínimo possível fora da escola. Não compartilhamos mais pensamentos nem opiniões. Não há nada que nos conecte. E percebi que nossa afeição uma pela outra parece estar se extinguindo da parte dela também.

Agora parece que as pessoas só estão interessadas em coisas materiais. O que não é nada surpreendente, já que um ganso custa 100 złoty e costumava custar 4 złoty; um litro de leite custa 3,50 złoty e costumava custar 15 groszy; um par de sapatos, 300 złoty e costumava custar 12 złoty.† Então

* A essa altura, Szczepko (Kazimierz Wajda) e Tońko (Henryk Vogelfänger), atores do popular programa de rádio pré-guerra *Wesoła Lwowska Fala*, estavam, na verdade, em Bucareste e só cruzaram a fronteira da França em 9 de março de 1940.

† 1 złoty vale 100 groszy.

isso não me surpreende. As pessoas pagam (quem pode) e esperam a primavera chegar. Ela chegará! Prometo que chegará.

Decidi pagar para que tirem meu retrato, já que não há muito o que fazer com dinheiro no fim das contas. Basta dar uma espiada na rua para ver todas as filas, é fila para todo lado, pessoas esperando na fila para comprar pão, manteiga, açúcar, ovos, linha, sapatos — tudo. E, se você acha que depois de cinco horas de espera conseguirá qualquer coisa além de pão, está terrivelmente enganado. Se, por acaso, quiser comprar dois pães de forma, é melhor ter cuidado, seu aproveitador.

Então escutem, trabalhadores
celebrem, sim
nunca traiam seu tesouro
deixem que sorrisos iluminem seus rostos
a faixa vermelha segura em seus braços
Celebrem, sim!
Sem chefes no trabalho
Vocês podem fazer o que quiser
tudo igualado pela palavra tovarishch
a faixa vermelha segura em seus braços
Aqueles que costumavam residir em casarões
agora vivem em cabanas simples e humildes
conformados com a vida em frangalhos
e o que vocês têm? Têm seu desejo
têm a palavra tovarishch
e a faixa vermelha em seus braços

4 DE FEVEREIRO DE 1940

Estou tão triste! Estou cantando, mas isso não significa nada, estou rindo, mas isso também não tem significado. Se ao menos pudesse, me acabaria de chorar. Vovó descontou toda sua raiva em mim. Sei que ela gosta mais de Arianka; eles a preferem. Sou apenas um capacho. Mamãe nos amava igualmente, outros me preferem, mas ela sabe como seguir a vida, ela é como aquelas pessoas que sabem como roubar a cena. E eu estava tão feliz hoje, queria escrever um poema, queria lhe contar uma coisa. Mas, não se preocupe, tudo ficará bem novamente.

17 DE FEVEREIRO DE 1940[7]

Faz tempo que não lhe conto nada, muito tempo... Mas não ache que não tenho pensado em você. Quis falar com você o tempo todo, mas acontece que não podia. Então contarei rapidamente o que aconteceu durante esses poucos dias.

Papai veio para cá (e nos trouxe suprimentos) e agora foi embora de novo. Chegou uma carta de Mamãe. Talvez ela já esteja na França. Eu me matriculei em aulas de piano e decidi tocar.

Enquanto isso, não estou mais apaixonada por Ludwik. O que não quer dizer que eu não goste dele, mas também gosto de Jurek Nowak. Nossa turma é legal, temos um herói, Pieczonka, que mora na mesma rua que eu. Ele me acompanha até em casa, brinca comigo, puxa meu capuz etc. Irka começou a ir atrás de Ludwik de um jeito inacreditável. Como sento perto deles, posso ver e ouvir tudo. Por exemplo: "Irka, pare de me beliscar ou vou beliscar de volta com força." Eles flertam demais um com o outro. Nossa turma é a melhor da escola. Embora nossa frequência hoje tenha sido terrível. Apenas sete. Nós já faltamos às aulas de física três vezes. Pieczonka prega peças, o que nos faz rir. Łaba ainda está apaixonado por mim.

Em sua carta, Mamãe disse que pensou em nós constantemente em seu aniversário. Disse que estava triste por não receber meus poemas. Não tenho escrito nenhum; sou tão ruim, tão terrivelmente ruim. Vovó e Vovô são bons para mim. Mas estou totalmente sozinha. É tão difícil ser deixada com meus próprios pensamentos. É muito, muito difícil.

Eu me sinto compelida a desenhar hoje em dia; acho irresistível. Sempre vejo imagens, por exemplo, de um arqueiro. Vá embora, assombração! Ah! Ah! Ah!

Segundo a segundo, bate um minuto
Mas outra hora reflete, em absoluto
Ninguém sabe quando chegará o fim
Ou onde foi o começo de tudo assim

Eu não sei e você não sabe
Há muito tempo começou o mundo que nos cabe
Sem começo significa sem final
A Terra sempre circunda o sol divinal
Milhões de planetas circulam em comunhão
Quem no mundo poderia jurar que não há ligação

1º DE MARÇO DE 1940

Eu tinha tanto pra lhe contar. Quarta-feira foi um lindo dia, então nossa turma cabulou aula às 11 horas e fugiu para o Castelo. Jogamos bolas de neve, cantamos músicas e escrevemos poesias. Escrevi um poema que já está no jornal da escola. Nossa turma é muito legal e agradável. Nós nos aproximamos muito e temos uma boa parceria. Mas, como Nora e eu não fazemos parte de nenhum grupinho, decidimos que escreverei versos.

Me balanço como bêbada
com uma abundância de perfume primaveril
Estou com água até os joelhos
pingando de calhas e telhas
nas cabeças dos transeuntes, dando-lhes arrepios
fluindo em muitos, amplos rios
murmurando e assobiando pelas esquinas
Essa enchente turva e alegre não conhece divisas
Casas dançam nas ruas, nas calçadas quebram os gelos
árvores, paralelepípedos, cercas de madeira, becos
De todos os cantos, chega um grito
Tudo é primaveril, dançante, vivo
Mas não estou nada contente
Não estou rindo, meu humor é deprimente
como alguém que acabou de deixar o leito
depois de uma doença — me sinto como um bêbado…

16 DE MARÇO DE 1940

Recebemos uma mensagem de meu tio na França. Mamãe também escreveu.

Nora e eu não temos muita companhia, então decidimos ver o que acontece daqui a dois períodos: um ano e dez anos. Portanto, não importa onde estivermos, se ainda seremos amigas ou teremos brigado, se estaremos saudáveis ou doentes, devemos nos encontrar ou escrever uma para a outra e comparar o que mudou a partir deste momento. Então, lembre-se: 16 de março de 1950. Também faremos um diário juntas, mas não será cheio de pensamentos particulares como este. Você é e continuará sendo meu único amigo.

Comecei a gostar de um menino da turma X. Sei que seu nome é Holender e que ele é de Zakopane. Gosto muito dele. Até fomos apresentados um para o outro, mas ele já me esqueceu. Ele é corpulento e tem ombros largos. Tem belos olhos pretos e sobrancelhas finas como as de um falcão. Ele é lindo. Existe uma história sobre um navio chamado *Holender*: *der fliegende Holender.*[*]

Você cruza as ondas do grande oceano
Sem lar, você anda desgarrado
Conhece todas as pessoas da Terra
Mas ninguém o conhece de fato

Dia e noite, dispara por espumas escorregadias
Impelido pela chuva, pelo vento fétido, pela tempestade
As pessoas falam de você com regularidade
Mas já foi completamente esquecido, na verdade

Desvie de seu curso tortuoso, Holender
Por lagos, rios, canais, deixe-se levar
Você está tão próximo, Holender
Tão distante você está…

Finalmente atraca em um porto

---

* *O Holandês Voador.*

Cansado da chuva, do vento e da tempestade
Você me é tão querido, Holender
Eu o amo com toda minha sanidade

Por que vagas sem rumo no mar?
Por que não tens um lar?
Por todas as pessoas do planeta conhecido
Mas na verdade totalmente desconhecido...
Em calabouços subterrâneos, malevolentes
Em buracos úmidos, podres e pungentes
Com olhos queimando de agonia e anseio
Um destino comunista foi o devaneio.
Eles esperaram...
E ainda esperam...
Doentes, tremendo, esmagados, sem energia
Em hospitais, prisões — todos com uma utopia
Até que sua estrela vermelha audaciosa brilhou
Com uma foice e um martelo de ouro que forjou.
Suas correntes caíram
Os portões para a cidade se abriram
Gritando alto e bom som, eles marcharam!
E a multidão inteira congelou, todos paralisaram
Essa estrela, a ouro banhada
(que marcou tanto suas vidas)
não era, nem de longe, avermelhada...
Eles a viram e muito choraram
Pela liberdade que perderam
Pela ideia utópica
E pela vida real cinzenta.

31 DE MARÇO DE 1940

Eu não lhe contei nada antes, embora devesse ter contado. Nosso tutor era Trelka, muito culto e inteligente, e mais, um anjo em forma de ser humano. Sempre nos defendeu; certificou-se de que a sala estava aquecida; nos deixava ir embora na surdina. Nós compramos um bolo e uma garrafa de vinho para ele no Natal e lhe enviamos um cartão. Ele não o recebeu no escritório, mas no hospital. Quebrou a perna e agora... morreu. Seu funeral é hoje. Compramos uma coroa de flores; publicamos um obituário. Estou tão pesarosa, perdemos não apenas um tutor, mas um pai. E agora essa repulsiva Józia é nossa nova tutora. Não a suporto.

Refugiados de Jarosław* estiveram conosco por um tempo. Outro dia lhe conto a respeito.

24 DE ABRIL DE 1940

Passou tanto tempo desde que nos falamos! Nem sei por onde começar; tenho tantos pensamentos misturados na cabeça, tantos. Talvez eu devesse mencionar primeiro o fato de que coisas terríveis têm acontecido. Houve batidas noturnas inesperadas que se estenderam por três dias. As pessoas foram capturadas e enviadas para as profundezas da Rússia. Muitos conhecidos nossos foram levados. Todos ficaram traumatizados. Houve uma gritaria terrível na escola. Meninas choravam. Disseram que cinquenta pessoas foram enfiadas em um vagão de trem de carga. Só era possível ficar de pé ou deitar em beliches. Todos cantavam: *A Polônia ainda não pereceu.*

Agora as pessoas estão sendo registradas do outro lado do rio San. É um comitê alemão, muitas pessoas passam por ele. E os de lá vem para cá. É terrível. Estive pensando em tudo, mas não nisso.

E sobre esse menino Holender que mencionei: me apaixonei, fui atrás dele como uma louca, mas ele estava interessado em uma menina qualquer chamada Basia. Apesar disso, ainda gosto dele, provavelmente mais do que de qualquer outro menino que conheço.

Irka é muito popular.

A essa altura, decidi que, se puder, um dia escreverei uma peça sobre a morte de Trelka, sobre como ele não estava no caixão, mas fora levado e, de repente, retornou. "Se ao menos eu quisesse..."† Afinal de contas, eu poderia ter escrito, mas não gostei de nada. E de qualquer forma... não

---

* Jarosław (Jaroslau) — uma cidade próxima de Przemyśl, na época, localizada no Governo Geral.

† Referência a uma frase do livro *A Ferro e Fogo*, de Henryk Sienkiewicz.

quero. Apesar de às vezes sentir essa necessidade poderosa e extraordinária... talvez seja só meu temperamento. Eu deveria me casar cedo para conseguir resistir a isso.

Imagino se Mamãe voltará. Lá não é melhor para ela? Nunca pensei que isso aconteceria aqui. Diabos, talvez eu escreva alguma coisa!

Uma voz no rádio divaga
Alta, maçante, sem tumulto
Sobre o que acontece na armada
Sobre o que acontece no mundo

O mundo não é tão importante
A primavera acabara de irromper
E em algum lugar em países longínquos
Vidas alegres estão a decorrer

Nada demais aconteceu no fronte também
A voz no rádio diz calmamente
Uma única fatalidade existente
Isso é um golpe tão terrível?
Na guerra, aos olhos de muitos milhares
Aos olhos de muitas pessoas
Alguém chora suavemente seus pesares
Alguém choraminga de aflição
Alguém olha pela janela
Esperando, depois morrendo em vão
Alguém se desespera ainda mais
Uma vítima, seria tão grande lesão?

PARA JARKA

A BONECA E O PALHAÇO

O Palhaço:
Olá, olá, bela Boneca!
Esperei por você desde a alvorada amena
Está feliz em me ver?
Diabos, fale.

A Boneca:
Papai, Mamãe.

O Palhaço:
Você não acredita em mim? Eu gostei de você
do momento em que a vi naquele verão.
E eu? Você também gosta de mim?
Diabos, fale.

A Boneca:
Papai, Mamã.

O Palhaço:
Venha, vamos dançar um pouco.
O que deveríamos dançar juntos?
Uma mazurca? Um oberek? Uma valsa?
Diabos, fale.

A Boneca:
Pai, Mãe.

O Palhaço:
Nem uma palavra?
Você permanece tão rígida, tão quieta
Entendo que me rejeite,
Você não gosta do palhaço extravagante…

A Boneca:
Não pense tão mal de mim.
Eu entendo tudo, sim.
Mas me perdoe, por favor
Não saber dançar é o meu temor
(ela chora) Pobre de mim, pobre, pobre Boneca,
solitária e conturbada.
Como poderia lhe chamar,
Quando sou tão tímida e tão reservada?

O Palhaço:
Ah, não chore, minha pequena Boneca.
Suas lágrimas, seque.
Olha! Primeiro um passo,
depois outros três, ao que parece,
depois gire, incline a cabeça para o lado,
depois curve-se muito e pule com garbo.

A Boneca:
Não vou mais chorar, minhas lágrimas secarei.
Então, primeiro um passo,
depois, ao que parece, outros três,
depois giro e inclino a cabeça para o lado,
depois me curvo muito e pulo com garbo.

A Boneca e o Palhaço:
Vamos dançar juntos.
Vamos dançar por aí.
Será prazeroso, será divertido.
Grande será o mundo a descobrir
Onde todos entendem uns aos outros.
Será prazeroso, será divertido!
Vamos dançar juntos, vamos dançar por aí.
(eles dançam)

1º DE MAIO DE 1940

Há um ano, eu nunca teria pensado que, exatamente nesta data, após longos e curtos doze meses, eu marcharia não no dia 3, mas, sim, no dia 1º de maio.* Apenas dois dias de diferença, mas que são muito significativos. Essa diferença significa que não estou na Polônia, mas na URSS. Significa vida; significa que tudo está tão... Estou tão louca por Holender! Ele é divino, adorável; ele é incrível! Mas o que isso importa, já que não o conhe-

* 3 de maio: Dia da Constituição Polonesa. 1º de maio: Dia Internacional do Trabalhador.

ço? Diga-me, algum dia ficarei satisfeita? Algum dia terei notícias felizes para lhe contar sobre algum menino? Ah, por favor, Deus. Estou sempre tão insatisfeita!

Finalmente brilham, os olhos
escuros, profundos, atormentadores
os maravilhosos olhos de um menino
incríveis, amorosos, encantadores

Diamantes escuros e atraentes
Flamejantes, dolorosos
Os maravilhosos olhos de um menino
Encantadores, incríveis, amorosos.

Deixe que sejam exigentes
Que sejam mandões, irredutíveis
Os maravilhosos olhos de um menino
Amorosos, encantadores, incríveis.

3 DE MAIO DE 1940

Eles apareceram de um lado da rua
de algum hotel ou algum portão,
aquele que carregavam em uma maca
podia estar doente, ferido ou embriagado.

Suas roupas eram cinzas, rasgadas, puídas
Seus rostos, sombrios, extenuados, pálidos.
E aquele na maca
também estava vestido assim
doente, ferido ou, talvez, embriagado.

Eles caminharam calçada abaixo,
as pessoas desviavam o olhar
Não queriam ver. Por que deveriam?

Um menino saudável pelo caminho a andar
Saudável, vivaz e alegre,
tocando seu acordeão intensamente,
seus olhos quase gritando,
Pelo menos olhem para mim, minha gente.

Com sua música ardente
ele deslumbrou o transeunte.
Caminhou rua abaixo, todo animado
Rindo e tocando alto.

10 DE MAIO DE 1940

Hoje foi a reunião dos *vidminniks,* isto é, os melhores alunos. Sim, Irka foi eleita. Nora compareceu, o inútil do Major compareceu e eu não. Mereço isso? Você deveria saber, meu querido Diário, que a vida é mais dura para crianças sem seus pais, especialmente para aquelas cujas mães estão distantes. Sim, saiba, meu querido Diário, e sinta minha dor, porque também estou sofrendo! Como choro amargamente de vez em quando. Só espere a escola precisar de mim! Se precisarem de um artigo, que os *vidminniks* o escrevam. Deixe que se apresentem em competições também. Veremos!

Por que uma criança chora?
Sozinha, solitária?
Por que sempre anseia e sofre, por quê?
Por que não é confortada por sua mãe?
Por que ela não a acaricia e abraça?

23 DE MAIO DE 1940

Acabou... digo, o ano escolar acabou, assim como meu amor por Wilk.* Agora chegou a época agitada de provas para mim. E já começou. Já fiz minhas provas de álgebra, geometria e biologia. Acho que fui bem. Ve-

* *Lobo* em polonês. Muito provavelmente, uma referência a Holender.

remos como serão as próximas. Estou com medo da de física. Você deve saber que não falarei contigo até depois das provas. Terá que esperar um pouco. Sentarei com você no dia 13 de junho e estarei ou feliz ou… você se molhará com as lágrimas. Hoje foi um dia bom. Ganhei sapatos novos, o que é um luxo atualmente. E também dois vestidos leves. Tem esse menino na minha turma que costumava flertar comigo, ou era o que eu achava. Ele é terrivelmente feio, mas tão talentoso que… gosto dele. Deixe que as pessoas falem, mas gosto dele, apesar de que, além de ser um gênio, ele tem algumas virtudes. Ah, esqueci! Eu me tornei uma *vidminnik*. Viu, bobo, como a vida muda? Eu lhe disse um dia que algo aconteceria na primavera. Aconteceu, mas foi algo completamente diferente do que eu achava. A Bélgica e a Holanda foram ocupadas, os alemães também tomaram a França, Mamãe está em Varsóvia. Grande Senhor Deus, por favor, faça com que dê tudo certo. Vejo você no dia 13!

13 DE JUNHO DE 1940

Acabou! Finalmente! Passou como um sonho. As provas terminaram. Tudo correu muito bem, melhor do que eu esperava. Bravo, Renia! Está tarde agora; as ruas estão escuras. Algum alarme, parece… Soldados em cavalos disparados, komandirs acordando — há muita agitação. Logo visitaremos Papai! Ah, quem sabe, talvez haja uma nova guerra? Que Deus nos salve. Talvez eu lhe conte algo em breve, aguarde!

17 DE JUNHO DE 1940

Amanhã é meu aniversário. Farei 16 anos. Esta deveria ser a melhor época da minha vida. As pessoas normalmente dizem: "Ah, como eu queria ter 16 anos novamente!" E eu tenho, sim, esta é a minha idade, mas estou tão infeliz!

A França se rendeu. O exército de Hitler está ocupando a Europa. Os Estados Unidos se recusam a ajudar. Quem sabe eles até comecem uma guerra com a Rússia.

Estou aqui sozinha, sem Mamãe ou Papai, sem um lar, sendo debochada e ridicularizada. Ó, Deus, por que um aniversário tão terrível tinha que acontecer? Não seria melhor morrer? Olho para baixo do alto dos meus

16 anos e me pergunto se chegarei ao fim. "Silenciosamente, como a lâmina atravessa a manteiga"*... isso é a morte. Eles não me tratariam com desdém, como hoje (Dzidziu:† "Ninguém quer sair com essa vaca velha"). Eu só sentiria pena de minha Mãe, minha Mamãe, minha Mamã... Por que está tão longe de mim, tão distante? Eu me sentiria bem se não fosse isso, nunca pensaria no assunto. Mas continuo a chorar, porque não será diferente.

Caminho por algumas ruas vazias
meus passos ecoando nas pedras cinzas
a cidade parece estar paralisada
como se tivesse caído no sono.
Nem o vento chacoalha as folhas
nada se move, esvoaça ou farfalha
o único som na rua calada
é o choro triste e profundo de alguém que se destaca.
Dou uma olhada, olho em volta
quem soluça tanto na madrugada?
talvez precise de sua mãe agora
talvez sinta saudade do aconchego, de uma luz forte, de sua morada?
Por que tantas lágrimas, essa enxurrada
sozinho em meio ao silêncio mortal?
Ninguém o escuta agora, eu receio
ou alguém ouve e talvez um engano adveio?
Vagueio por ruas escuras
procurando a pessoa que investigo
mas quem estou procurando?
sou eu quem está chorando!

* Muito provavelmente, uma referência ao poema de Julian Tuwim, "Śmierć" (Morte): "Silenciosamente, como a lâmina atravessa a manteiga / Como uma pedra jogada na água" [em tradução livre].

† *Dzidziu*, também *Dido* — avô de Renia.

1º DE JULHO DE 1940

Olha, meu aniversário foi um dia bem agradável. Ganhei dois frascos de perfume, flores e batons de Nora e Irka. Nós três agora estamos de bem — quero dizer minha querida e única Norka, Irka e eu. Esse idílio dura desde o início das provas. Será que ainda durará mais? Não sei. Qualquer pensamento pode nos separar, qualquer discussão ou qualquer vento político pode dispersar nossa trégua tripla. E deixe-me contar que o vento político está ficando mais forte. Os Estados Unidos se juntaram à guerra.* A Inglaterra conta conosco, não sabemos o que fazer etc. Minha Mamãe está em Varsóvia. Minha pobre e única Mamãe. Você não sabe, mas ela é a mais doce, a mais bonita, a mais inteligente e todos os outros "mais" que existem no mundo das mulheres. Sim, também consigo ver alguns defeitos, dois na verdade, pelos quais sempre a perdoei, que nunca me importaram muito. Apenas hoje, só agora eles me afetam tanto a ponto de precisar considerá-los defeitos, e não virtudes. Porque, meu querido Diário, o que é essa minha vida?! Apenas um punhado de cinzas do passado e algumas conchas do presente. Seguro tudo nas mãos e digo: "O ruim irá embora e o bom ficará." E sopro. E aí? Todas as conchas e partículas de cinzas voam, e tudo o que resta é um pó esbranquiçado de satisfação temporária, como sentar em um teatro, receber um boletim bom, uma carta de Mamãe, o sorriso de Brühla. E tudo o mais voou? Sim, tudo. Então minha vida era triste? Sim, era. E agora vamos ser francos, vamos nos livrar de todas as satisfações ou alegrias temporárias e classificá-las. Morei em Stawki. Era feliz lá? Não, havia preocupações, Mamãe estava seriamente doente e tínhamos problemas com dinheiro, brigas de família e discussões, primeiro com Papai, depois, Mamãe. Meu lar se desmantelou. E o pior: Arianka foi para Varsóvia, teve dificuldades por lá, perdeu a infância, que sumiu, e isso foi errado. Eu estava na casa da Vovó e do Vovô, podia ter feito alguma coisa, chorei por Mamãe, não estava feliz e parecia "uma criança órfã de mãe". E isso também foi errado. Outro erro foi o fato de que Mamãe consentiu, ela simplesmente fez com que nos acostumássemos à vida aqui. Que vida é essa? Sim, Vovó nos ama muito, ela se esforça bastante. Eles pagam o preço e nós também. Eles não têm uma vida normal de avós e

* Apesar de os Estados Unidos só entrarem na Segunda Guerra Mundial em dezembro de 1941, o presidente Franklin Roosevelt começou a mobilizar os esforços bélicos denunciando Mussolini, aumentando a produção de bens de guerra dos EUA e nomeando dois secretários de guerra que eram a favor do intervencionismo.

nós não temos uma vida normal de netas. Foi assim e ainda é. Assim é a vida. Mamãe pensou na gente, se esforçou muito, se preocupou, mas aí tinha ela e tinha Papai. E nós ficamos lá, esperando. Arianka, pobrezinha, e eu, ainda pior (porque não sei como sobreviver). E agora tem a guerra. Arianka e eu estamos à nossa própria sorte. O que a pobre Mamãe come? Dizem que há fome lá, minha pobre e querida Mamãe, minha pobre, pobre e triste vida. Minha doce Mamãe, se você estivesse aqui comigo, haveria muito menos choro, eu ficaria tão mais calma com você, por que está tão longe...? Mamãe!!! Mas, sabe, quando eu finalmente segurar o cálice da felicidade em minhas mãos (mesmo que seja pequenininho), beberei o máximo que puder, por toda a felicidade escondida nesse minúsculo cálice.

2 DE JULHO DE 1940, GUERRA

Uma gota segue outra lentamente
Logo, juntas, formarão uma corrente

6 DE JULHO DE 1940

Que noite péssima! Horrível! Pavorosa. Fiquei deitada de olhos arregalados, meu coração acelerado, tremendo como se estivesse com febre; só escutando. Conseguia ouvir o ranger de rodas novamente. Ó, Senhor Deus, por favor, nos ajude! Um caminhão passou. Eu podia ouvir uma buzina de carro. Estava vindo para cá? Para nos pegar? Ou pegar outra pessoa? Fiquei atenta, me esforçando tanto que parecia que tudo em mim estava prestes a explodir. Ouvi o retinir de chaves, um portão sendo aberto em frente. Eles entraram. Esperei mais um pouco. Foi horrível. Depois saíram, levando muitas pessoas, crianças e idosos. Uma senhora tremia tanto que não conseguia se manter em pé, não podia se sentar. As prisões foram realizadas por uma bruxa gorda que não parava de gritar em russo: *"Sadis', seychas sadis."** Ela colocou as crianças na carroceria. A batida essa noite foi horrível. Eu mal podia esperar que amanhecesse. E finalmente! Agora! Mas ainda não acabou. Só agora, à luz do dia, pude ver o desespero, a violência, o caos. Algumas pessoas choravam, a maioria das crianças pedia

* *Sadis', seychas sadis* (садись, сейчас садись): Sente-se, sente-se agora.

pão. Foram informados de que o trajeto duraria quatro semanas. Pobres crianças, pais, idosos. Seus olhos estavam cheios de medo insano, desespero e resignação. Pegaram tudo o que foram capazes de carregar em suas costas magras até o lugar ao qual não chegariam. Pobres "refugiados" do outro lado do San. Estão sendo levados para Birobidjan.* Viajarão em vagões fechados e escuros com cinquenta pessoas cada um. Na viagem ficarão sem ar, na sujeira e infestados. Podem até ficar com fome. Viajarão por muitas semanas, com as crianças entre eles morrendo, percorrerão este país livre e feliz, o único onde ecoa a canção:

Vasta é a minha Pátria,
De muitas florestas, campos e rios!
Não conheço nenhum outro país
Onde um homem possa respirar tão livremente.†

E quantos alcançarão seu destino? Quantos morrerão de doença, infestação ou saudades no caminho? Quando finalmente chegarem ao fim de sua rota de deportados em algum lugar longínquo da Ásia, ficarão presos em podres cabanas de lama, com fome, exaustos (como os que já se foram) e, nessa lenta extinção ironicamente chamada de vida, admirarão o paraíso dos trabalhadores alegres, ouvindo a canção:

Um homem se posiciona como o mestre
De sua vasta pátria.

8 DE AGOSTO DE 1940

Ah! Quantas águas passaram pelo San (digo isso mesmo não podendo vê-lo) desde nossa última conversa? Estive doente, com dor de estômago, dor de cabeça e outros horrores.

Nossa viagem para visitar Ticiu tem sido adiada dia após dia. Agora não resta muito das férias de verão, mas ainda viajaremos. Verei Lila.

---

* Uma cidade na URSS próxima da fronteira com a China, centro administrativo do Oblast Autônomo Judaico criado em 1934.

† Primeiras linhas da famosa canção patriótica soviética "Shiroka strana moya rodnaya" [Vasta é a Minha Pátria, em tradução livre], composta por Issac Dunaevsky e com letra de Vasily Lebedev-Kumach, apresentada pela primeira vez no filme *O Circo*, de 1936.

Mas, mas... você conhece a Lila? Não? Que pena! Que pena! Ela é minha maravilhosa prima e amiga de cabelos dourados. Supostamente, minha verdadeira amiga é Nora, mas é muito diferente. Eu compartilho tudo com Lila, assim como com Nora... bem... não tanto. Não tenho vergonha de nada na frente da Lila, não me sinto constrangida com nada. Minha maravilhosa priminha, a companheira da minha infância, a autora da cicatriz na minha bochecha direita, ao lado do nariz (mas é pequena). Sempre temos assunto para conversar. Descobrimos "coisas boas" juntas, pregamos peças. Lila, ó, Lila! Você se lembra? E lá, ha ha ha...

Recebo mensagens de Mamãe com frequência. As coisas parecem boas por lá agora, muito melhores. Fico feliz. Talvez a veja logo. Ahá! Mas sou a única que pode saber disso. Se acontecer, lhe direi. Porque, na verdade, é ridículo: uma fronteira. O que é isso? As pessoas apenas determinaram o que seria, colocaram umas pedras no caminho, marretaram postes no chão e disseram: "Até aqui é meu!" E o que importa que tenham dividido terras, separado irmãos, enviado corações de crianças para bem longe de suas mães? "Isso é meu" ou "a fronteira é aqui" — não me importo com nada disso! As nuvens, os pássaros e o sol riem de todas essas fronteiras, dos seres humanos e de suas armas. Vêm e vão, contrabandeando chuva, grama, raios de sol. E ninguém pensa em bani-los. Se tentassem, o sol brilharia mais forte de tanto rir e eles teriam que fechar os olhos. Ele cruzaria "a fronteira" propositalmente com seus raios. As nuvens, os pássaros e o vento o seguiriam. E (silenciosamente) também uma pequena alma humana e vários de meus pensamentos. Então talvez eu vá, o que você acha?

21 DE AGOSTO DE 1940

E? É claro que fui, visitei minha tia em Horodenka e depois viajei até aqui, para Zabłotów.* Tanta coisa aconteceu, tanta, que acho até difícil de contar. Então deixe-me começar pelo princípio. Tia Lusia deveria me levar até lá, e esse era o plano até a noite mais importante. Nessa noite mais importante, ela deveria me levar lá, deveria, e de repente não! Vovó decidiu nos levar. Vovó, pobre Vovó, sofreu tanto no caminho, queimou o rosto e voltou. É uma pena ter voltado, mas pelo menos não ficaríamos tão sozinhas. Tão sozinhas na casa do nosso próprio pai.

* Uma cidade em Stanisławów Voivodeship no Rio Prut; sob ocupação soviética entre 1939 e 1941, alemã até 1944 e novamente ocupada pelos soviéticos e a URSS.

Voltando ao começo! Passamos três dias em Horodenka. Lila ficou muito feliz em nos ver! Coitadinha, ela é tão pobre. Pense, ela visita estranhos e vê seus próprios móveis... Os mesmos que estava acostumada a tocar por tantos anos, que se tornaram parte dela e da casa. Ela retorna ao seu quarto minúsculo cheio de resquícios e vê... aqueles quartos aconchegantes, bonitos e aquecidos, o espelho sobre o lavatório, a cabeça de uma menina mergulhada em pensamentos na prateleira mais importante do velho aparador, um montinho de sal (para saber se o clima será bom ou choverá) e almofadas chamativas (que hoje decoram os quartos de algum estranho). Ela vê tudo e pensa: "Ó, Deus, nunca mais." Sim, é assim que Lila se sente, mas ela não fala disso com ninguém além de mim.

Ticiu foi nos buscar em Horodenka. Tivemos que viajar durante quatro horas em uma carroça puxada por um cavalo. Senti tanta falta dele. Não tem como não chamar de outra coisa além de saudades. Estive ansiando por alguém próximo, com certeza! Fui dominada por essa ternura estranha ao ver Ticiu, tanto agora quanto o tempo todo. Geralmente fico dividida entre dois sentimentos. Vim aqui e imediatamente outro sentimento tomou conta — uma atitude estranha minha e de Ticiu perante a casa e da empregada em relação a Ticiu. E acontece que, à noite, Lila achou a mesma coisa, e conversamos sobre como havia algo de errado. Atenção! Se duas pessoas notam a mesma coisa, então certamente não é uma alucinação ou um mal entendido. Ah não! A empregada se esforça muito para ser educada, mas sem sucesso. Ela sabe exatamente como a velha Bulczyk* é, ela trata Tusio como se fosse uma rainha feudal falando com seu mais pobre vassalo.

Ticio comprou alguns tecidos, mas não consegue encontrá-los agora; além disso, há esse "entramento", mais nossas risadas e os disparates dela — o que significa que decidimos fugir. Sim, esta é a única descrição possível. Temos dinheiro, vamos comprar passagens e voltar para a casa da tia. Mas, mesmo assim, ainda sinto pena de Ticiu, meu pobre Ticiu, mas também... o quê? Para... Mas eu já tenho 16 anos, ha ha ha! Não, é engraçado! Então, em tais circunstâncias, essa sonhada casa de família, essa toalha de mesa vermelha e a cômoda com pequenas cortinas com estampa de bonecas e tudo isso — Deus, nunca mais. Sim, mas não direi nada a ninguém. Apenas a você... e Lila... e Mamãe. Ó, Mãe! Mãe! Mãe! Venha me resgatar!

---

* *Bulczyk, Buluś, Bunia* — mãe de Renia.

22 DE AGOSTO DE 1940

Passei metade da noite chorando. Decidi partir. Sinto tanta pena de Ticiu, apesar de ele continuar assobiando alegremente, mas… o quê? As crianças fugiam dele como se… eu me sentiria péssima. Falei para ele, quase chorando: "Eu sei, Ticiu, que você tinha os melhores sonhos, mas esta não é a sua casa." Isto me veio à mente durante a noite:

Vocês, fantasias,
Assim como os primeiros sonhos, sumirão?
Com lágrimas tão pequenas fluirão
Deixando para trás apenas chorosos arroios então?
Meu sol, em meus sonhos tão luzidio
E minha vida tão cheia de cores
Mergulharão e se afogarão em temas sombrios
E se sim? Pare de chorar, ai de mim!
Das lágrimas, estanque o fluxo da corrente
Mesmo que os sonhos desapareçam
Sua namorada será sempre a morte iminente!
Vento, pare de amarrotar minhas pétalas
Sou uma órfã, consegue enxergar?
Não me sacuda, não me curve
Já sofro bastante, pode parar
Não sou daqui, sabe
Mas meu coração é, ó, tão forte
Delicadas pétalas prateadas
Não uma florzinha, como se de metal tivesse o forje
Não como as flores silvestres que brotam neste lugar
Felizes, contentes e com animação para ofertar
Entre os campos prateados de irmãs numerosas
O destino me ataca estranhamente, me deixa nervosa
Ficar sozinha não é bom
Uma órfã, mas também não.

10 DE SETEMBRO DE 1940

Nossa! Tantas águas passaram pelo Rio Prut em Zabłotów. E, agora, apenas me sento aqui em paz e vou para a escola. O belo Miruś Moch é nosso professor de matemática e tremo à sua frente, como se eu fosse um tipo de espantalho. Temos um bando de professores novos. Também temos uma nova colega, Luśka Fischler. Ela se juntou ao nosso trio, conhecido na sala como "o trio aristocrático". E a chamam de a quarta, para completar dois pares. Tem um menino de que gosto e Nora também gosta de um. Queremos ir a uma festa, em parte porque queremos nos aproximar desse mundo — e já demos um passo nessa direção — e em parte porque Irka não nos quer lá. Temos pouco tempo. Veremos...

21 DE SETEMBRO DE 1940

Não fomos à festa porque não teve nenhuma. Mas, mas... demos um grande, um enorme passo à frente! Nossa turma é calma. Mas... o que me importa a turma quando estamos prestes a criar um grupo de verdade com os meninos! O meu é maravilhoso! Maravilhoso! Maravilhoso! O meu, o mais meu é Zygo S. Juntos somos ZSR.* Já o conheci hoje! Nora admitiu que gostou muito dele, mas ela sabia que ele era do meu agrado, então deixou para lá. Ela está com o fofo e doce Natek, e Irka está com Maciek. E? E eu não sei como será e não tenho muita confiança em mim mesma.

30 DE SETEMBRO DE 1940

Parece que nosso grupo não se formará, no fim das contas. Fiquei extremamente apática, mas agora minha energia está voltando de alguma forma, ainda que devagar. É tudo muito estranho. Eu o conheço, mas ele nem me cumprimenta. Irka também não quer. Nora não quer ter nada a ver com Irka. Há algo de errado com Nora também...

Na segunda-feira, ele sorriu para ela, então agora ela não quer mais ninguém. Ou quer, não sei. Às vezes me sinto péssima. Nenhuma de nós entende, eu entendia mais, mas agora parece que quem compreende é Nora. Ela me disse para deixá-lo, porque ele é grosseiro... Grosseiro, ha ha ha!

---

* Muito provavelmente, uma referência à *ZSSR*, a abreviação polonesa de *URSS*, embora Renia a tenha abreviado para se referir a "Zygmunt Schwarzer Renia".

E Natek faz joguinhos. Aff, a vida é cruel! Pode melhorar? Mamãe não está aqui. Se ao menos estivesse, eu não me preocuparia tanto.

6 DE OUTUBRO DE 1940

E mais um passo à frente. E nada, de novo. Antes do sucesso, o coração dói, é hora de esperar.

12 DE OUTUBRO DE 1940[8]

Hoje é o Yom Kippur, o Dia do Perdão. Ontem todos saíram de casa; eu fiquei sozinha com velas queimando na mesa em um enorme castiçal de cobre. Ah, um único momento de solidão. Todas as memórias voltaram e fui capaz de pensar em todas as coisas que são esquecidas no turbilhão diário, no estrondo, no ranger, no esparramar da vida passando.

Mais uma vez me perguntei a mesma coisa do ano passado: Mamãe, quando a verei novamente? Quando poderei abraçá-la e contar tudo o que aconteceu e dizer a você, Buluś, o quanto estou me sentindo péssima?! E você me dirá: "Não se preocupe, Renuśka!" Só você sabe dizer meu nome de um jeito tão doce e afetuoso.

Mãe, estou perdendo as esperanças. Quanto tempo, quanto tempo? Fitei aquelas velas queimando — Mamãe, o que está fazendo aí? Também está pensando em nós, em nossos corações partidos?

Quem é sufocado, morto, destruído por você
para sempre permanece libertado
mas por que você machuca os vivos
seu demônio furioso, está tão irritado?
No oceano de sangue escarlate você se banha
lívido de vingança, por chamas agitado
ateará fogo ao mundo todo
e em seu brilho listará os nomes dos finados
Em campos de batalha e cemitérios
seus olhos sedentos por sangue brilham de ambição
você guincha: "mais", e uma praga aparece

fome e azar libertados de supetão
Uma nova pilha jogada aos pés
todos caem com o mesmo ferimento mortal
os que estão vivos têm os corações partidos
e a pilha aumenta, sua coroa no céu infinito
Ah, você já teve vingança suficiente
uma risada zombeteira tange
você uiva, sua besta furiosa:
"Mais, quero encher o fuço de sangue."

Vemos os meninos na cidade, moramos perto, vemos Maciek quase todos os dias. Apenas Zygo* e Natek moram longe. Zygo voltou da escola conosco hoje. Olhou direto nos meus olhos. Seus olhos são muito poderosos, e eu enrubesci e não disse nada. Ah, que se dane essa natureza! Ele flerta com Iśka, ou talvez eu esteja só imaginando coisas. De qualquer forma, ele deveria flertar comigo? Não falo nada. Estamos planejando ir a uma festa em breve — será que me divertirei? É mais provável que Nora se divirta, já que tem alguém apaixonado por ela. Eu não acredito em nada. A não ser que Bulczyk venha...

19 DE OUTUBRO DE 1940

Sentamos um em frente ao outro no clube russo esta semana. Ele me olhava fixamente e eu o fitava. Assim que desviava o olhar dele, podia sentir seus olhos em mim. Depois, quando ele me disse duas palavras, fiquei louca, cheia de esperança. Como se um sonho se tornasse realidade, como se o cálice tocasse meus lábios.

Mas o cálice ainda está distante. Muito pode acontecer antes que nossas bocas se toquem. Tantas coisas podem acontecer para impedi-las de se tocarem. Isso é o mais perto que já cheguei do amor verdadeiro, porque minha vítima está realmente me olhando e falando comigo, mas então ele abraça Iśka. (Aliás, Hoelender vai se casar!! Muito bem! Não estou mais interessada nele. Já faz algum tempo.)

* *Zygu, Zygo, Zyguś, Zyguśka* — variações do nome de Zygmunt.

Hoje, no clube de história, o Natek da Nora falou com ela o tempo todo, riu e foi muito educado. Ah! Ela está em uma situação muito melhor! Tenho inveja da Norka! Quero dizer, desejo que Zygo também seja assim. Se Deus permitir! Se Deus permitir! Mamãe! Criei esta fórmula:

Quer você ame, quer não
Sempre haverá muito chorar
Suas lágrimas amargas não vão secar
Quer você ame, quer não
Em volta você olhará
Às vezes cheia de saudades, às vezes aturdida estará

Quer você ame, quer não
Sempre haverá muito chorar.

Hoje escrevi várias coisas legais no diário de Norka. Anunciaram uma competição na escola, intitulada "Dia sem aula". Meu querido Diário, quero tanto ganhar. Por favor, me ajude. Tentarei coisas diferentes.

PARECE

Como tantos antes, um dia regular
Começa um pouco cinza e com um pouco de pesar
Aí a luz da manhã nasce e dá uma piscada
E a manhã fica azul, rosa, alaranjada
E daí em diante segue uma direção diferente
Pelos estrondos das calçadas nas seções da cidade ebuliente
Sem correr para chegar a tempo na escola
Sem chegar lá só quando o sino toca
Não é um dia comum que paira
Cheio de brincadeiras bobas na sala de aula
Que ameaça com notas prejudiciais
Que ruge com o barulho dos sinais
Que ressoa com o trabalho infinito
Cheio de correria, completamente indistinto
Contando os minutos e as horas detalhadamente

Em fábricas — rápido, nas escolas — lentamente
Que é alegre e que em sua melhor vestimenta
Se arrasta lá fora no dia que o sol esquenta
Que de comédias bobas ri facilmente
Que traz livros, coleções de selos e outros pertences
Que a vida de seus fãs faz alegrar
Para quem os pupilos o tempo gostam de parar
Que passa tão rápido e ainda é sucedido
Por outro que ressoa até a escola no topo da vertente
Um dia regular, um pouco cinza, como sempre…

Também vou tentar outro. Talvez eu ganhe.

DIA SEM AULA

Pelo céu, no crepúsculo, deslizou
Para a terra, com certeza desabou
Cheio de gorjeio, cheio de canção
Sem fôlego com toda a agitação
Um dia — como um pássaro…
Salpicando vidraças de dourado
Salpicando olhos com sol e risos
E rapidamente passou, descontrolado
Deixando apenas uma preocupação depois disso
Deixando uma sombra e, então, nem aura
Uma meditação ou um dia sem aula?

23 DE OUTUBRO DE 1940

Esta é uma semana de competição, então estou pensando mais nisso do que em Zygo. Natek está paquerando Nora. Não tive muita sorte com ele, mas, se tudo der errado, sempre terei você!

Uma pessoa um espelho encara
suspira e diz em voz alta:
"Não seria melhor, que desventura,

ter outros olhos e menores lábios?
O nariz também podia ser redimensionado!"
Não é verdade, sua menina burra
Mesmo que pudesse ofuscar com sua beleza
aquela da linhagem de deusas gregas
Seu destino continuará imutável
Sua vida não será editável
A vida não se importa com seus olhos
Seus feios lábios
Seu nariz do tamanho errado!

Espelho, espelho meu,
Conte-me a verdade que você reflete e tudo o mais que percebeu.

24 DE OUTUBRO DE 1940

Por que nos apressamos intensamente
Por que contamos o passar dos dias
De sábado a sábado, loucamente
No gelo, nas chuvas, secas e neblinas
Rápido, veloz e ainda mais apressado
Queremos ver o curso da vida fluir
Por dias felizes, lágrimas, adoentado
Dia após dia a prosseguir
De sábado a sábado, infelizmente
Permita que os dias deixem sombras para trás
Por que corremos tão loucamente
O que queremos encontrar, aliás
Cegos e desenfreadamente encarando
O desconhecido e o estranho
Um sonho impossível, muito extemporâneo
Um sonho de uma mente de 16 anos.
Constantemente aceleramos
Febris, como em um pesadelo

Semanas e dias curtos enfrentamos
Jogando-os no abismo sem zelo
Aceleramos como furacões enlouquecidos
Sem fôlego e sem ar corremos
Como sempre os dias contamos
E quando no meio do caminho paramos
Completamente inabalados por todos os avisos
Loucamente a vida acelera adiante
E corre e segue flamejante

6 DE NOVEMBRO DE 1940

Que dia tive hoje — não sei se devo rir, chorar ou gritar, realmente não sei. Sobretudo sinto vontade de chorar... Isso não teria acontecido se eu tivesse lhe visto três horas atrás e contado tudo, como já tinha decidido. "Vou para uma festa hoje à noite (é agora ou nunca) e sei que não dançarei e que não serei popular, e Nora talvez seja, mas não deixarei que isso me preocupe nem um pouco." Eu deveria ter lhe contado, mas não, não contei, então quando fugi da festa, estava à beira das lágrimas.

Mas *da capo,*[*] atenção! Fui para a festa e, que surpresa, logo antes descobri que fiquei em primeiro lugar na competição e devo ganhar as obras de Mickiewicz![†] Meu grande sonho! Querido Diário, você me ajudou. Meu incomparável, sempre tão dedicado!

Então cheguei à festa e Maciek me contou isso em segredo. Zygu me parabenizou e falou comigo, e só comigo. Depois, do nada, recebi o prêmio por minhas notas, por publicar o jornal e por ter 100% de frequência.

Zygu estava simplesmente lindo. Todas as minhas esperanças reverberaram em mim. Então, a Diretora, com ênfase especial, anunciou o vencedor da competição. As pessoas me aplaudiram e parabenizaram. Krela enviará meu poema para Kiev, para o *Głos Radziecki,*[‡] e também escreverá sobre ele no jornal da escola. E ela, Krela, que nunca fica feliz com nada, até me elogiou. Nossa, que triunfo!

---

* Do começo (italiano).

† Adam Mickiewicz (1798–1855), poeta, dramaturgo, ensaísta e ativista polonês.

‡ *Głos Radziecki* (Voz Soviética) — jornal soviético em polonês, publicado em Kiev entre 1939 e 1941.

Depois fui para a odiosa festa. Cukierman me convidou para dançar. Falei que não sabia, então ele se desculpou. Depois Major. Eu não queria ir, então fiquei lá sozinha enquanto Norka dançava. Fui embora. Caminhei pelas ruas molhadas tentando não chorar alto. Pensei: "Esta noite venci no nível espiritual, mas perdi na vida." Jurei que não iria mais à festa nenhuma. Mas não, eu irei! Tímida ou não, preciso vencer nessa outra arena. Mesmo que isso signifique que minha alma será derrotada, deixe que a vida vença!!! Acredite em mim, isso será difícil e triste. E de novo, eu penso pela milésima vez, acho que preciso cantarolar esta canção triste do meu pobre e órfão coração.

Por que não estás aqui, Mamãe?
Entre nós há uma distância tão grande
Você desapareceu muito além, para bem longe
Ambas choramos copiosamente

Por que você soluça, por que eu lamento alto
Por que a minha vida deu esse salto
Meu coração segue do conforto os rastros
E eu procuro, de mãe, os abraços!

Mãe! Por que você não estava aqui hoje, para ver minhas alegrias e ficar feliz por mim (como sei que está)? Por que não pude chorar envolvida por seu abraço?

Escrevi um poema para o jornal da turma, por que não?

O sangue pulsa e também as calçadas
Marchando para a grande celebração
Uma grande multidão cinza segue estropiada
Faixas vermelhas... Para a nação
Essa massa percorre o povoado
Flui dos subúrbios, das moradias, das travessas
Constantemente avolumando com novas pessoas
Se juntando a outras de imediato
Estradas estão quase transbordando
Como se tivesse lava escorrendo

Como ferro líquido de liga leve
Que pode endurecer a qualquer momento
Destruindo este mundo em sono profundo
Demolindo o velho mundo
Aquelas faixas vermelhas... O massacre rubro...

7 DE NOVEMBRO DE 1940

Escute, você talvez saberia me dizer se é bom ter um namorado? O que acha? Pensei nisso hoje! Sabe, odeio quando alguém fala sobre seu futuro.

Não quero que os doentes em mim busquem conforto
Não quero ver os sofridos, pois muito sofro
Quero viver como um patife, como uma alma sem preocupação
Quero ver boas mulheres exercendo
Cargos de ministras, marinheiras no mar
De diplomatas, advogadas, escritórios a dominar
Quero vê-las como pilotas em ação
Ouvi-las fazendo discursos com paixão
Quero viver sem nenhuma perturbação
Que minha vida seja uma bolha de satisfação
Quero escrever poemas sem fim
E quero ter um namorado só pra mim!

9 DE NOVEMBRO DE 1940

Saí para dar uma volta com Zygu. Não sozinha, é claro, o grupo todo foi. Talvez eu vá ao baile da Irka. Zygu estará lá. Não vou dançar, mas vou à festa.

12 DE NOVEMBRO DE 1940

Só algumas palavras, porque já está tarde. Ganhei um prêmio, viva! Viva! *Dzieci*, de Jan Brzoza.[*] Eu me senti tão soberba, foi tão bom. Pena que Buluś não pôde ver. Tenho um trabalho sobre a obra para entregar no dia 24 de dezembro. O dia do aniversário de Mamãe... Você estará aqui comigo, Mamãe? Também fui selecionada para o comitê do evento Mickiewicz. Conto sobre isso depois. Zygu me provoca às vezes, mas hoje ele foi um doce. No sábado vou ao baile na casa de Irka. Ele estará lá. Se eu não festejar, então não festejo! O importante é ele!!!

18 DE NOVEMBRO DE 1940

Hoje estou enfeitiçada por um filme. Talvez porque tenha passado algum tempo sem ir ao cinema ou talvez porque, com certeza porque, de alguma forma, eu estava naquelas imagens, pessoas, visões, incidentes. Sim, alguns dos meus sonhos estavam lá, e é exatamente por isso que gostei de *Yunost poeta*.[†] Gosto muito de Pushkin, ele é meu herói; talvez consiga uma foto dele em algum lugar.[‡] Porque, você sabe, estou mudando todos os meus planos e começando a me perguntar se talvez seja melhor ser famosa em vez de feliz. Ser uma poetisa (não como Konopnicka), mas... como... Pushkin!!! Agora posso comparar sua juventude à minha. Claramente, ele não tinha sucesso com as mulheres. É uma pena ter morrido — eu o cumprimentaria com um aperto de mão.

Quando Pushkin estava no ensino secundário, ele não estudava nada. Ia para encontros com outras crianças, caminhava à luz do luar em noites perfumadas (até no filme), colhia lírios brancos para seu amor. Ele lamentava, sonhava, amava... Será que o mundo reprimiria sua natureza romântica? Maravilhoso, maravilhoso — macaco feio *obez'yana!*[§] Pushkin! E o nome! Devemos pronunciar seu nome com reverência.

---

* Jan Brzoza (1900–1971): Escritor, publicitário, radialista e ativista comunista polonês, um dos fundadores da literatura proletária na Polônia. *Dzieci* [Crianças], publicado em 1936, descreve a vida de um jornaleiro de Lviv.

† *Yunost poeta* ["A juventude do poeta", em tradução livre]: filme soviético de 1936 dirigido por Abram Naroditsky, com Valentin Litowsky interpretando Pushkin.

‡ A fotografia foi inventada em 1839, dois anos depois da morte de Pushkin. A autora provavelmente quis dizer uma foto de seu retrato pintado.

§ *Obez'yana*, обезьяна — macaco (em russo).

Mas eu nunca conseguiria ficar tão famosa assim. Há quatro anos sou uma maltrapilha. Tudo o que vejo é cinza, paralelepípedos quebrados e lábios rachados e sedentos. Não vejo o céu, pois ele é apenas um pedaço de nuvens bolorentas e empoeiradas. Tudo o que vejo são cinzas e fuligem que engasgam, corroem os olhos, sufocam a respiração. Vejo pessoas nas ruas tão afiadas quanto pedras continuamente esmagadas por picaretas e moídas até se transformarem em uma poeira cortante, pungente em dedos ásperos. Revolução alguma jamais será capaz de consertar isso. Nada será... Porque aqueles com vozes de veludo e toque macio, aqueles com vidas tranquilas e confortáveis, eles sempre permanecerão... Mas não ligo, detesto a revolução, eu, uma pessoa comum (fleumática), não aguento a multidão raivosa, então deixe que seja como é. Mas você, Pushkin, o que queria?

Olha, como tudo é deformado
como é deplorável, de baixa qualidade, adulterado
É novo, mas completamente podre, no entanto
vermelho, vermelho e branco...

18 DE NOVEMBRO DE 1940*

Meu romance parece ter acabado. Que idiota, arrogante, grosseiro, imbecil. Ele gosta de fazer joguinhos comigo. E por tudo isso posso agradecer ao meu querido amigo Tusiek. Que verme, raios! Mas quer saber? Não vale a pena escrever sobre ele. Naturalmente, me vingarei; encontrarei um jeito. Teremos outra noite de leitura, ah, vou gostar tanto disso! Você pode me ajudar de novo?

Estou indo até você
Estou a caminho!
Um trem ressoa nos trilhos
cruzando pontes, passando arcadas
por campos e cidades, ele não dá relaxadas
Desliza adiante, sibila, acelera
Pelos trilhos de aço escorregadios

* Renia escreveu esta data para dois registros diferentes.

Segue em alta velocidade, não modera!

Vermelha e amarela são suas cores
com um pouco de azul, preto e verde
São tão agradáveis as luzes da noite
Espalhadas por cada dia novamente
Ouço o apito prolongado
A locomotiva resfolega e bafora
Estou indo até você, estou em rota
Seguindo o percurso no mapa...

20 DE NOVEMBRO DE 1940

Hoje me vinguei. Escrevi para ele um poema ofensivo. Ele ficou incomodado. Agora me deixará em paz. Não o suporto. "Poetastra", foi como ele me chamou. Agora será ainda pior, ele... queria estar morta! Sabe, às vezes tudo isso é tão idiota, e tão importante. Não, não importa. "Nunca saberei o que é felicidade", sempre será assim. Deus milagroso, por favor, não deixe que isso seja uma profecia. Estou tão triste, tão para baixo... muito desanimada.

24 DE NOVEMBRO DE 1940

Fui ao teatro hoje. Todos disseram que eu parecia muito inteligente. Mas Zygu não estava lá. Ajo com indiferença agora e ele está surpreso, com raiva, me diz isso ou aquilo, e mesmo assim não faço nada. (Nora diz que é só o começo.) Tudo o que digo é: quem sabe?!

O Maciek de Nora mora no quinto andar. Ela está sempre olhando para lá.

Com a luz da aurora, fica dourado?
De escuridão está cercado?
Por que você está tão afastado?
Por que por um mundo somos bloqueados?
Por que esse terrível riacho
Nos divide como estilhaço?

28 DE NOVEMBRO DE 1940, QUINTA-FEIRA

Amanhã é a aula de apresentação de matemática. Estou com muito medo. Tive sentimentos estranhos em relação a Nora nos últimos dias. Sinto que ela é extremamente falsa. Quando nota que Z quer me dizer alguma coisa, interfere de propósito. Sim, tudo por causa de Waldek. E, de qualquer forma, ela é temperamental e caprichosa e eu, graças a Deus, pareço não mais satisfazer suas exigências. Nora ficou tão feliz que as pessoas acharam que ela gostava de Z. Ela gostou, mesmo sabendo que não era verdade. Ha ha ha!

30 DE NOVEMBRO DE 1940

A aula acabou. Deu tudo certo, eu estava preparada. Estou em um jornal. Estou me desapaixonando de Zygu, já que ele não me dá nenhum sinal. Nora torceu o tornozelo. Escrevi um artigo sobre isso e um poema também. Vou anotar para ela. No fim das contas, as coisas não estão tão ruins com Nora. Eu criei, então vou anotar. Gostaria dele no *Piszemy sami.** Deve haver algo de errado comigo!

8 DE DEZEMBRO DE 1940, QUARTA-FEIRA†

De repente, eu o amo como louca. Pense, tudo estava prestes a ficar dormente e, hoje, voltou à vida. Nada aconteceu — mas tanto ao mesmo tempo! Ele brincou com o meu capuz, o acariciou, chegou perto! Mas sou orgulhosa. Penso em mil projetos. Lalalalalala! Maravilhoso Zygu, maravilhoso, tão incrível!!! Escrevi isto aqui um dia:

Ei, vamos nosso vinho tomar
Vamos bebê-lo de nossos lábios
E quando a taça secar
A beber sangue vamos começar
Querendo e desejando

---

* *Piszemy sami* (Nós escrevemos) — muito provavelmente um jornal.

† A autora cometeu vários erros com datas e dias da semana. Dia 8 de dezembro de 1940 foi um domingo.

Inspiração e amor queimando
Deixe incendiar
Deixe a raiva, como uma pira, queimar
Mas lembre-se, menina, de que as labaredas
percorrem as suas veias
de que o sangue pode explodi-la de dentro
Querendo e desejando
Inspiração e amor queimando
Deixe incendiar
Deixe a raiva, como uma pira, queimar
Lábios e vinho são cor de carmim
Uma vida toda antes que você encontre seu fim
Nossos corações são jovens, famintos, em chamas
E batem apenas um para o outro.
Lembre-se, menina, de que as labaredas
percorrem as suas veias

O QUE É SER ROMÂNTICO?

É um cavalo que galopa pelas estepes
É uma nuvem alta que segue depressa
Movendo-se suavemente, em um brilho vermelho profundo imersa
Cisnes brancos em um crepúsculo dourado encobrindo
É um Amante à beira de um abismo profundo
De uma grande altura pela corda deslizando
Um buquê de rosas vermelhas em seus braços segurando.

RALÉ, OU FILHOS DA ENGRENAGEM

Em meio ao barulho e o ranger do ferro
Em meio ao som dos pedaços a despencar
Entre o zumbido e o sibilo das oficinas
Com a poeira afiada e lancinante que paira no ar
queimando nossos corações e nossos sonhos
nós crescemos, nós, crianças trabalhadoras
máquinas de pessoas

No fogo crepitante das forjas
Caldeirões engolidos por metal derretido
No sufocar do melaço de escória
Nós, gente de aço, endurecemos na trajetória

Nossas mãos são ásperas e poderosas
Nossas mãos como molas de ferro se parecem
Nossos corações, como escória — quente, audaciosa...
Agitado e fervilhante o poder dos jovens, sua coragem
Operários — filhos da engrenagem

9 DE DEZEMBRO DE 1940

Eu amo, desejo, sou louca por Zygu!!!

10 DE DEZEMBRO DE 1940

Fui ao segundo andar hoje. Zygu me disse: "Como você está, menina?", ou algo desse tipo, e puxou meu cabelo. Sabe, recentemente, quando o vejo, tenho uma sensação maravilhosa e agradável que ao mesmo tempo é ruim. Algo me paralisa. Ah, que idiota, se ele soubesse o quanto o amo. Há uma linha invisível que nos conecta. Ela pode arrebentar, mas não... Se realmente pudéssemos ficar juntos, seria maravilhoso e terrível ao mesmo tempo! "A caixa de chocolates pode estar vazia, mas há muita doçura em seus lábios." Não sei. Não tenho ideia do que está acontecendo comigo.

Ah, idade, você! Quando como nunca se ama
Aquele que a conhece não encontra quietação
Aquele que a conhece acaba em chamas
E a vida só começa quando é conquistado o outro coração.
Aquele que ama não consegue acordar
Preso em um sonho torturante, em febril tremor
Apenas para dormir quando deveria despertar
E sonhar com angústia e amor.

11 DE DEZEMBRO DE 1940

Hoje fiquei em casa. Preciso escrever um trabalho. Preciso escrever para a competição. Porque Krela falou para a menina Teich que espera algo grandioso vindo de mim. O que devo escrever?

GEADA

O vento nebuloso e agitado...
O céu cinzento de dezembro no ar...
Bolas emplumadas de pardais, todos atordoados
De estradas congeladas, o dia todo o voo a alçar...

De certa forma, está preguiçoso lá fora.
A neve desliza e cai tranquila, por ora
E linhas invisíveis elabora
Nuvens acinzentadas surgem em todo lugar
Como se houvesse fumaça de cigarro no ar.

HEINE*

Leise zieht durch mein Gemüt
Liebliches Geläute,
Klinge, kleines Frühlingslied,
Kling hinaus ins Weite.
Kling hinaus bis an das Haus,
Wo die Blumen sprießen,
Wenn du eine Rose schaust,
Sag, ich laß sie grüßen.

Passando por minhas reflexões lentamente
Esse adorável som tilintante
Toque sua música, canção primaveril, repercute
Seja livre e viaje bem distante.
Siga até a casa voando
Entre belas flores cochilando

* De *Neue Gedichte* (1844), por Heinrich Heine (1797–1856).

E quando uma rosa lá vir
Cumprimente-a por mim.

20 DE DEZEMBRO DE 1940

E daí que consigo escrever belos poemas e posso dizer que estou... bem, você verá com seus próprios olhos (colarei uma foto), e que meus dísticos são tão alegres que a escola os canta, que meninas e meninos gostam de mim — não estou feliz com minha vida escolar. Jara — ah! Sempre quero o melhor para ela. Uma vez até decidi continuar tentando convencê-la a praticar (para que possa se tornar uma pianista). Mas, às vezes, quase sempre, ela me envergonha. Deus! Ela flerta com meus amigos. Na verdade, ela tem essa sagacidade, essa habilidade de conseguir fazer com que as pessoas gostem dela. Ela tem um coração muito bom, mas não uma personalidade cristalina. É muito talentosa quando se trata de música e também de teatro, mas não é muito inteligente, não tem essa coisa, essa coisa inata, um quê. E ela é uma mulher, ó, uma mulher real e horrível, como a Tia Hela — só de leve... E você sabe como sou. Mamãe e você — ambos sabem! Não posso brigar por elas porque estou desalentada, tanto para lutar quanto pela vida. Até hoje minhas habilidades abriram meu caminho, mas agora há essa terrível possibilidade de nós duas, pobres almas solitárias, sermos separadas! Deus! Inveja — não, não quero, me ouviu?, não quero, eu quero amá-la sem a sombra do ressentimento, quero isso, amo minha única irmãzinha!!! Mas ela, ela... Não, não posso. Ela conhece seus sucessos e agora começou a falar comigo com sorrisinhos e meias palavras irônicas. Ela está feliz por poder ir com Zygu, quer me impressionar assim e quando a chamo, finge não me ouvir. Uma vez ela me disse: "Rena, vou me casar antes de você de qualquer forma!" Mas não é isso. Senhor, Você me separou de minha mãe, não me separe de minha irmã!!!

25 DE DEZEMBRO DE 1940[9]

Ontem foi seu aniversário, Buluś. Este foi o segundo que não passamos juntas. Quando essa tortura finalmente acabará, quando?! Minha saudade fica mais forte, me sinto cada vez pior. Às vezes é tão ruim, me sinto tão vazia que é como se minha vida estivesse quase acabando — quando, na verdade, está só começando. Não consigo visualizar meu futuro. Não há nada, apenas sofrimento e luta, e tudo acabará em derrota. Dou risada durante o dia, mas é apenas uma máscara, é como uma omissão (as pessoas não gostam de lágrimas), mas agora acho que você, minha Mamãe, está tão longe, que vive em um gueto, que está infeliz e que não posso ajudá-la, porque nem mesmo estou pronta para a vida. É isso que Krela diz.

Hoje houve um ensaio para um show de talentos na casa de Irka. Eu escrevi dísticos. Também faço parte do show. Krela sabe tanto, ela conhece toda a Europa, fala muitas línguas. É muito esperta, inteligente e bacana. Disse aos meninos que eles não estão prontos para a vida e mencionou as meninas também. A mãe de Irka disse que ela se daria bem na vida. Irka é tão esperta! Krela disse que Maryśka Filagrowicz é a menina mais doce da escola. Eu mal a conheço. E o menino mais esperto e culto é Zygu! Ele de novo. É sempre assim — posso achar que não me importo com ele, mas Zygu furtivamente cruza meu caminho de novo e mais uma vez fico louca por esse menino. Sofro muito. Choro o tempo todo, porque estou apaixonada.

Ah, Maciek continua me elogiando e dizendo várias outras coisas (que ele fala para todo mundo), mas isso é algo totalmente diferente. E Waldek é ainda outra história. Quando se trata de momentos assim, nenhum menino me interessa e me sobra Zygu... Ele de novo... "Você precisa esperar pacientemente, se Deus quiser, vocês se encontrarão." Sim, mas quando? Deus, por que não agora? Se Você quer nos reunir, vai demorar muito tempo? Nossos corações, cheios de amargura, rancor e anseio, sobreviverão a isso? E se um deles quebrar? Então o outro também morrerá. Senhor Deus, por favor, ajude!!!

28 DE DEZEMBRO DE 1940, DOMINGO*

Sou uma pecadora? Sim! Porque até quando supostamente estou perto de alguma coisa, minha natureza intervém e me impede de seguir e... é isso... Acontece que — poderia ser melhor? Zygu participará do show de talentos! Na verdade, nós dois estaremos na mesma cena. Foi tão maravilhoso quando Krela disse: "Spiegel e Schwarzer serão ótimos para isso" e... (o que me importa o resto?). Então estamos fazendo a leitura da mes-

* 28 de dezembro de 1940 foi um sábado.

ma página. Irka diz que ele ouviu com admiração quando cantei dísticos (achei o contrário, mas tudo bem!).

Depois fomos para a escola. Acontece que Luśka o arrastou, mas Irka foi mais esperta e, por consequência, caminhei de braços dados com ele. Primeiro ele esperou que eu o agarrasse, mas fiquei com muita vergonha, então ele pegou minha mão, ah! Parecia que minha mão não era bem minha. Ou era, mas parecia completamente diferente da outra. Uns arrepios muito agradáveis subiram e desceram meu corpo, tão bom que ah...! Mais cedo, quando ele estava lendo seu papel, eu não conseguia tirar meus olhos de seus maravilhosos lábios vermelhos, tenho vergonha de admitir.

Na escola, ele sugeriu que eu me sentasse a seu lado e que isso seria ótimo! Se ao menos... se ao menos o que aconteceu hoje não tivesse acontecido. Porque hoje, droga, fiquei tão vermelha. (Droga! Para o inferno com essa natureza!) Depois ele sentou ao meu lado, murmurou alguma coisa e disse para Luśka que não sabia nada sobre ela e que estávamos juntos no palco. E eu, que idiota, estraguei tudo porque me retirei. Fiz com que ficasse com raiva de mim, forcei-o a falar com Luśka para me magoar. Além disso, ele ameaçou não participar. "Escutou, Rena?" E eu disse que não me importava! O que posso fazer se sou tão idiota?!!!

29 DE DEZEMBRO DE 1940

Hoje de novo! Fui apenas a um ensaio. Ele estava ótimo. Disse que ninguém canta músicas de cabaré como eu e que não tinha percebido que eu era tão talentosa. Conversamos e conversamos, ele foi tão maravilhoso e amável, meu divino Zygu!

31 DE DEZEMBRO DE 1940[10]

Véspera de Ano Novo! Fizemos o show de talentos. Fui muito popular. Nos bastidores, Zygu tirou minha capa e desembaraçou meu cabelo. Quando as danças começaram, rapidamente fui embora. Eles queriam mesmo que eu ficasse. Poldek, Rysiek, Julek e Tusiek. Mas eu não queria ficar e foi isso. Zygo é tão maravilhoso, divino, tão encantador. Foi tudo muito empolgante; contei tudo a Norka. Mas ela e Maciek não são mais tão próximos, então ela me inveja. Sinto pena dela. Ah! Não estou nada surpresa e realmente a entendo. Você se lembra do quanto me senti mal pela mesma razão? Agora ela se sente assim. Até chorou, pobrezinha. Talvez eu tivesse ficado um pouco mais para assistir, mas fui embora por causa dela.

Quando estava quase indo embora, Zygu correu até mim e me perguntou se eu gostaria de ir a uma festa com ele amanhã. Falei que não danço, mas ele continuou falando de um convite e que Jara disse: "Sim, sim, ela dança." Então eu vou. Vou, por que não? Afinal, disse a ele que talvez não dance. Arrá! Espera, anteontem no ensaio ele me convidou para ir com ele às aulas de desenho com a turma XB. Então fomos, mas tivemos que ir embora rápido. Arrá! Sou uma *vidminna,** era a única que tinha tudo etc. Arrá!

O que mais? Hoje é o último dia de 1940. Amanhã é o começo de um novo ano, que trará novos arrependimentos, novas risadas (talvez), novas preocupações, novas dificuldades. Meu maior desejo é ter minha amada Mamãe de volta. Também desejo boas relações políticas e "algo" com Zygu. Que seja como descrevi no final do nosso show de talentos:

Preocupações, lágrimas e revoltas, adeus
Que tudo seja tranquilo e aprazente
Boa noite e que o inverno não seja cruel, queira Deus
É o que desejamos a você, certamente.

Apenas lembre-se, não se arrisque
Comece o Ano Novo cheio de entusiasmo
Cante, ria, dance e conquiste
Não seja tímido, dê o primeiro passo.

Quero que este novo ano seja alegre e feliz. Bom para todo mundo e para mim também.

Receba tudo com bondosos abraços
Seja amigável e acolhedor
Nos rostos das pessoas pinte entusiasmo
Chame-as para o futuro com um som festejador
Deixe que pela vida rapidamente caminhem

* *Vidminna* (відмінна) — feminino de *excelente, esplêndido* (ucraniano).

Com amor e com entusiasmo verdadeiro
Não lute, deixe que meus sonhos se realizem
Isso é melhor do que ouro, é certeiro.

O último dia de 1940. A última página do diário. Receberei o novo ano em uma nova página.

1º DE JANEIRO DE 1941, QUARTA-FEIRA

Fui à festa. Tudo ocorreu maravilhosamente bem, não poderia ter sido melhor, eu acho. Dancei com todo mundo. Principalmente com Poldek e Zygu! Você escutou? Espero que o ano todo passe tão bem quanto a festa de hoje! Zygu falou tanto; foi tão encantador. Não dançamos muito bem, mas foi tão fofo. "É culpa minha", "sabia que você viria", "pena que as luzes são tão fortes" etc. E, no final, quando Irka disse que estava rouca, ele anunciou: "Rena também está." Viva! "O primeiro passo é sempre o mais importante." A partir de agora irei às festas.

3 DE JANEIRO DE 1941, SEXTA-FEIRA

Foi anteontem! E estou ficando louca, como se não o visse há um ano. Quanto mais nos aproximamos, mais me apaixono por ele. Hoje, por exemplo, estou tremendo desde cedo. Toda vez que penso naquela noite, sou tomada por algo que nunca senti antes.

Então, como foi a festa? Foi tudo lindo. Qual foi o melhor momento? Quando ele falou comigo enquanto dançávamos? Ou quando me envolveu em seu braço enquanto eu tropeçava em uma valsa? Ou quando sorriu maravilhosamente e perguntou: "Rena, por que está fugindo de mim?" Ou quando me conduziu gentilmente pelo braço depois de cada dança? Ele estava tão cheiroso! E quando me tocou... nossa... ah... tão bom! Tão doce, tão bom! Sentamos juntos e conversamos. Que noite!

E Poldek também gosta de mim? Mas eu não sabia que gostava tanto de mim. Ele estava determinado a me ver hoje; sempre me acompanha até em casa e fica me irritando. Na verdade, não me despedi de ninguém, mas Zygu se aproximou de mim e fez um esforço especial para dizer tchau. Mal consigo me conter.

Hoje tivemos uma nevasca terrível; está nevando o dia todo. Mas eu caminharia por qualquer nevasca, tempestade de neve, furacão, chuvarada com ele — contanto que estivéssemos juntos. Meu maravilhoso, meu menino de ouro, meu amor. Preciso terminar um trabalho para entregar amanhã, mas só quero ver Zygu. Estou ficando louca. E ao mesmo tempo não quero vê-lo, porque tenho muito medo de algo dar errado, de que essa memória maravilhosa, doce e agradável seja arruinada.

5 DE JANEIRO DE 1941, DOMINGO

E? Eu não disse que era melhor não vê-lo? Fiquei tão arrependida, mas fazer o quê? Sempre acontece que, quando amamos alguém, nós provocamos essa pessoa. Os cumprimentos foram gentis, mas então ele não dançou comigo, ficou sentado enfurecido, de mau humor, mas fazer o quê? Afinal (ó, Deus), o amor também pode (isto é, deve!!!) ficar emburrado. Hoje estou de cama; não estou bem. Ó, só espero que tudo dê certo!! Por favor, Grande Senhor! Vejo provas do carinho dele até mesmo na raiva.

ADOLESCENTE DE 16 ANOS

Quando temos 16 anos
o mundo todo muito amamos
com toda piada, brincadeira e festival
e as pessoas favoritas em especial.

Quando escondemos o enxovalhado diário
de mamãe e seu rigoroso questionário.
Quando canções de amor cantamos
Então temos 16 anos.

8 DE JANEIRO DE 1941, QUARTA-FEIRA

Está tudo bem de novo, ou ainda melhor. Irka insiste que Zygu está apaixonado por mim. Ele disse que duelaria com Poldek por minha causa. Isso porque Poldek está caidinho de amores por mim. Ele veio me visitar uma vez, quando eu estava doente.

Zygu não quis ir ao cinema quando descobriu que eu não iria. E hoje disse que iria e eu também, então talvez possamos ir juntos? Eu estava planejando ir a um jogo (porque Zygu joga e me convidou por intermédio de Irka). Fiz planos com Irka, mas, quando voltava dos correios, me virei e alguém disse: "Rena, onde esteve? Não tem vergonha de estar doente? Você usa galochas bem altas e ainda assim ficou resfriada? Venha comigo para o jogo." Venha, venha. E não pude ir, porque, droga, tinha feito planos com Irka. Ele também disso isso e aquilo; foi tão doce, maravilhoso. Por exemplo, disse que seria o primeiro a arremessar, pois não queria que eu o visse etc. etc.

Zygu venceu o jogo e eu o parabenizei. Não fui capaz de conter minha preocupação de que ele talvez servisse o exército. E Zygu? Estava muito feliz. Depois caminhamos juntos, contamos piadas, provocamos um ao outro como os enamorados fazem (ou pelo menos eu acho). E amanhã? Nos veremos no jogo! Depois lhe conto mais.

9 DE JANEIRO DE 1941, QUINTA-FEIRA

Hoje... Ah, estou até com medo de falar — fui ao jogo. Não aconteceu nada de especial. (Só uma bola atingiu meu maravilhoso e querido Zygu no maxilar; foi tão feio que ele se agachou de dor. Meu pobre querido. Fiquei muito preocupada.) Mas depois da partida! Aaaah! Caminhamos juntos e lhe falei que fiquei muito transtornada durante o jogo. Ele perguntou: "Por quê?" Eu disse: "Porque sim." Ele insistiu: "Mas por quê?" Respondi: "Só fiquei preocupada. Me deixa." "Desembucha." Ele só queria me ouvir dizer: "Porque você estava jogando."

Irka caminhava à nossa frente com Genek, mas Zygu deu um jeito de nos separarmos deles. Finalmente sozinhos! E o que o destino reservava para nós? O destino queria que víssemos Arianka patinar no gelo. Fomos até a pista e a pirralha não desistiu até se juntar a nós. Mas Zygu não disse nada. Ele ficou animado o tempo todo, murmurando alguma coisa em iídiche e perguntando por que não tinha me visto no outro ano. E perguntou quando poderíamos ir ao cinema e isso e aquilo.

Naturalmente, Giza me viu na cidade e fez a maior cara de idiota. Depois Poldek também nos viu e, é claro, não nos deixou em paz.

Zygu está planejando estudar medicina e disse: "Rena, o que você vai fazer ano que vem? Poderia ir para Lviv e estudaríamos juntos." Viva! Viva! Zygu é um menino maravilhoso e diz coisas tão doces! Se ao menos Mamãe estivesse aqui — eu poderia facilmente considerar esses dias como os mais felizes até agora. (Ele é apenas um pouquinho travesso, não como os outros meninos, que são vulgares.)

10 DE JANEIRO DE 1941, SEXTA-FEIRA

Eu o amo, sou louca por ele! Não o vi o dia todo hoje. Isso me deixa maluca. Se ele for à festa do Clube Socialista amanhã, também irei.

Irka me deu um elefante. Ela o assoprou para desejar boa sorte para mim e Zygu. Que assim seja!

12 DE JANEIRO DE 1941, DOMINGO

O que devo lhe contar? Sinto-me tão estranha; é tudo tão difícil e tão asqueroso... Como se houvesse peões se movendo ao nosso redor, como se existisse um par de olhos pretos brilhando no escuro.

Eu o vi hoje, até caminhamos juntos pela cidade, mas foi por causa de Irka, ela que fez isso. Depois ele me acompanhou até em casa, reconhecidamente por vontade própria, mas de novo, foi graças a Irka que ficamos sozinhos. Ambos nos sentimos cansados. Ele foi muito educado, mas senti que ele queria ficar com Irka.

Sim, no momento, estou em tal estado que mal consigo segurar uma caneta. Não entendo o que me dizem, esqueço tudo, não escrevo e, à noite, só deito na cama com os olhos abertos e penso... penso... Mamãe, gostaria tanto de me acabar de chorar com você. Mamãe! Mamãe! Venha!

Uma rede de cordas entrelaçadas
Uma bola marrom quicando
Um apito...
E muitos braços esticados
Um barulho como se as paredes estivessem desabando
Um círculo cheio de cores

Os fãs estão em polvorosa e gritam:
"Marmelada", Juiz maluco", "Tá roubando"
Fora, passe — e outro apito
A bola quica — é um jogo, eu entendo!!!

Não consigo nem mencionar Zygu. Sinto-me fraca, é tão horrível... Mamãe! Ajude-me!

14 DE JANEIRO DE 1941, TERÇA-FEIRA

Entreguei um trabalho hoje. Finalmente. Todos gostaram, a turma toda ficou quieta, todos ficaram fascinados. Krela disse algo, mas na verdade não tinha nada para acrescentar.

Foi tudo bem fofo com Zygu hoje; ele me parabenizou em seguida. Mas não importa, ele disse: "Rena, o que você acha? Recebi minha carta de recrutamento." Ele leu algo para mim e, como não entendi o que significava, Zygu disse: "Sou casado?" Ele riu e então subimos as escadas de braços dados. Havia uma surpresa me esperando lá. Queriam que eu me tornasse a presidente do clube literário. Começaram a gritar: "Menina Spiegel!" e, um após o outro, eles me nomearam. Zygu também. Votamos e, é claro, eu tive a maior quantidade de votos. E quando Krela perguntou quem eles queriam que fosse presidente, todos gritaram que era eu. Mas isso não importa. Zygu foi legal, fez caretas para mim e, enquanto Krela falava, estávamos quase gargalhando... E teria ficado tudo bem, teríamos ficado sozinhos etc., mas infelizmente um cara da IXA não me deixa em paz. Zygu ficou furioso e eu também. De repente, Zygu disse tchau, murmurou alguma coisa e foi embora... Que pena! Bom, vamos esperar que tenhamos outra oportunidade... para que finalmente fiquemos sozinhos.

17 DE JANEIRO DE 1941, SÁBADO*

Já faz três dias que estou doente. Tenho tido muitas dificuldades com este poema. Ó, que parto difícil, como diria minha doce Mamãe. Mas, ah, eu tenho um plano! Acabei de receber duas cartas da minha querida Mamãe.

* 17 de janeiro de 1941 foi uma sexta-feira.

Estou tão feliz, Deus! Ela quer vir, minha maravilhosa, doce, bondosa Mamãe. Talvez ela venha, espero que tudo dê certo.

Hoje foi um bom dia. Arianka começou o quinto ano. Uma carta de Mamãe. Kasia talvez volte. O que Irka e Norka dirão sobre... (sobre quem?).

21 DE JANEIRO DE 1941, QUARTA-FEIRA*

Ah, maravilhosa quarta-feira! Aquele dia também era. Parece que tenho sorte nas quartas-feiras.

A todas as quartas-feiras, longa existência
jogo limpo e benevolência
Vida longa, em toda a verdade
a tudo sobre a mocidade
sobre risada despreocupada
sobre esperança sem limitações
que depois sempre nos translada
para festas, sem reclamações
para, na cidade, se encontrar e caminhar
para bolos e para entreter
e até para casa, quando em seu penhoar
essas palavras na vidraça você escrever
as flechas e aquelas letras
a palavra que em seu diário
brilha em vermelho e tem permissão
aquela que sempre carrega como relicário
aquela que sempre soa alto e bom som
Então, a todas as quartas-feiras, longa existência
jogo limpo e benevolência
Vida longa, acima de tudo
a tudo que é chamado de amor no mundo.

---

* 21 de janeiro de 1941 foi uma terça-feira.

A festa foi na quarta-feira e hoje... Tente adivinhar, pois estou sem ar. As palavras querem pular da minha garganta. Então, hoje... Zygu veio me visitar. Ele veio, foi gentil e adorável. Ele me olhou, o tempo todo me hipnotizando com seus olhos. Não fingi estar infeliz. Ele passou tanto tempo comigo e me disse tanta coisa. O mais importante foi que quando Maciek perguntou: "Quem tem os olhos mais bonitos?", Zygu ficou encabulado (e eu também), depois ele (meu maravilhoso) ficou vermelho e disse: "Rena." Maciek piscou para mim, disse várias coisas em relação ao amor. E Zygu ficou encabulado.

Não estou escrevendo bem hoje, estou com rubéola. Foi por isso que Maciek, Poldek e Zygu vieram me visitar. Poldek, eu sei, está muito apaixonado por mim. Maciek, eu sei, também gosta muito de mim, e Z é um mistério, uma esfinge.

Ele é um Apolo
com sua estatura, sua pele
tão bronzeada e suave
Ele é uma esfinge, considero
com seus olhos impenetráveis
ocultando um enigma raro, um mistério

Todos os três me disseram que, se eu não for à festa, eles também não irão, então falei que preferiria melhorar e ir, e que eles também deveriam ir.

Eles têm fofocado muito sobre Nora, aqueles pirralhos. Estou curiosa sobre o que querem dela (perna, meia, nariz). Estiveram em desacordo com Maciek por um tempo. Fiquei com raiva dele e hoje ele me compensou pelo mal que fez na cidade. Maciek é bonzinho como um anjo, poderia estar com ciúmes, mas não.

23 DE JANEIRO DE 1941, QUINTA-FEIRA

Irka insiste que eu escreva algo em seu diário. Em versos, é claro. Vou tentar.

27 DE JANEIRO DE 1941

Não terminei o registro da última vez, pois Nora chegou. Depois recebi visitas de Poldek e Maciek, e Nora com Irka. Varia; às vezes é legal, às vezes não (e teve uma vez que a situação foi desagradável).

Zygu deveria ter vindo no sábado, mas não veio porque sua mãe chegou.

E eu? Vivo de memórias; estou impressionada por me lembrar de cada uma de suas palavras, cada sorriso, cada careta que ele fez. Quando me lembro de algo novo, parece... que não me conheço. Não consigo falar ou pensar em mais nada. Está virando uma verdadeira mania.

Ontem, Tio Maciek (de quem gosto muito) foi visitá-los. Ele adorou Zygu — ele e seu comportamento. Zygu deixou dois cadernos no quarto, então ele bateu na porta, se desculpou e entrou para pegá-los.

Deus! Por que eles estão me contanto tudo isso? Do jeito que as coisas estão, mal consigo controlar meu coração, que quer pular do peito. Irka já fala bem diretamente que Zygu está apaixonado por mim, mas não acredito, não acredito! Ainda não! Seria um milagre! E eu já... Deus, Deus, Deus, por favor! E você, Buluś...

30 DE JANEIRO DE 1941

Hoje... Hoje foi um ótimo dia. Primeiro na escola... bom, nada importante. À tarde tivemos a prova da LOPP (Liga Obrony Powietrznej i Przeciwgazowej [Liga de Defesa Aérea e Química, em tradução livre])[*] e eu, naturalmente sem saber nem o que significa *Osoaviakhim*,[†] decidi tentar. Zygu me treinou um pouco. Ele veio depois de sua prova, mas antes da minha. Foi incrivelmente gentil e não há palavras no mundo para descrever seus olhos. Ficou falando comigo, rindo, me elogiando (ele é tão espirituoso) e a certa altura segurou meu queixo (este é seu gesto doce)

---

* A Liga Obrony Powietrznej i Przeciwgazowej existiu até 1939.

† OSOAVIAKhIM (russo para União de Sociedades para Assistência à Defesa e às Indústrias de Aviação e Química da URSS) foi uma organização soviética paramilitar estabelecida em 1927 que tratava principalmente de armas, automóveis e aviação. Em 1951, foi renomeada DOSAAF (russo para Sociedade Voluntária para Assistência ao Exército, Aeronáutica e Marinha).

e ele quase me b..., mas eu gentilmente o afastei (talvez da próxima vez. Senhor Deus! Buluś!).

Eu disse que comer carne de frango estraga minha pele, para o que Maciek respondeu que um pinto me faria bem. Maciek é um porco. Ele até chamou Zygu e repetiu a piada. E eu? Fingi não entender.

Durante minha prova, Cukierman teve um ataque de risos.

Tenho uma nova rival, Dziunka. Hoje ela notou que gostamos um do outro (quando estávamos abraçados no banco). Ficou furiosa e ávida para estragar as coisas. Pobre de mim. Já não estive no lugar dela um dia? Mas agora posso dizer que estou em uma situação mais favorável e, se Deus quiser, e o destino permitir, será ainda melhor? Hein? Hein? Hein?

1º DE FEVEREIRO DE 1941

Foi um dia mais ou menos. Ele foi doce, falou comigo, deveríamos ter ido juntos à casa de Irka, mas ele já estava cansado e pronto para ir para casa.

Há algo muito amigável, muito íntimo. Mas ele está tão orgulhoso (por que não estaria, já que todos vivem dizendo que sou dele?). Maldito pirralho, não quis nem me convidar para sentar. Ele riu, dizendo que, quando o vir com a camisa cinza, o que acontecerá? Ah, Buluś, Buluś, me ajude.

Irka me deu isso para me animar e trazer boa sorte. É engraçado falando assim, mas quem sou eu para opinar?

4 DE FEVEREIRO DE 1941, TERÇA-FEIRA

Hoje foi um dia estranho. Nora discutiu com Maciek — ela chorou. Krela gritou comigo. Ela realmente me atacou. Mas, de qualquer forma, é tudo culpa dela. Ele só olhava fixamente, isso me paralisou.

Pela manhã, Zygo acariciou meu rosto na frente de Irka, Tuśka e Ela, colocou as duas mãos nele e me chamou de Renusia. Acabei de pensar que ele fez isso de propósito, para me desnortear. Por pouco tempo, tudo pareceu ocorrer tranquilamente. Ele me pegou por debaixo do braço e disse: "Por que você não quer ser presidente? Eu me esforcei tanto para incluí-la na diretoria!" Depois sentou-se comigo, tirou meu capuz e nós conversamos o tempo todo. Então, Krela me disse poucas e boas por várias razões, mas principalmente porque falei durante a reunião. Zygu me consolou e disse que Krela também chamou sua atenção. E quando ela disse: "Vejamos quem poderia ser o marido assassino em *Lilies*",* ele disse: "Renusia" (que droga esse "Renusia"!), "Você não serve para um marido assassino." E: "Eu quero ser o filho de Rena", e isso e aquilo, e comecei a pensar que ele estava zombando de mim, o que me deixou muito irritada.

Ele não me esperou, não se despediu — como se quisesse que eu o seguisse. Mas, realmente, qual é o meu problema? Ele foi doce no fim das contas. E se quisesse zombar de mim? Deus, Você sabe o quanto isso me magoaria! Ele só me olhou fixamente, isso me paralisou.

5 DE FEVEREIRO DE 1941, QUARTA-FEIRA

Estou tão triste! Tão cabisbaixa. Estou apaixonada e fui zombada pelo objeto de meu amor. Até chorei. Um golpe tão grande. E tão bem dado. Eu me ofendi. Ouvi Zygu falando para Maciek: "Rena está brava comigo." Ele me disse isso na escola e confirmei. Raiva, seria isso?! Não estou com raiva, estou muito, muito triste e preocupada. Ele me falou algo horrível: "Olha como ela segura a perna, igual Nora." Quando disse: "Renusia", instintivamente me virei, de imediato. E então ele disse que eu estava com raiva. Eu o escutei falando de propósito que Irka era bonita. Ouvi tudo e chorei, não com lágrimas, mas pude senti-las dentro de mim, me sufocando, inundando meu coração. Mamãe! Eu me senti tão mal, tão mal! Mas o amor é mais forte que tudo e, quando fiquei triste, Zygu riu e disse: "Rena, o que foi?" Então tentei fazer uma cara de ofendida e ri. Se ele realmente me zomba assim, se realmente diz isso, então...

Desenharei coraçõezinhos, um dueto
Dois corações unidos pela ternura
e uma grande flecha ou dardo preto
que de cima os perfura
Um coração será vivaz e verdadeiro
honesto e quente — meu será
O outro tornarei de vida cheio

---

* Balada de Adam Mickiewicz.

do amor que lhe darei como vinho beberá
o alimentarei com sorrisos e sons agradáveis
com palavras, olhares e toques delicados
lhe darei coisas bobas (as alegrias mais notáveis)
vertendo pelo córrego meus sonhos insaciados
Será brilhante como a luz solar
Como uma bela papoula será avermelhado
E então, quando o outro estiver pronto para recusar
O vermelho sussurrará: "Sim! Vamos ser realizados."

Calçadas se movem, deslizam adiante
assim como as estrelas, os postes de luz e o asfalto
Caminho sonâmbula pela cidade
envolta pelo luar prateado
Olhando e olhando eu ando sem rumo
infinitas profundidades encaro
Será que uma minúscula muda de amor, presumo,
por lá se esconde, meu caro?

Não se preocupe, não importa, está tudo bem
Nem tudo está perdido certamente
"Por que choras, menina boba?
Não fique irritada, é tudo muito coerente."

Ó, chore o quanto desejar
Talvez soluçar a deixe cansada
Talvez esqueça e o sono bata
É assustador, me agarro a cordas penduradas
a árvores, sinos tocando, arames
A torres de sinos de igreja me sustento
a trovões e raios perturbadores
Vou, para chuvas estreladas, até o firmamento
por um tipo de força sobrenatural alimentada
eu vou, eu voo, eu pairo
Ó, estou tão profundamente apaixonada!!!

Pensamentos estranhos por dentro tremem
meio dormindo, melancólicos, nublados
misturados com uma torturante viagem
distorcidos, vacilantes, desajeitados
a água da nascente vem como se de uma calha
há frutinhas vermelhas e suculentas
e esse pensamento embriagado e equivocado — água
O esforço dos lábios é uma fútil enxurrada lenta
Cérebro, garganta, lábios secos e rachados a se esforçar
Palavras que não querem soar
Ninguém ouve o apocalipse a lamentar
Apenas aqueles pensamentos a se emaranhar
As frutinhas silvestres, da água o espirrar
E isso não falado em voz alta, não
Palavra — água — a carregar!!!
Uma vez na vida decerto tenho permissão
De dirigir veículos de correntes de ar
De entre as nuvens quebrar, passar, brilhar de montão
para as estrelas que brilham diretamente voar
Uma vez na vida decerto tenho permissão
De correr feliz pela celestial vastidão
De arco-íris, luas e nuvens escalar
De rolar pelo amanhecer, de arriscar
Uma vez na vida de certo tenho permissão
De aproveitar essa viagem com emoção
Em uma estrela com estilo pular
As estrelas do outro lado observar
Uma vez na vida decerto tenho permissão
De me perder nesse amor destemido
De amar com paixão e brio
Mesmo se… esse amor não for correspondido…

7 DE FEVEREIRO DE 1941, SEXTA-FEIRA

Ah! Está tão melhor! Quase bom. Tive uma longa conversa com ele na "esquina vermelha". E de certa forma meu coração me diz que ele foi para a cidade por minha causa (apesar de ter andado muito — Deus, tenha piedade dele). E tive que deixá-lo na metade do assunto para estudar polonês. É a vida (ou quase). Mas não estou reclamando. Apenas gostaria que ela abrisse suas asas e zummm...

Maciek me disse hoje: "Aurelia S., Spiegel quando solteira... Gostaria que vocês se casassem, porque gosto de você e dele." Então falei: "E o que lhe interessa isso? Você seria de casa", para o que ele respondeu: "Sim, e talvez você se canse a tempo..." Não, eu não me cansaria de Zygu! Todos gostam tanto dele que acho que ficarei louca de ciúme! Senhor... não me abandone, nem você, querida Mamãe!

8 DE FEVEREIRO DE 1941, SÁBADO

Hoje é sábado, 8 de fevereiro, e tive um dia agradável. Na escola, Zygu me garantiu que votaria em mim, já que é membro do júri, e que marcaria todos os pontos que pudesse em minha homenagem. Mais tarde, depois da partida, esperei por ele e caminhamos juntos. Juntos, entendeu? Tinha um outro menino também, mas ele não importa, até porque logo foi embora.

Quando chegamos à "esquina vermelha", uma de minhas inúmeras rivais foi embora. Não consegui contar todos os olhares dele para mim. Mas eram meio conspiratórios, como se não quisesse que eu os notasse. Sim! Ele é um menino incrível, o mais bonito da escola! Por favor, Deus e Buluś, que as coisas continuem assim, desse jeito...

E agora preciso me ocupar. Tenho um poema para escrever, exaltando Mickiewicz. Devo escrever, mas será que sou capaz? Será que minhas palavras serão dignas de tal homem? Não tenho certeza, duvido... mas ainda assim... talvez...

Um santuário em sua honra a humanidade ergue
Deve ser digno de ti, deve prosperar
Olhar para o mundo com devaneio deve
crescer e torná-lo famoso — vida ganhar!

Deve se elevar aos céus com valor
alimentado por intenso amor e admiração
se tornar um símbolo e um clamor
do que você costumava chamar de libertação

Ser um farol do planeta
Muitos anos e séculos durar
Um memorial infinito se completa
Enorme, poderoso, para o honrar

No topo há um local do qual se apropriou
Para a terra abaixo olhar
Para ver pelo que você penou
E o que ainda mais desejou.

10 DE FEVEREIRO DE 1941

Hoje é domingo, 10 de fevereiro.* A menina Teich descobriu sobre meu amor e me disse: "Eu preferia que você tivesse se apaixonado por Maciek. Porque Zygu é lindo, sabido, inteligente, mas não é bom e realmente a deixará esgotada. Ele faz uma coisa e depois outra, e você nunca saberá o porquê." Sim! Deus, a segunda parte é tão real. Isso não é bom, não mesmo! Zygu, você? Você é o melhor, melhor, melhor, melhor.

11 DE FEVEREIRO DE 1941, SEGUNDA-FEIRA†

Senhor Deus, minha pobre Mamãe está tão longe! Pobrezinha, é ruim por lá e ela está totalmente sozinha. Eu gostaria muito que ela viesse até nós, já que tenho um problema muito grande e estou tão triste, e essa pessoa terrível está me esgotando! A menina Teich estava certa. Ele me tortura moralmente, fica me testando: dá corda e depois se retrai. Hoje se ofendeu com o quê? Com nada — ele estava com uma expressão amigável e entrei na sala primeiro e só depois o abordei. E não o contrário. Naturalmente,

* 10 de fevereiro de 1941 foi segunda-feira.
† 11 de fevereiro de 1941 foi terça-feira.

ele não foi ao ensaio à tarde e, depois, me lançou um olhar que cheguei a paralisar de medo. Em seguida, gritou para Poldek: "Deixa!", então... é isso. Deus, o que ele quer? Zygu, tenha dó, por que me provoca tanto?! Pare, não aguento mais! Santo Deus, me ajude!

12 DE FEVEREIRO DE 1941, QUARTA-FEIRA

Mamãe não pode vir; está tão ruim lá, a fome. Zygu está bravo comigo, não vai aos ensaios. Deus! Deus! Ajude-me!

13 DE FEVEREIRO DE 1941, QUINTA-FEIRA

Viva! Tenho que me obrigar a explicar tudo adequadamente. Houve pedidos de desculpas na escola. Mas como? Como se nada tivesse acontecido. Ele me abordou, me abraçou de um jeito tão doce e nós conversamos durante todo o intervalo. A escola inteira podia nos ver, droga! As pessoas ficaram fazendo caretas idiotas. A menina Teich ria baixinho. Zygo compareceu ao ensaio e depois fomos, digo, eu e ele, à "esquina vermelha". Elu nos encontrou e rimos muito; foi ótimo. Em seguida, conversei sozinha com Zygu (ah, aqueles jornais, aquele rebuliço), depois Stela chegou, minha rival número um. É claro que entendi seu humor. Então falei para Zygu que gostaria de ir embora e fomos. Waldek, pobre e doce Waldek, não bate muito bem da cabeça, queria nos deixar em paz e ir embora sozinho, mas não deixei. Nós nos despedimos na cidade. Então fiquei sozinha com Zygu. Encontrei Norka, Belka, Helka e outras pessoas da cidade. Conversamos sobre muitas coisas triviais do mundo (obrigada, Deus, pela existência de Kubrakiewicz). E aí encontrei Maciek, Poldek e Julek. Maciek quase me deu uma bitoca no meio da rua, de brincadeira. É claro que ele estava zombeteiro por causa de Zygu e eu. Depois caminhamos sozinhos e novamente conversamos sobre coisas agradáveis. Na verdade, não sei, será assim até o fim do mundo? Você conversa assim sobre assuntos comuns? Preciso perguntar. A certa altura, Zyguś achou que me ofendi. "Renusia, você está brava comigo?"

Ele me acompanhou até em casa e combinamos de ir ao cinema no sábado.

Ah, vivi hoje! Nada... mas ainda assim... Buluś, você me ajudou, me sinto melhor agora, embora ele talvez ainda esteja bravo comigo amanhã. E sou tão feia — como posso ser atraente? Maravilhoso Zyguś, não fique com raiva de mim, seja bondoso, como hoje e... ainda melhor. Mamãe, se ao menos pudesse vê-lo! Continuem me ajudando, Buluś e Você, Deus...

14 DE FEVEREIRO DE 1941, SEXTA-FEIRA

Sou uma idiota estúpida, tão imbecil e tudo o mais! Combinei de ir ao cinema com Zygu. E pretendia ir com ele no sábado, mas fui hoje com Maciek e Poldek. Ah! Entendo Zygu. Eu também me sentiria muito ofendida. Deus, o que farei? Será que iremos ao cinema, ou talvez a um concerto, ou não faremos nada? "Sei que valho a pena", mas... nem tanto — queria saber sobre o que era o filme para explicar tudo a ele. E tudo acabou em uma confusão só. Eu tinha boas intenções, mas acabou tão, tão mal. Senhor, tenho medo do amanhã! Ajudem-me, Deus e você, Buluś...

16 DE FEVEREIRO DE 1941, SÁBADO*

Estou tremendo toda hoje. Não, não foi um sábado terrível, embora não tenha prometido ser muito bom. Fui a um jogo. Primeiro Zygu fingiu que não me viu e convidou Irka para sentar com ele, perguntando (para que eu pudesse ouvir): "Irka, você vai ao concerto?", e quando ela questionou se ele não ia ao cinema, respondeu: "Qual é o propósito de um filme hoje?!" E me senti tão mal, tão terrível, tão péssima...

O momento da quebra de gelo ocorreu quando ele tirou meu capuz. Ainda estava um pouco bravo. Mas depois tudo ocorreu bem, maravilhosamente bem! Caminhamos juntos (ele arrumou meu cabelo na rua), depois fomos para a casa de Irka e, mais tarde, para o concerto — esse foi o ponto alto. Não, ainda não, não. Mas, no concerto, sentamos juntos em uma cadeira e meia, ah! E conversamos o tempo todo e percebi o quanto ele é incrível, gentil, o quanto é decente! Todo o tempo juntos, uma maravilhosa tarde de sábado juntos. Ele me acompanhou até em casa, com um outro menino, e... quando estava se despedindo, segurou minha mão de

* 16 de fevereiro de 1941 foi domingo, então não está claro se Renia escreveu isso no sábado, dia 15 de fevereiro, ou no domingo, 16 de fevereiro.

um jeito; segurou-a e falou: "Tchau, Renusia." E então respondi de maneira repentina e surpreendente, como se não fosse eu: "Tchau, gatinho." E ainda assim, era eu. Deus! Falei essa palavra, esse fogo que me atormenta há tanto tempo escapou repentinamente e se solidificou, formando-a. E Zyguś... Ele riu (talvez um pouco faceiro?), riu tão maravilhosamente...

Supostamente iríamos ao cinema amanhã, mas ele só disse: "12h amanhã, na cidade". Amanhã, ah! Obrigada, Deus e maravilhosa Buluś, e você, Zygu, por esse sábado.

Não me importo com nada agora não
tédio, comoção, escândalo, falação
física e matemática
De Purcel à dramaturgia lunática
Tia Józka com menisco
Salcia e Breit e hibisco
Krela com sua indiscrição
ou qualquer outra criação
nada me importa agora
Nem me preocupo em procurar
quais notas tenho no boletim escolar
na sala de aula bocejo em demasia
pensamentos repletos de tristeza e melancolia
Não existe conduta boa ou impiedosa
amar — é uma coisa que importa

Escrevi isto hoje na aula de física, em segredo — não fui esperta?

Hoje tive um palpitar
Fui dominada por essa onda singular
Tudo se contraiu e pulsou
Hoje meu coração se enfeitiçou.

16 DE FEVEREIRO DE 1941, DOMINGO*

Não queria mesmo lhe contar que Z foi com os amigos para a cidade e eu estava com Julek K. Fingimos não ver um ao outro e esse idiota nem se aproximou de mim. Não queria lhe contar desse outro, o que me acompanhou até em casa com Z e já interferiu uma vez — lembra? Ele está apaixonado por mim! Mas que bela situação, hein! Espera um momento, e Zygu? Também não sei — é uma história muito estranha. Só queria lhe dizer que há algo terrível acontecendo comigo. Alguma força sombria e primitiva está tomando conta de mim. Sigo buscando ambiguidade em tudo, posso ser facilmente persuadida quando não consigo ver, não é? Estou lendo os poemas de Tuwim, até os indecentes. Escrevi no diário de Irka.

O sangue bombeia, a primavera em volta está
E ela faz os corações se abrirem
Os faz crescer, expandir e brotar
olhos brilham, o mundo em risos se dissolve
lábios, seios, quadris, tudo dilata
A primavera doa livremente, pois é farta
De modo geral, não poupa nada
Beijinhos bobos de borboleta e fada
Se refrescam com doces afagos
A primavera está chegando, se prepare para os estragos
Quero que essa força me domine, me levante
Quero escrever versos assimétricos
Os mais atrevidos, selvagens e deselegantes
Simplesmente devem ser assim
Sinto meu sangue efervescendo
Sinto acelerar meu coração
As tempestades de primavera estão fervendo
Quero vento e tufão
No rosto quero uma bofetada
Me bata, me envenene, torture, espanque
Me estrangule, beije, amarre, dê uma bocada

---

* Este registro é, na verdade, do dia 17 de fevereiro.

O poder diabólico dentro de mim irrompe
Então me prenda, seja um tirano
Essa força que existe em mim, limita
Porque, em crise, me debato, é insano
como uma fada obscura meu sangue grita
Você precisa me subjugar
Ou eu vou te dominar

Sabe, veja bem, isso ainda não é nada. Tenho um prazer primitivo e sádico quando as pessoas dizem: "Rena está saindo com Z." Elas falam disso na escola, mas eu gostaria de escrever algo muito indecente... e então achar prazer nisso... Estou envergonhada... Deus, me ajude novamente, e você, Buluś, por favor, faça com que essas pessoas estejam certas. Dê-me coragem.

18 DE FEVEREIRO DE 1941

Ah, que dia feliz e maravilhoso! Não acho que Z já fora tão incrível quanto hoje. Eu o encontrei na escadaria. Ele me disse: "Minha boneca, minha doçura" etc. Passamos o intervalo inteiro de pé nas escadas. Tão bobo. Ah, ele realmente não me viu na cidade, porque me perguntou onde eu estivera. Meninas do 8º ano passaram dizendo: "Aaah!" Zygu caiu na risada e disse que deveríamos ir para outro lugar.

É muito difícil, você tem que entender que não consigo expressar em palavras. Isso deveria ser escrito em um céu azul com fantasias primaveris, suspiros e qualquer coisa que motive, que vibre internamente...

Ele deveria pegar um exemplar de *Kordian** para mim. E tentou. Cantamos algo para nos divertir no clube. Ele disse que eu seria seu mascote durante as partidas. (Será que realmente tenho olhos como Valentino — grandes, azuis, ardentes? O que ele está dizendo?) E ainda que ele tenha ido embora cedo, pela primeira vez sinto alguma coisa. Bata na madeira, mas é verdade. É algo e nada, mas ainda assim. Ouvi Jerzyk falando: "Tenho a sensação de que há um novo casal se formando na escola." Não tenho certeza se era em relação a nós, mas talvez... Vamos esperar que sim.

---

* Peça de Juliusz Słowacki.

Deus, Deus e minha maravilhosa Buluś, mantenham-me em Seus pensamentos, agora e para sempre.

19 DE FEVEREIRO DE 1941, QUARTA-FEIRA

Sabe, estou começando a acreditar. Na escola, ele se comporta de um certo modo — e não consigo descrever como é. Caminhamos pelo corredor juntos, ele me pediu para recitar um poema, tão fofo! Dziunka me viu. E quando Kubrakiewicz se aproximou de nós e começou a falar algo sobre meus olhos, alguma coisa qualquer, Zygu também contribuiu. De repente o velho Kubrakiewicz gritou: "Vê como ele olha para ela? Está flertando com ela! Mas não importa. Belo casal!" Se Kubrakiewicz percebeu, então deve haver alguma coisa, apesar de ele ser rápido com esse tipo de situação. Porém, se essa velha e enrugada Tia Józka notou algo na "esquina vermelha", mesmo não sendo nada especial... Ah, depois da declaração, Zyguś ficou extremamente encabulado e disse: "Estou envergonhado."

Arrá, e o poema, o poema, isso e aquilo... Hoje escrevi no diário de Ewa, na mesma página que Z, na mesma. E desenhei um coração. Tra lá lá! Quantas desculpas ele deu pela sua escrita descuidada no diário de Ewa!

À noite, caminhamos juntos e esse Tadek queria ficar o tempo todo ao meu lado, mas Nora e eu fomos mais espertas que ele. Z e eu ficamos para trás, caminhando juntos, apenas nós dois e foi maravilhoso, simplesmente incrível!! "Querida" e sorrisos e olhares e "Renusia, estudar matemática" etc.; nem consigo listar tudo. Ele deveria ir embora, mas caminhou comigo e quando fui encontrar Irka, se virou e foi direto para casa — sumiu no momento seguinte. O que importa é como se despediu — apertou minha mão e a segurou por um tempo (como sempre), e então fez isso... estranha e intuitivamente senti... não sabia o que significava... perguntei a Ariana e ela sabia. Significa que é, né! — é um chamado. Talvez tenha feito sem querer? Será que imaginei? Será? Porque sei que Z não é vulgar nem nada. Ou talvez, talvez, seja apenas uma máscara, talvez esse afeto seja só fingimento?

Quiçá, quiçá, quiçá
Quem deveras pode prever
Ajude-me a ver pela fresta

Mamãe e também Deus, Você!

É tão agradável, tão bom, tão leve e estranho.

20 DE FEVEREIRO DE 1941, QUINTA-FEIRA

Sonhei com Mamãe a noite toda. Eu e Zygu a resgatávamos, procurando-a em Varsóvia. E hoje me lembrei de todas aquelas coisas dolorosas e urgentes, então... cale-se. Quando se trata disso, não está dando muito certo e é, em parte, culpa dele e, em parte, culpa minha. Tomara que as coisas se resolvam até sábado!! Estou preocupada com o final de semana; é quando tudo sempre dá errado. Ajude-me, Deus Todo-poderoso. Ajude-me, minha única e verdadeira amiga, minha incrível, distante e próxima Mamãe...

21 DE FEVEREIRO DE 1941, SEXTA-FEIRA

Até agora o dia está bom (mas todo mundo fica me chamando de "Sra. Schwarzer"). Ele estava tão fofo, barbeado, lindo. Hoje, mas... e amanhã???

Já tenho quatro rivais. Mas por favor, Deus, e você, minha maravilhosa Mamãe, você me ama e me entende, por favor, faça com que amanhã seja... seja... seja... bom. E deixe-me contar tudo depois. Tenho um medo de palco terrível!!

22 DE FEVEREIRO DE 1941, SÁBADO

Tive um certo pânico por causa do palco, mas talvez não tenha valido a pena. Ainda assim. Uma reverência no camarim, um aperto de mão na sala de aula e *Balladina,** e mais uma vez, depois do intervalo e, então, no corredor pela manhã. Exatamente. Nós dois ficamos lá parados e não consigo nem imaginar o que parecíamos — todos olhavam para nós. Eda se aproximou (o antigo amor dele) e eu, estupidamente, como uma imbecil idiota, fiquei vermelha como um pimentão! Zygu se acabou de rir! Droga! Maldito enrubescer...

* Peça de Juliusz Słowacki.

Fui ao jogo, entrei quando ele estava se trocando, então pedi desculpas, mas apenas me puxou, como só ele pode fazer, segurou meu queixo com as duas mãos e perguntou sobre meu penteado. Mais tarde, fui para a escola sozinha, sem me despedir. Muito estranho! Na escola, Zygu foi reprovativo por causa da minha fuga. Finalmente, durante o ensaio, as coisas ficaram muito boas. É impossível descrever; você precisa sentir em cada célula do seu corpo. E lembre-se de que sentamos juntos esse tempo todo, e caminhamos muito, apenas nós dois, e de que ele estava determinado a ir ao concerto e isso e aquilo… às 21h, e depois não queria e fez planos de ir a uma festa e, quando estávamos lá parados, abaixei a cabeça para olhar meu relógio e nossas testas se tocaram. Acho que sua mão tremeu um pouco quando nos despedimos. Ele segurou a minha mão durante muito tempo… tanto tempo… e aí fez de novo (ou acho que fez)… Mas pode ter sido só para se exibir, ó! Talvez não seja nada. Afinal de contas, logo falaria algo ambíguo na presença de Irka e… Não. Buluś, estou passando por uma tragédia espiritual. Vamos pedir a Deus que tudo acabe bem! Senhor, por favor, me devolva minha Mamãe. Mamãe, venha e me ajude!!!

Como um calor abrasador dói
Um ciúme brutal me destrói
Violentamente me atinge, faz estardalhaço
Como um espesso e afiado estilhaço
Já é quase primavera — atente
Meu ciúme cresce gradativamente
Eu me torço e retorço, estou muito impaciente
Por que você me deu essa serpente?
para a paz me roubar?
para me comer, ver, atormentar?
para me fazer xingar como um marujo?
Do ciúme consigo sentir o gosto sujo
Ó, todas aquelas noites em claro, vigilante
Todos aqueles pensamentos e sonhos escaldantes
Palavras sufocantes — não faladas
Lágrimas urgentes — não derramadas
Todos os provocativos e zombeteiros tormentos
Estou tão enciumada neste momento

porque amo a um grau sem cabimento!!!
Talvez quando o rio fluir ao longe, veloz
Com uma maré turbulenta e atroz
Talvez quando o pomar na distância brilhar
O amanhecer irá me auxiliar, me abraçar
E quando as nuvens cor-de-rosa voarem
E céu azul abaixo rolarem
Seus olhos de brilho ficarão repletos
Meu príncipe dos olhos pretos!
Talvez quando o sol cintilar
Com quente e cegante bruxulear
Ou quando a noite cair sutil
Cheia do sufocante perfume primaveril
E quando dos pássaros o alegre cantar
No vale vazio começar a soar
Seus lábios tocarão a mim
Meu príncipe dos lábios cor de carmim!
Talvez como a recusa de uma flor
de deixar para trás a memória de seu odor
Você logo também gradualmente desaparecerá
Eu ficarei com a fantasia, a saudade e o esperar…

Não! Não! Não! Mamãe, não!

23 DE FEVEREIRO DE 1941

Estou tão cansada. Então vamos rápido. Levanto à noite, certa de que Zygu está ao meu lado. Começo a chacoalhá-lo, dizendo: "Zygu! Zygu!" Mas era Arianka, que se assustou e veio até mim. Guerra! Jogos de campo na guerra — juntos o tempo todo. Zygu se joga de costas no presente e grita: "Rena, abaixe-se!" e aí caminhamos juntos. Rysiek grita: "Rena está caidinha por você!" Zygu murmura alguma coisa baixinho: "Pare." Teremos uma festa amanhã! Ah, é a minha segunda. Sabe, tenho um medo de palco terrível. Tenho medo de tudo. Será que vou me divertir? Zygu dançará comigo? "Alguma coisa" vai acontecer?

Droga, esse idiota do Nacek gosta da Lidka, era só o que faltava. Nora está triste. Pobrezinha, eu esperava que as coisas dessem certo no fim, mas agora... Nora está apostando tudo na festa, mas Lidka também estará lá.

Norka! Espero que você não se decepcione! Z e M e o resto a provocam. Mas esse Nacek, esse pirralho horrível, idiota e arrogante... Se fosse comigo, só de raiva, eu o estapearia em cheio na cara. Que m*rdinha convencido.

O Feluś da Irka é um doce, e ela é ótima (minha casamenteira). E ele, apesar de estar distante, segue a beijando pelas páginas de seu diário.

Escreverei quando... ah, terá se passado tanto tempo (ou talvez nunca), quando... Estou preocupada com a festa de amanhã. Mamãe, por favor, envie-me suas bençãos, traga sua filhinha de volta à vida. Deus, Buluś, por favor, me ajudem! Me ajudem!

24 DE FEVEREIRO DE 1941, SEGUNDA-FEIRA (SEGUNDA FESTA!!!)

Ó! Ah! Sim! Estou extremamente cansada. Mas com certeza tenho energia o bastante para contar o que quero. Mãe! Mamãe querida, se ao menos eu pudesse lhe contar tudo, cada coisa, e beijá-la e receber seus conselhos e lhe dizer tudo. Você certamente me entenderia, ficaria feliz por sua filha que é tão... bem... ("não vamos brincar com fogo")... contente.

Na escola — nada; depois — sim; depois a festa. Dancei com Zygu o tempo todo, meu maravilhoso, único e cheiroso Zygu. Roma, minha rival número quatro, também estava lá e falou de repente: "Olha, ele está dançando com ela pela sétima vez. Se chegar à décima, vou embora." Zygu riu, me disse que Roma ainda estava lá e acrescentou: "Agora ela pode contar até vinte." E houve muitas gentilezas em relação a isso. Depois ele comprou uma rosca para mim na cantina e colocou-a em minha boca em um gesto tão amável... Então, quando Maciek disse: "Este é o amor de Zygu por uma noite", Zygu me confortou imediatamente, dizendo: "Não, isso não é verdade." E fez uma cara tão doce ao dizer isso. Todo mundo, até um cego, podia ver que havia algo quando dançamos juntos. Mas tem uma coisa — eu estava morrendo de ciúmes (mesmo ele tendo dançado com as outras apenas três ou quatro vezes). Mas ele chamou Irka de "querida", e ela caminhou com a mão em seu braço depois que dançaram (eu às vezes ando com ele assim também). Zyguś chamou Elza de "Elzuś" e pediu, brincando, que ela sentasse em seu colo. Quando nossas mãos ficaram suadas na dança, seguramos um ao outro pelos cotovelos. Maravilhoso, maravilhoso Zyguś. É claro que agora sou chamada de "Sra. Schwarzer" o tempo todo. Até na frente dele.

Saímos da festa de braços dados, com Irka do outro lado. Foi fofo, mas poderia ter sido melhor... não! É um pecado dizer isso; foi ótimo, obrigada, Deus! Percebi desde o começo que ele queria me chamar para dançar, mas Poldek foi mais rápido e convidou Nora. Ó, Nora, pobre Norla, foi terrível! Nacek e Lidka flertaram. Ela ficou de mau humor, não dançou (quando viu que não estava se divertindo, Zygu até mandou Julek falar com ela — ele é muito gentil).

Pobre Nora, foi uma noite trágica. Ela me disse: "Você está tão feliz." (Não, eu não deveria pecar tendo ciúmes nem nada. Zygu me acompanhou até em casa por vontade própria e apesar de não ter me... ele sempre foi doce, educado e gentil).

Norka, sinto pena dela, tanta pena. Antes do fim da festa, ela foi embora sem se despedir. Ouvi Nacek dizendo que ela estava lá, sentada sozinha, então ele a convidou por dó! Ele é terrível! Maciek também disse que Nora não se divertiu. Nem esse cabaç* a chamou para dançar, já que ela disse não. É melhor manter relações amigáveis com todo mundo no fim das contas.

Há algo acontecendo entre Irka e Maciek novamente. Porém, não quero ter inveja de Irka, ela me quer bem. Mas não tanto quanto você, minha Mamãe, não como Você, bom Deus! Muito obrigada e, por favor, continue me ajudando...

Gira! Gira! As estrelas resplandecem
Com força, segure a minha mão
Deixe que toquem músicas selvagens, de leve
Que a dança nos arraste longe para sua dominação
Nos braços da valsa até a extinção
Valsando para lá e para cá na dança
Como em uma festa, em outra região
A vida toda é divertida, uma bem-aventurança
Vamos dançar de leve, suave, rapidamente

Vamos dançar com brio impetuosamente
A vida toda, em pisos prateados, enganosos, reluzentes
Deixe que a casa seja um salão de baile novamente
Para esquecer o mundo que é diminuto
Para fulgir no reino da noite, como um sol luzente
Nada importa, afinal é contigo que a dança desfruto
a valsa sem fim, sem fim aparente

25 DE FEVEREIRO DE 1941, TERÇA-FEIRA

Zyguś! Meu maravilhoso! Maravilhoso! Maravilhoso! Ele chegou na sala procurando por mim, meu querido "bichinho"! Ficamos no corredor (enquanto Roma me xingava em sua sala), depois dividi meus wafers com ele. Zygu colocou um pedaço na minha boca. E disse para Irka: "Rena está em primeiro plano", então me emprestou sua cópia de *Balladina.* E isso e aquilo. "Rena, você está sob má influência." A dele, é claro. Depois, "Renusia" e ele quase bateu em Rysiek por flertar comigo. Arrá! Mas não foi só isso! Meus ouvidos ainda estão zumbindo depois da festa — toque, fanfarra!! Irka me disse que estava com Zygu no corredor e ele disse: "A Rena é tão bonita" e quando ela perguntou se tinha se divertido, ele respondeu: "O que você acha?" e questionou: "Por quem a Rena veio?" Irka falou que fui para me divertir, e ele riu de incredulidade! Eu o verei hoje à noite, às 18h. Mamãe, querida, é tão bom estar apaixonada. Senhor Deus, por favor, permita que as coisas continuem, por favor...

Os braços, vamos escancarar
Pela vida com alegria e orgulho vamos caminhar
Deixe que ressoe o nosso canto
Deixe que seque rápido o nosso pranto
Um toque interno de animação vamos originar
Com uma faixa escarlate de amor vamos avançar
De braços dados, juntos, em dueto
(o mundo vibrará com nossos gracejos)
Que o mundo se torne um jardim
Que a primavera nunca obscureça e não tenha fim
Para sempre em nossas almas, em nós, muita satisfação!

Vamos caminhar pela vida com toda animação
Nós dois sempre vamos brindar
Propagaremos a palavra pelo ar
Como aço e bronze quentes, inflamaremos
Ouça o amor, perceba o que percebemos

Ele ficou no corredor, lendo o poema, e disse: "Esse é o poema da Rena." Maciek que me contou.

Nora está muito triste agora.

26 DE FEVEREIRO DE 1941, QUARTA-FEIRA

Não devo mais duvidar dele. Ele não me perguntou hoje, tão docemente, se eu iria para o clube? Não veio só porque eu também viria? Não carregou minha bolsa e me ajudou a descer as escadas? Não me esperou do lado de fora da escola? Quando dividi minha halva, ele disse que não podia comer, mas depois pegou um pedaço sem pedir — foi algo tão íntimo, tão bom. Pegou a folha com o dever de casa. Mas sabe no que mais gosto de pensar? Não sei por que, mas me agrada recordar esse momento agradável em que Zygu me trouxe uma rosca e colocou um pedaço na minha boca. Porque, sabe, você entende que, além da gentileza, teve algo tão... másculo nisso... tão conjugal. Ah, essa cena, me lembro dela.

Sabe por que nunca o desenho? Porque não consigo deixá-lo bonito o bastante; porque tenho medo, não sou capaz. Talvez tire um retrato? Talvez, Zyguś mencionou isso um dia.

Por ora eles nos provocam, zombam. Sinto muito, mas... vamos esperar que tenham fundamento para isso logo...

Deus, Mamãe, obrigada! Ajudem-me! Muito, muito mesmo...

Estou tão feliz por ele não ser como Nacek! Não! Não aguento mais. Apesar de ter lição de casa para fazer, preciso contar. Achei que era só isso por hoje, mas... Irka veio com Zygu! Com ele, entendeu? Sentamos juntos por três horas mais ou menos, depois fomos para a cidade. Zygu queria caminhar, mas Irka queria ir para casa. Para o que meu maravilhoso Zyguś respondeu: "A Rena decide." E, então, ficamos sozinhos. Ha ha ha ha!

Tenho uma foto, duas fotos — roubadas, mas tenho. Quando perguntaram por quem estava apaixonado, Zygu disse que era por mim (ele estava atrás de mim). Ah! Ó! Ah! Estou tão feliz... estou me sentindo boba, afetuosa e estranha. Quando estávamos finalmente voltando, disse que peguei a foto e ele falou: "Mas eu queria lhe dar uma diferente, maior e mais bonita. A meu ver, é desrespeitoso dar uma como essa!" Ele não é incrível? Você não sabe, não tem como saber, mas estou prestes a explodir, estou explodindo, sim! Olha! Olha! Olha! Ele é tão maravilhoso! Admire-o o dia todo e a noite toda, assim como eu. Mamãe e Você, maravilhoso Deus, me guiem...

P.S.: Quando falei que estava com medo de minha rival número quatro, Roma, ele disse para não ter, que me defenderia e que deveríamos fazer algo em relação a ela, talvez enviá-la para Kulparków.*

Flores por perto
Estrelas no céu aberto
É tudo para ti
Tudo para ti
Noites em claro
Poemas brilhantes e cálidos
Lágrimas, amargura apercebi
É tudo para ti!

27 DE FEVEREIRO DE 1941, QUINTA-FEIRA

Foi tudo bem na escola. E depois também foi bom! Nós nos encontramos à tarde, quero dizer, eu o encontrei na "esquina vermelha". Roma e Ewa também estavam lá, não conseguimos nos livrar delas. Elas nos seguiram o tempo todo, foram à casa de Irka, onde uma situação ridícula ocorreu — fugi para o andar de cima, Maciek foi à casa de Zygo K.; Zygu estava me procurando etc. Aí ele se juntou a Maciek na casa de K., onde deveriam fazer a lição. Depois assobiaram para mim e fomos caminhar. Zyguś me pegou carinhosamente pelo braço e insinuou isso e aquilo. Mas foi incrivelmente amável. Encontramos Nacek, que disse algo sobre a menina

* Kulparków é um distrito de Lviv, conhecido por um hospital psiquiátrico.

Spiegel e o menino Schwarzer, não sei o que ele quis dizer. Quando voltamos, eles começaram uma discussão acadêmica sobre assuntos sexuais. Fiquei um pouco encabulada. Mas explicaram que, se eu quisesse estudar medicina, então isso e aquilo. Eles acham que ainda sou muito criança, e Zygu não deixa que contem piadas vulgares (pelo menos para mim).

Estávamos planejando nossa ida à universidade — eles ficarão no andar de baixo, e Irka e eu, no de cima. Zygu queria me emprestar um livro: "Com o qual você poderá aprender alguma coisa."

No geral, ele se tornou muito enérgico recentemente (coisa que adoro). Por exemplo, me diz: "Rena! Aprenda esse poema alemão! Agora!" ou "Rena deve ir para a escola de teatro", e deu uma surra em Rysiek por me provocar. Ficou furioso com W por seu "Posso ir com você?" "Rena, meia-volta, pegue o casaco!" E, quando me ofendi, ele disse: "Tudo bem então, você poderia dar meia-volta e eu lhe darei seu casaco?" Quando eles estavam na "esquina vermelha", Zygu disse que, assim que mencionou meu nome, apareci na janela. Ele fica me olhando fixamente, de um jeito tão doce. Quando Maciek disse que precisava de um amigo, respondeu que era bom ele procurar um, então.

Eu poderia preencher vários cadernos com apenas uma conversa. É por isso que não estou escrevendo tudo, apenas pensando… pensando… que Deus é bom e minha Mamãe me ama muito e ambos me ajudarão com tudo…

28 DE FEVEREIRO DE 1941, SEXTA-FEIRA

Deus! Amanhã já é sábado? Como a semana passou rápido! Amanhã é sábado. O que acontecerá nessa mesma hora do dia?! Estou com tanto medo. Senhor Deus, me ajude, e você, minha única Mamãe!!

1º DE MARÇO DE 1941, SÁBADO

A escola foi agradável! Zygu perguntou se Prochaska me chama de Sra. Schwarzer (usando o sobrenome dele). Até ele mesmo fala assim. Não estou triste. Não é um pecado. Eu me entrego aos Seus cuidados, Buluś e Deus.

2 DE MARÇO DE 1941, DOMINGO

Foi um dia tão bonito hoje! Primaveril! Ensolarado! Vi Zygu na cidade, caminhando com alguns andarilhos, ele fez uma reverência e me enviou um olhar ardente. Que idiota! Não podia ter se aproximado? Ele riu, boboca! Mas não importa; somos ambos jovens e apaixonados (só eu). Irka escreveu isso e caso se espalhe... o que posso fazer? E já está começando a desaparecer, mas nós não. Ah, você sabe, recordo milhares de coisas, milhares de coisas boas e íntimas. Do contrário, ficarei maluca — e fria — e tudo resultará em nada.

Irka ama Feluś. Escrevi um poema para ela ontem.

Será que não é nada mesmo? Esta semana é aniversário de Irka. Talvez haja um baile. Será agradável? Dançarei com Zygu? É tão bom agora, tenho a foto dele e posso olhá-la por horas, olhar e olhar. Não o verei mais hoje.

Boa noite, querido Diário. Tenho inveja de você, pois pode passar um dia inteiro com meus pensamentos sobre ele e sua imagem... Bom, vejamos o que acontecerá, Buluś. Tchau...

RESIDÊNCIAS PEQUENAS E SUFOCANTES

O dia é outonal, está cinzento e a gotejar
Fico na janela bem agasalhada
Ouvindo do velho relógio o alto tiquetaquear
Observando a rua pela chuva tomada
Está frio e tão deserto
Estremeço, meu nariz a escorrer
Me sinto como muitas pessoas, decerto
Com as chuvas de outono a acontecer
Tudo é igual, mas não exatamente
Ouço grilos, o crepúsculo se esgueira
Leio meu diário na luz tênue
Com uma página de primavera, rememoro cada feita

"Dias felizes são iminentes
cheios de sol, luz e farra
Estou cheia de animação, tão contente

feliz pela primavera antecipada
Vamos abrir bem as janelas
Vamos destrancar as portas e os portões
Vamos ficar lado a lado com a primavera
Vamos assisti-la, conectar nossos quinhões
"Estamos a caminho! Venha! Por que não?"
Corremos armados com brincadeira e canção

Com flores em muitos buquês
Espere, estou chegando, pertenço a você!
Estou tão feliz, tão alegre
Tão brilhante, afetuosa e amorosa
Quero abrir meu coração, desenterrá-lo
E seguir em direção à primavera glamourosa!
Leio estas linhas ardentes
Palavras cheias de sol e perfume
Soando como um deleite independente

Janelas sujas derramam lágrimas
O céu outonal chora
Leio e penso sozinha
Que outra coisa pode ter desenrolado afora
Sol, felicidade, sorrisos, eu arrisco
Agora — está tão inapto, tão maligno
Cinza e molhado, esse dia outoniço
Na janela, bem agasalhada eu fico

Talvez na vida em algum advento
Em algum triste dia outonal
Quando for adequado o momento
Eu leia meu reluzente diário primaveral!

Que feitiço você colocou em mim?
Por sua causa não faço nada
Como o trovão você manda em meus olhos, em mim
Não consigo viver por sua causa

O que é isso, Deus! Mamãe!

3 DE MARÇO DE 1941, SEGUNDA-FEIRA

Aniversário de Irka. Na verdade, Zygu é um porco, mas é tão doce e amável que o perdoo por tudo. Ele se aproximou e me cumprimentou carinhosamente na escola, disse que foi "arrastado para uma festa", mas que ficou extremamente entediado. Arrá! Quando Tusiek tentou convencê-lo a ir para a festa, ele disse: "Eu preferia ir para a cidade ver alguém." Ver quem? Rena. Eles o provocaram muito por minha causa, ele não dançou e hoje na escola o pobrezinho disse: "Eles não só me chamaram de marido da Rena, mas também cunhado da Arianka." Ah, as palavras dele foram tão maravilhosas. "Rena, parece que você acabou de sair da cama." E depois: "E o jornal?" e "Você deve ter escrito algo sobre mim" e, então, esse olhar e isso e aquilo e aquilo outro.

Combinamos de vir até a casa da Irka, mas ele não veio, esse maravilhoso cafajeste.

Nora está evitando pessoas, até nós. Ela guardou rancor da gente, especialmente de mim. Entendo, não estou brava. Ela parece achar que as pessoas riem dela, e está certa. Mas não percebe o quanto. Esse Nacek... E hoje para Irka — enfim, ele também disse algo para ela na festa. Gostaria de saber o que foi. O que esse ordinário vulgar poderia ter dito? Se me contasse, ela poderia se sentir aliviada, mas do jeito que estão as coisas... pobre, pobre Norka... Deus, Buluś, por favor, cuidem de mim. Existe um tipo de relacionamento sólido entre nós, como um casamento. Mamãe, por que não está aqui comigo agora?

5 DE FEVEREIRO DE 1941, QUARTA-FEIRA*

Ah, é quarta-feira de novo! Mamãe, se estivesse aqui, eu não sentiria falta de nada, acho que não! Seria tão bom, mas... Sempre tem algum tipo de "mas"... Quando você vem?

Agora há caminhadas longas, despedidas e encontros — nem consigo descrever tudo. Enfim, pela manhã, ele comprou um pão de mel na cantina e me deixou comer um pedaço, na verdade enfiou quase tudo na minha boca. Ele me falou sobre Roma, como ela foi vê-lo às 7h, quando ele ainda estava na cama. E Irka me disse que ele deve ter perguntado sobre mim umas cem vezes durante o jogo etc. etc. Não para de falar sobre o quanto meus olhos são bonitos, esses olhos, olhos, olhos (também gosta da minha personalidade — foi Maciek que me contou e tinha razão). Zygu diz: "Rena, você não tem salvação, está tudo nos seus olhos" ou "Estou enfeitiçado pelos olhos de alguém". Também disse algo sobre a minha pele, então perguntei se estava sendo irônico; Z se ofendeu e disse... Ah, ele é tão maravilhoso... Acariciou meu cabelo. Falou: "Por que o cabelo da Irka fica pra cima tão facilmente?" e que ele não pulará mais alto que 1,48m e que eu deveria praticar esportes. E que iremos à festa juntos no sábado. "Rena, é melhor você aprender a dançar swing." "Deve começar a ler estudos a partir de hoje." Foi tão doce, tão maravilhoso quando eles nos provocaram na cidade e ele falou: "Rena, que aliança!" e "Roma não é sua concorrente direta, pois ela percebe a sua superioridade".

Realmente não consigo escrever tudo. Ele disse que precisamos encontrar alguém para Nora, mas falei para não se preocupar com isso, porque ela está muito triste. Zyguś, maravilhoso Zyguś... E ainda é tão tímido... Mamãe, se ao menos você pudesse vir. Deus, por favor, continue me ajudando. Me entrego aos Seus cuidados... Ah, uma parte do meu desejo está começando a se realizar, vamos esperar a outra... Ó, Senhor!

6 DE FEVEREIRO DE 1941, QUINTA-FEIRA†

Ele veio para a sala depois de suas aulas hoje. Mas no intervalo estava planejando algo com Irka. Eles riram muito, fiquei muito curiosa. E Irka me contou o que era. Zygu contou a ela em segredo que está apaixonado

* Na verdade, este registro é de 5 de março.

† Na verdade, este registro é de 6 de março.

por mim, que tenho olhos maravilhosos (estou cansada desse negócio dos olhos), meus dentes parecem pérolas, meus cílios, cortinas, e o nariz e todo o resto e perguntou se Irka, por acaso, não sabe se também o amo. É claro que pediu que ela fosse discreta, porque quer me falar pessoalmente ou algo do tipo. Ele disse que seria feliz comigo.

Estou dividida, não sei se devo acreditar em Irka, mas ela jura que é verdade... Ah!!! Se for mesmo, então Zygu é um tolo completo! É um pateta! Ordinário! Quem lida com um assunto tão delicado por meio de uma terceira pessoa?! Ele não poderia simplesmente falar para mim? Que criança! E ainda sabe como perguntar sobre aquele meu período do mês. Doce, doce, maravilhoso Zyguś! Mamãe, venha! Deus, Buluś, procuro abrigo sob Suas asas protetoras...

Estou preocupada, esperando e esperando
O tempo passa. E falta bem-estar
A inscrição turva está ficando
E Zygu ainda não está com pressa de me...

7 DE FEVEREIRO DE 1941, SEXTA-FEIRA*

Nós quase... Hoje, depois da aula, ele me empurrou (gentilmente) contra uma parede e aproximou os seus lábios dos meus... Ele disse, ele disse: "Minha doce boneca" e também "O que devo fazer com esses olhos?". Falei para me dar um par de óculos de sol. Ele perguntou por que eu era tão má. Isso foi demais, fiquei indignada. "O que, Zygu? Sou má?" Ele pegou minhas mãos e repetiu gentilmente: não, não, não! E perguntou quais eram meus planos para amanhã.

Amanhã pode acontecer o que ele quiser. Vamos para a casa de Irka, mas será que acontecerá tudo do jeito que desejo? Não estou mais com tanto medo... Mas será que ficarei desapontada???

Eu me sinto estranha. Talvez vá para a casa dele. Será que tudo dará certo, pelo menos um pouquinho? Rezo para Deus e Buluś. Peço, sinceramente, que Vocês tomem conta de mim...

* Na verdade, este registro é de 7 de março.

9 DE MARÇO DE 1941[11]

No sábado, Zygu foi fofo na escola, me chamou de "minha doçura" e disse que ele deve parecer uma "doçura". Será que realmente gosta de mim? Mas ele não estava na casa da Irka, não foi... e esperei... Talvez não tenha sido culpa dele, já que não foi adequadamente convidado, mas ainda assim. Zygu foi ele mesmo esperando ansiosamente pelo sábado e...

Cada momento me deu esperança
Do relógio, cada badalada, cada repicar
Uma campainha, passos, batidas — um tremor
Aumentava minha expectativa
Você não veio. Por que não o ouvi chegar?

Hoje não sinto falta dos risos, da canção
Uma pena você não estar lá
Por ser outro dia, sinto satisfação
Tudo passou e eu não vou me importar
Os casais dançando já se foram, todas as vozes estão silenciosas
E posso pensar carinhosamente
Em comemorar, em beijá-lo, em escovar suas madeixas sedosas
É tão bom, completamente!

Uma coisa estranha aconteceu hoje. Eu meio que sabia que havia algo de errado, mas não achei que fosse tão ruim! Maciek está apaixonado por mim! Então agora entendo o que tudo isso significa: ele me acompanhar até em casa, sempre ter algo para sussurrar em meu ouvido ou uma sujeirinha para tirar de mim, os elogios aos meus lábios, olhos, os abraços e até o beijo de ontem. Não queria contar, pois não achei nada especial. Considerei todas as suas insinuações significativas como: "Bem, ele diz isso, mas é só fofoca." Mas agora não sei, ou melhor, sei que Zygu não foi ao baile porque estava com ciúmes, muitos ciúmes de fato — e o compreendo. Maravilhoso, pobre e bobo Zygu! Você não enxerga que é o único que amo? Comunico isso com cada movimento, cada olhar! Você! Você! Você! É verdade, gosto de Maciek, gosto muito dele, mas como podemos comparar esses dois sentimentos, gostar e amar?!!! Ele está com ciúmes. De verdade!

Fui à casa da Irka hoje e discutimos intensamente sobre isso, enquanto Zygu e Maciek estavam na minha casa. Zygu escreveu no diário de Arianka: "Para a irmã da minha namorada", então ele me chama oficialmente de namorada, ó céus! Eles me deixaram um recado, que colei abaixo. Foram à minha casa, que pena eu não estar lá! Zyguś esteve aqui, meu maravilhoso Zyguś, Mamãe! Ah, Buluś, se ao menos estivesse aqui... Você me ajudaria, Buluś, e Você, Deus...

11 DE MARÇO DE 1941, TERÇA-FEIRA

Maravilhoso! Divino! Bom! Primeiro, na escola, com chocolate. Então, à tarde, ele foi ao clube Shevchenko.* Foi muito bom sentarmos juntos e conversar. Todos ficavam fazendo cara de quem sabia muito. Depois, fomos embora. No começo, Maciek e Poldek ficaram por lá, incomodando, mas logo saíram e ficamos sozinhos. Passamos talvez duas ou três horas caminhando. Foi tão bom. Zygu é muito fino e delicado — como ninguém! Ele cantou: "*Du hast die schönste Augen. Mein Liebchen (Mädchen) was wils du noch mehr.*"†

Não me lembro de tudo exatamente. Apenas sei que estava feliz. É tão bom estar com ele. Ficou muito chateado por não ter aparecido no sábado. Pediu desculpas e prometeu que este sábado festejaremos juntos, com certeza. Arrá! E fizemos planos de ir ao cinema na quinta-feira! Zyguś, você é tão incrível! Maravilhoso! Mamãe, queria que você pudesse conhecê-lo em breve... Vocês me ajudarão, Buluś e Deus...

12 DE MARÇO DE 1941, QUARTA-FEIRA

Após a aula, ouvi pessoas o provocando. Irka o encontrou depois que ele se despediu de mim. Ela disse que estava muito irritado e que, quando perguntou o que estava fazendo comigo por tanto tempo, ele respondeu: "Qual é o problema? Não posso? Com a minha Renuśka?" E falou para

* Taras Shevchenko (1814–1862), poeta nacional ucraniano.

† Deve ser: "*Du hast [Diamanten und Perlen] [...] die schönsten Augen — / Mein Liebchen, was willst du mehr?*" ["Você tem [Diamantes e Pérolas] [...] os olhos mais bonitos — / Meu amor, o que mais você quer?", em tradução livre]. Parte de *Die Heimkehr*, LXII, de Heinrich Heine (1827).

Irka que ela seria uma esposa cuidadosa, mas então acrescentou que eu não seria tanto, porque gosto de sonhar acordada.

Tão sonhadora serei
Uma poética e fantástica esposa
O céu a reluzir observarei
E contarei estrelas a vida toda
Nuvens de borboletas convidarei
Estudarei o clarinete
Flores nos braços segurarei
E garantirei que você nunca se atormente
Cozinharei ambrosias cheirosas
Espanarei com nuvens, com raios de sol as roupas remendarei
Serei desejosa, verdadeira e amorosa
Uma esposa poética e fantástica sempre serei
Alguém pode lhe dizer — como um desvairado
Que na verdade não é autorizado
Ter uma esposa insana e doida varrida
Não os deixe falar, não desperdice sua vida
Ambas as mãos encherei
De lírios, maçãs, cereja
Farei guirlandas, as pendurarei
Entregarei cada momento feliz de bandeja
pelo fluxo incrível de um poema concluído.
Pegarei o grande arco-íris colorido
Escreverei diretamente no céu azul
Que eu… eu o amo… amo Zyguś
Então se apresse, seu colecionador tão ultrajado
Com uma esposa tão enlouquecida
Queime pilhas de carne no tablado
O que importa são seus olhos, sua vida
E sob o chapéu, sua tranquila testa
Então, diga-me, Zygu… Você quer uma esposa como esta?

13 DE MARÇO DE 1941, QUINTA-FEIRA

Estou sem fôlego, sabe?! Se ao menos pudesse, gritaria com toda a força, alto, primaveril!!! Apenas pense, uma tarde inteira com ele! Primeiro, no cinema, ele pagou meu ingresso e também comprou outro para uma criança pobre. Ele é tão bom, meu Zygu! Sabe, estou dizendo, ou melhor, escrevendo, bem friamente, mas você deveria ter visto, esse gesto e seu rosto doce e maravilhoso. Zygu! Ele é uma pessoa tão boa; não diz nada de mau sobre ninguém, nem mesmo de seus inimigos ou rivais.

Então ele passou duas horas na minha casa (acho que roubou minha foto), depois na de Irka. Nós fomos um casal de verdade, sabe. É melhor do que eu poderia sonhar! Ah, minha Mamãe maravilhosa, se ao menos você estivesse aqui comigo agora!

Na volta para casa, Zygu queria descobrir algo sobre Maciek. Ele sabe um pouco, descobriu um pouco mais... Mas, sabe, ele está... Sei o que ele queria aqui, na Rua Rejtan, e depois, quando estávamos nos despedindo... ahhh (isso de novooo). Eu sabia que estava irritado. No fim, ele disse: "*mein Liebchen*" [meu amor]. Nem vou lhe dizer que andamos de braços dados o tempo todo e somos oficialmente um casal.

Ich bin din
Du bist min*
Eu queria puni-lo em tal proporção
Aprisioná-lo em meu coração
Você ficará lá ad aeternum
Porque não encontro a chave em lugar algum...

Não consigo nem descrever como é... Mamãe e Grande Senhor Deus, sou tão grata a Vocês e Os amo. E me entrego aos Seus cuidados.

14 DE MARÇO DE 1941

Amanhã é sábado... Como sempre, espero e estou com medo... Eu amo, amo cada vez mais... Buluś, Deus, Vocês me ajudarão!

* Eu sou sua / Você é meu (em alemão).

15 DE MARÇO DE 1941, SÁBADO

Ele foi incrível na escola hoje! E disse que me concederia sua tarde toda. E torceu por mim por causa do trabalho da escola. Ele foi maravilhoso, maravilhoso, maravilhoso. E, como resultado, nos esquecemos de combinar e só o vi à noite na cidade. Ele estava com amigos — pediu licença e se aproximou. "Sabe, Irka tem razão quando diz que somos casados 'de mentira'". Zygu me disse que se eu não arrumar o cabelo, ele não fará a barba, então, como irei ao salão, Z se barbeará.

Há um baile amanhã. Z perguntou se vou me divertir. Ó! Como poderia saber disso? No portão, me disse: "Rena, o portão está trancado, oãtne somav racif me mu letoh."*

Ele me faz tão feliz... Arrá! Devemos nos encontrar ao meio-dia, sugeri, mas ele disse que precisava ver meu cabelo. Uma provocação do tipo "o que mais você quer?". Mamãe, por favor, esteja comigo amanhã e sempre. Ficarei feliz ou triste... Boa noite, até amanhã...

16 DE MARÇO DE 1941, DOMINGO

Já é hoje. Ou melhor, já passou, como outra fase desse lindo sonho primaveril. Nós nos encontramos pela manhã, como um casal comum faz, isto é, ele esperou, eu cheguei e nós caminhamos até as 14h na cidade. E hoje, no piquenique de Olga, foi tão incrível — nós dançamos e ele me puxou com força contra si, com paixão. A certa altura, estávamos indo dançar em outro cômodo, mas... não pareceu adequado.

Poldek e Maciek me evitaram no começo, e depois Maciek falou que não conseguia mais me ignorar. Não dancei apenas com Zygu, mas com todo mundo. E, em muitas ocasiões, fui roubada bem debaixo do seu nariz quando estava prestes a me tirar para dançar (Maciek, espelho, Zygo). Continuaram a nos provocar e eu não parava de enrubescer. Imagina, Rysiek disse que devo estar escrevendo poemas em homenagem a Zygu. Ele é maravilhoso!

Depois do piquenique, desci a rua com todo um grupo de meninos e Maciek disse: "Olha, botões", no que Zygu disse: "Rena, primavera!" Pos-

---

* Palavras escritas ao contrário.

so sentir sua primeira lufada… É claro que houve muitas provocações de Maciek, Poldek, Fredek e Julek, mas não importa.

Na verdade, hoje (você se lembra de 16 de março?) vou comparar este dia com o outro 16 de março. É possível compará-los? Não! Ou, na realidade, sim! Verdade, Mamãe ainda não está aqui, mas espero vê-la em breve (a guerra deve acabar). E amo, amo esse menino lindo e sábio, o melhor menino da escola. E é recíproco. Sim! Apesar de Zygu não ter me falado nada, ele disse: "Existe algo que não vou lhe contar", e quer escrever tudo e dar para Irka me entregar.

Agora tenho o que chamam de vida social e, para ser sincera, sou muito popular. Enfim, está muito bom. Agora vou a festas e piqueniques como uma menina normal de 16 anos deve fazer.

É diferente com Nora e seu amor por Nacek, que ruiu e acredito que será recuperado, mas, enquanto isso, queria arrastá-la para o burburinho juvenil quase à força. Mas hoje ela não estava bem novamente. Senti muito, pois era eu quem estava tentando fazê-la ir ao piquenique. Ela ficou lá sentada, apesar de a maioria dos meninos estarem lá, e depois leu um livro. Sei que escreverá em seu diário hoje e comparará esses dois dias com um ano de diferença. Mesmo assim, quando estávamos nos despedindo, ela falou: "Não é isso o que mais importa na vida", o que é verdade e afirmei o mesmo, mas, por outro lado, o que é mais importante que "isso"? Sim, diga-me, o que é mais importante? Lembro que costumava dizer que não ligava para essas coisas, mas não é verdade. Talvez minha opinião mude um dia, mas por enquanto é simples: vale a pena viver pela pessoa que você ama, pela pessoa com quem você sonha e em quem pensa durante noites insones. Viver não pela fama ou pelo conhecimento, não pelo aprendizado — esses são apenas conceitos intelectuais. Viver a vida sensual, "chegar ao maldito âmago da vida", arrebatar o que for de melhor, satisfazer-se até ficar sem ar. Independentemente do que digam sobre mim quando eu morrer, morrerei como um animal, mas posso viver como quero agora. Ser capaz de dizer, sobre o túmulo de alguém:

Da vida eu extraí o que fui capaz
muito, mas ainda não em quantidade assaz
Hoje meu corpo enrugado deita no sepulcro
O que os outros ainda desejam eu refuto

Viver, viver, assim viver!
Todos podem no túmulo putrefazer
Viver é uma arte, lhes digo, pois é fácil morrer

Li o diário de Nora um dia. Li que ela não escreveria mais sobre seus amores, não descreveria detalhes e tudo porque, se alguém lesse seu diário, poderia dizer: "Que menina vaidosa e estúpida que só se preocupa em flertar na vida."

Norka! Você está tão errada! Primeiramente, por que se preocupa com outras pessoas lendo seu diário? Você escreve para si mesma. E, em segundo lugar, seu querido diário íntimo deve ser um almanaque político ou um almanaque do seu coração??? Alguém muito inclemente, com um coração de pedra, poderia dizer o que você pensou. Todo ser humano normal diria: "Isso foi escrito por uma menina de 16 anos que amou profundamente..." É o que acho, Norka, e espero que logo concorde comigo. Eu não voltaria às velhas frases, à antiga situação. Estou apaixonada, e essa é a minha explicação para escrever toda essa baboseira. Perdoa-se uma pessoa apaixonada, perdoa-se tudo, e, concernente à festa triste, fugi.

Você não sabe como a vida pode ser
É como uma folha na água a balançar
O que realmente importa não dá pra enxergar
Às vezes eu ganho e às vezes é você
O sol pode secá-la, mudar seu visual
Quando sofre mais um temporal
A folha se esconderá fundo demasiado
Apesar de logo isso ficar ultrapassado
A folha cintilará em clima ameno
Como uma pluma em um longo rio sereno
Pela superfície irá deslizar
Nossa vida sem propósito a carregar

Sim, sim, sim. Buluś, se ao menos pudesse ler isso. Obrigada, muito obrigada. Não tenho certeza se escreverei amanhã. Vocês me ajudarão, Buluś e Deus.

18 DE MARÇO DE 1941, TERÇA-FEIRA

Fizemos planos hoje, ele me buscou às 18h. Primeiro fomos ao Clube Socialista, depois à casa de Irka e retornamos.

Voltou a esfriar lá fora.

Hoje pareceu que havia alguma coisa acontecendo conosco, algo difícil de entender, implícito. E eu não parava de pensar em uma coisa, em uma sinfonia inacabada... Mal consigo me controlar. Estou fervendo, fervilhando, não consigo me impedir de... E sei que é um pouco parecido para ele também.

Uma pena que o calor se foi...

É estranho e bárbaro com Mamãe (Leszczyńska*), não sei o que acontecerá com ela agora, será que virá e quando? Quando? Quando???

Ah, sou tão descaradamente vulgar, Z é muito mais gentil do que eu e apesar de ter dito: "Esqueço tudo quando olho nos seus olhos", coloquei minha mão sob seu braço e foi tão bom. Ele fez um biquinho com seus lábios maravilhosos, tão, tão, tão fofo, mas é como se... Zygu se comporta como meu guardião. Há, de fato, algo difícil de entender na "sinfonia inacabada"... Será que um dia terminará? Talvez seja logo? Mamãe, por favor, me diga honestamente, você gostaria que ela terminasse bem e afetuosamente? Por favor, me diga! Enfim, Buluś e Deus, me ajudem!

19 DE MARÇO DE 1941, QUARTA-FEIRA

Estou me sentindo culpada. Sou tão vulgar. Sinto algo poderoso crescendo dentro de mim. Preciso confessar para alguém ou enlouquecerei. Sinto que todos os meus sentidos estão agitados, estou ciente de que estou fervilhando. Por exemplo, sei que sofri muito ontem. Rá! Que maldição.

Sinto que destruirei os velhos fundamentos
Esmigalhados e triturados acho que serão
por minhas frustrações e desenfreado temperamento
Sinto-me tão fortificada, repleta de afeição

---

* A mãe de Renia e Ariana foi batizada em 20 de janeiro de 1940, mudando seu nome para Mariana Leszczyńska, depois de conseguir documentos falsos em Varsóvia.

o sangue quente em minhas veias a ferver
estou tão embriagada pela proximidade
esquentada, atordoada pelas chamas do querer
meus sentidos me contorcendo
estão me enrolando, me prendendo
me comporto com bestialidade
Perdi minha dignidade
eu me desprezo e muito me deprecio
Mas ainda entendo que, como um cão
como um lince ferido, não me desvio
impaciente uivo por dentro, treme o meu coração
logo, pularei e atacarei ferozmente
vou bufar e berrar, vou tudo sacudir
os lábios vermelhos pelos meus serão devastados
meu desejo e medo não são amenos, estou em frenesi
Vivo agora, não sumi
e quero
não consigo prosseguir...

Isso é nojento, repulsivo, animalesco...

21 DE MARÇO DE 1941, SEXTA-FEIRA

Eu me dei uma folga hoje. Não fui para a escola; estava com dor de cabeça. Ontem deveria ter encontrado Z, mas ele não apareceu. Hoje eu estava mal, como estou há vários meses, doente de Zygu, com preguiça por Zygu, sonhando acordada com Zygu, minha sinfonia inacabada.

Meu querido Diário, sabe o quanto amo você? Muito, muito, muito mesmo. Sinto que preciso de você, o abro em um dia ensolarado, leio por um tempo — e aí, sei. Eu me lembro de tudo, e todos aqueles dias vivem em mim, juntos e separados.

Buluś escreveu que haverá guerra. Quem sabe?! Será que esse inimigo odiado e poderoso vai interferir novamente na minha vida?

Amanhã é sábado. Não sei o que acontecerá. Não espero nada. Consegui me livrar de um pouco dessa loucura. Foi-se. Mas pode voltar. E voltará assim que os ventos trouxerem de volta a primavera, e quando vier... estarei fatalmente doente de Zygu. Ou talvez não será fatal? Essas imagens colocadas lá, devo colocá-las aqui, se eu conseguisse escrever o que quero.

Deixe uma canção tranquila
Uma melodia afetuosa tocar
Sobre você viver em meu coração
E eu no seu também morar
Seria desagradável, uma certa palermice
Seria triste, terrível e choroso
Se você de fato em meu coração residisse
E eu não morasse no seu! Isso seria pavoroso
Mais cruel ainda seria
se assim decidisse o brutal quinhão
que em meu próprio coração eu dormiria
e você no seu, em desunião.
Ainda bem que esse não é o disposto
Vá embora, terrível pesadelo
Sonho com olhos castanhos, com seu rosto
Você sonha com olhos azuis, com meu cabelo
Da primavera, uma doce e tranquila audição
Toca para nós uma melodia angelical
Sobre o seu desabrochar no meu coração
E o meu no seu de forma igual.

Ah, é sábado amanhã; por um lado, isso é um pouco audacioso. Buluś, me ame! Ajudem-me, Buluś e Deus.

22 DE MARÇO DE 1941, SÁBADO

Foi bom! Não apenas na cidade (mas isso também!). Eu o encontrei nos correios. Pude ver que ficou muito feliz em me ver. Foi gentil da parte dele não ter ido ao piquenique. Maciek beijou meu cabelo e Z riu e depois ficava me chamando de vez em quando, dizendo: "Você o ama? Seu coração está transbordando de amor? Porque ele a ama, você sabe que pé de pobre não tem tamanho?" Falei que ele era desprezível. Z não parava de beijar M. Quando pedi para que parasse, Z disse: "Se você pode fazer o dia todo, eu também posso." Meu menino doce e maravilhoso. Mesmo dizendo que não iria à festa, ele riu baixinho e disse que eu iria sim. E o que fiz? Contei-lhe toda a história sobre Irka e Felek. Sinto muito — era o segredo de outra pessoa, mas Z é discreto e, enfim, não consigo dizer "não" para ele, é este seu efeito sobre mim. Não sei o que acontecerá amanhã, pois não combinamos nada. Talvez o encontre em algum lugar. Você ficaria feliz por mim, Buluś... Deus, Você me ajudará também.

23 DE MARÇO DE 1941

Não sei por que, mas estou muito triste hoje! Muito, muito, muito triste. Às vezes sei o motivo.

Encontrei Zygu hoje duas vezes. Saímos para caminhar à tarde com a doce Felunia. E, de repente, senti esse vazio em meu coração e na vida!... Mais tarde, Zygu disse que notou e perguntou por que eu estava tão triste. Saímos para uma longa caminhada e tivemos uma conversa séria. Quando estávamos nos despedindo, Z disse: "Talvez seja influência minha... Mas sou assim mesmo. Maciek talvez a divirta." Ele é besta se ainda acha que sinto qualquer coisa por Maciek. Mas depois falou: "Você será meu alicerce (alguma coisa, outra coisa), ficarei arrasado." Ele não sabe o que pode ser, mas acho que está triste por trás desse doce fardo. Assim como eu.

Supostamente iremos a uma festa amanhã. Quero estar de bom humor, mesmo que precise fingir. Fizemos planos. E, pela primeira vez, sem minha participação, mas com a dele; estava ávido. E me lembrou de tudo quando estava indo embora.

Zyguś! Gostaria de estar alegre, porque você está triste e quer isso. Mas, às vezes, como você diz, tenho "momentos de apatia", e não dá, simplesmente não dá.

Você gosta de ouvir música, ama música — e gosto de sonhar acordada, de sonhar acordada enquanto ouço música com você. Gosto de sonhar acordada e de ser feliz quando meus sonhos se realizam. Mas, então, existem momentos como hoje. Hoje estou triste, embora meio sonho esteja se realizando.

Não acredito que mudei tanto, que tenho apenas expectativas, não! Vejamos o que acontece em seguida.

Devo vê-lo amanhã de manhã, iremos à festa, estarei de bom humor.

Irka vai viajar para ver Felek, praticamente todo mundo vai viajar para Lviv e ficarei com Zygu. Nós vamos ficar! Primavera! Sete dias de folga! Para quê? Ficar entediada? Ficar triste? Não, para amar!!! Mamãe, sabe de tudo, consegue ouvir meu coração bater de amor por ele e minhas saudades de longa distância por você? Buluś e Deus me ajudarão... Grande Senhor Deus! Como será a festa de amanhã?

24 DE MARÇO DE 1941, SEGUNDA-FEIRA (FESTA Nº 3!)

Tão bom. Zygu me buscou (apesar de que eu deveria ir mais tarde, mas ele ficou impaciente demais), pagou nossas entradas, comprou um bolo e uma água para mim e dançou comigo o tempo todo. Talvez com algumas exceções. Essa festa foi diferente das outras; foi uma verdadeira festa de "Zygu".

As pessoas nos trataram como casados. Por exemplo, após uma dança, um menino não me levou para meu lugar, mas disse: "Preciso devolvê-la a Schwarzer." E depois outro falou: "Obrigado, trouxe sua esposa de volta." A certa altura fiquei indignada. Que negociação toda é essa? Tusiek disse: "Vou trazê-la de volta para você intacta." Ele me contou que, por um tempo, desde que "isso" começou, Z não consegue pensar direito. Cheiro de perfume.

Z e eu juntamos casais. Fazemos isso de forma bem sutil. Z: "Vamos abrir uma agência de casamentos." Ele incomodou tanto Irka por causa de Felek que ela teve que ir para casa, mas foi sua vingança por ela tê-lo atormentado, como fez com Felek por causa de Fredziu, com Julek e a sala toda.

Zygu me perguntou como podia me compensar por todas aquelas danças de swing. Não sei dançar swing, nem ele, então sofremos e ficamos nos desculpando um para o outro. Ó! Como compensar — sei como, e ele também. Falei que está me provocando com esse negócio de exército alienígena.

Não fizemos planos, pois Julek estava junto. Z é tão bondoso, tão amoroso e compreensivo. É tão bom ter um "marido de mentirinha". Tusiek ficou surpreso por Zygu não precisar se barbear — como posso permitir, como me aconchegaria nele? Z explicou que ninguém reclama.

Ele estava feliz com a festa e eu também. Essa foi uma verdadeira festa de "Zygu". Mando beijos, Renia. Por favor, me ajudem, Buluś e Deus...

P.S.: Analisando isso e aquilo com Luśka. Ele dançou comigo várias vezes, estava completamente bêbado e me abraçou com força, tagarelando sem parar. Fiquei com medo... Tchau, querido Diário, nos vemos da próxima vez.

28 DE MARÇO DE 1941, SEXTA-FEIRA

Hoje saímos para uma longa, longa caminhada. Foi tão bom — só caminhamos por uma rua meio escura e conversamos, conversamos e conversamos. Eu não diria o que ele disse, mas sei que falou muitas coisas gentis e outras muito ambíguas. Falou que iríamos juntos à Riviera um dia, para algum lugar longe das pessoas, um lugar com "céu azul" — para o que acrescentei: "E mar azul" — e ele finalizou: "E olhos azuis." Ou, por exemplo, que Mochnacki* é muito apaixonado por matemática, mas "prefiro ser apaixonado por outra coisa, não é mesmo, Rena?". E falou muito sobre corações. "Pobre amada, sinto muito por você — por que não veio a mim como vai ao médico?" Etc. etc.

Uma caminhada amigável e longa como essa talvez seja melhor do que... Mas como posso saber?

Fizemos planos para amanhã; ele virá me buscar por volta das 16h ou 17h. Buluś, se estivesse aqui... Estou tão feliz e é graças a você. Buluś e Deus me ajudarão. Tchau, beijos, Rena.

* Mirosław Mochnacki (1904–1970) — especialista em análise matemática, álgebra e cálculo de variações. A partir de 1934, lecionou matemática na Escola Secundária Polonesa Juliusz Słowacki, em Przemyśl.

29 DE MARÇO DE 1941, SÁBADO

Nossos planos não deram muito certo, mas acabamos nos encontrando. Fomos ao Clube Socialista e depois saímos para caminhar. O passeio foi a melhor parte, uma longa caminhada, só nós dois. Andamos de braços dados, conversamos muito e também falamos por meio de olhares. Para mim, um passeio assim é a sinfonia mais maravilhosa e pode substituir dezenas de outras coisas boas.

Essa caminhada é força e poder
Essa caminhada é imortalidade![*]

Ele disse que gostaria que a "Marcha Nupcial" de Mendelssohn tocasse no seu casamento. Fela apontou para mim e Zygu também. Falamos sobre o futuro, sobre medicina etc. etc. Z disse que não gostaria de ter um filho, ou filhos no geral, porque entre os 13 e os 16 anos eles passam por um período de rebeldia e muita confusão interna. Eu me senti tão bem! Seus olhares me deixam tão enternecida. Isso sem falar que caminhamos de braços dados. Bem, digo, um passeio assim é algo poderoso! Sobre morar em um dormitório, ele disse: "Não quero olhar para ninguém por lá, prefiro olhar para você." Não combinamos de nos encontrar. Arrá, quanta palhaçada com Maciek! Zygu ficou feliz por eu não querer encontrá-lo. Vocês me ajudarão, Buluś e Deus...

4 DE ABRIL DE 1941, SÁBADO[†]

A semana toda foi animada, mas, para mim, foi vazia. Sinto um vazio hoje, e tristeza, muita tristeza. Mas descobri que ele veio até a minha casa e isso fez com que me sentisse melhor. E amanhã? Domingo, provavelmente nada acontecerá de novo. Vocês me ajudarão, Buluś e Deus...

---

* Referência à obra *Forefathers' Eve*, de Adam Mickiewicz, trecho de *Great Improvisation*, parte 3: "This song is force and power / This song is immortality!" ["Essa canção é força e poder / Essa canção é imortalidade!", em tradução livre] (traduzida para o inglês por Louise Varese, publicada por Voyages, 1956).

† 4 de abril de 1941 foi sexta-feira.

5 DE ABRIL DE 1941, DOMINGO*

Residência — convite. Ele ficava dizendo: "Xiu, Renia!" E quando eu perguntava: "O quê?", não dizia nada.

Ah! Hoje! "Foi maravilhoso, terno, afetuoso." Eu o vi duas vezes; passamos cinco horas juntos. Fomos ao cinema. Ele segurou minha mão de um jeito carinhoso, tão gentil, e não parava de bocejar. Fez uma cara agradável quando encontramos Maciek. Mas, você sabe, encontrei uma foto dele com uma menina. Z ficou embaraçado. Fui educada demais para perguntar qualquer coisa. Mas sério, acredite em mim, meu benzinho, meu querido, foi incrível. A melhor parte foi com os doces. Ah! Zygu, não consigo nem dizer o quanto o amo.

Supostamente, Z está bravo com Irka por mentir para nós sobre Felek. E também estou. Hoje ele disse que começaríamos a ir ao Castelo — mesmo??? Vocês me ajudarão, Buluś e Deus.

6 DE ABRIL DE 1941

Foi tão incrível, tão maravilhoso e agora passou como um sonho, o conto de fadas acabou. Até então, estava preocupada com este domingo, mas agora, sabe, estou sufocada pela raiva e feliz ao mesmo tempo! Sim, estou feliz por ter estragado o bom humor de sua tarde! Estou feliz de que não aparecerei amanhã na hora do intervalo. Vou mostrar a ele, espere só.

O diabo enviou ele e Irka, e, de todos os dias disponíveis, bem naquele em que eu estava pensando na questão de Irka e Zygo! Estava imaginando os cenários mais bizarros de Irka e Zygu em poses românticas, quando os encontrei juntos à noite. Primeiro quis fugir, mas pregamos uma boa peça com Nora — sorte que este prédio tem duas entradas! Ah! Fiquei um pouco satisfeita! Espera, você acha que o verei abraçando Irka na minha frente enquanto observa minha reação? Vá acariciá-la, caminhar com ela, até a chame por nomes mais carinhosos, mas vou brincar com a sua paciência, tocarei a Nona Sinfonia de Beethoven para que se lembre de mim, seu pateta, para que entenda o que significa atormentar uma mulher ciumenta apaixonada. Sei que Maciek o incomoda. Então vou usá-lo para irritar você. "Sua consciência pode ficar extremamente limpa de ser culpa

* 5 de abril de 1941 foi sábado.

sua eu não estudar." Enfim, não é problema seu. Zygu! Se ao menos soubesse que estou à beira das lágrimas e o quanto o odeio neste momento. E com que prazer me vingarei de você, mesmo que doa muito. Agora, Deus Todo-poderoso! Estou desesperada, não sei o que escrevo e quero tanto que já seja amanhã!!! Ah, Bulczyk, se soubesse do meu sofrimento e do meu ódio!! Vocês me ajudarão, Buluś e Deus.

12 DE ABRIL DE 1941, SÁBADO

Esta semana foi, de certa forma, agradável e vaga e também me senti assim — um pouco confusa, estava com um humor mais ou menos. Irka não parava de me desdenhar, mas percebeu que não estava dando em nada e quase explodiu. Enfim, ela está flertando com Z. Por qual razão — não faço ideia. E ele? Não sei (está sempre falando mal dela na minha frente). Você lembra?

No domingo, fizemos planos com Z de ir ao cinema e Irka sabe, porque lhe contei e ela gostaria de tentar se infiltrar. Até agora estou dizendo não, mas estou furiosa. Tento com todas as minhas forças não demonstrar, mas com pouco sucesso. Irka, na verdade, disse a ele que está procurando amor, que sente falta de alguma coisa. Tudo muito bom, entendo, mas preferiria que ela procurasse em outro lugar, e não com Z. Todo mundo sabe sobre nós agora, incluindo alunos, professores e até a Sra. Polak que nos viu de longe, mas eu não.

Amanhã temos uma noite com a minha leitura de poesias. Não me sinto feliz com isso; estou muito encabulada. E, depois, haverá uma festa. Não estou muito no clima de festa. Não sei; tenho medo! Sinto um medo absurdo de qualquer festa. Não, não estou no clima e preferiria ir ao cinema, mas — com ele, muito obrigada por todo o resto. De qualquer forma, ele que se vire. Você sabia que hoje é um

dia santo — dia santo — dia santo
não como outro dia qualquer

Em meu desespero, tentei encontrar alívio em aforismos e comecei a escrever sobre o assunto.

De que vale o amor
se é preciso se preocupar?
Sem alegria, o amargor
apenas carrega
Da terra cada pormenor
causa muito penar
De que vale o amor
se é preciso se preocupar

Você sabia que todo mundo acha que nós já... ha ha ha. E eu poderia dizer algo a respeito. Entendo, mas, bom, ainda estou ridiculamente assustada com o amor e com a festa de amanhã, mas... Vocês me ajudarão, Buluś e Deus.

13 DE ABRIL DE 1941, DOMINGO

Supostamente haveria uma festa. Mas! Isso não foi melhor do que cem bailes normais? Melhor do que girar em círculos em um salão lotado? Não ter deixado Maciek e Poldek me segurarem lá após gritarem "autora, autora" e ir para longe de braços dados com meu maravilhoso Zyguś? Ouvir suas palavras carinhosas, me sentar no cinema com ele (e quase, quase, ah...) e voltar para casa à meia-noite? Não foi? Não foi melhor?

Eu realmente deveria parar de me preocupar com coisas bobas. Afinal de contas, tenho provas concretas de que Z me ama (*mein Liebchen was...*). Arianka ficou na festa. Uma noite maravilhosa, incrível, sensacional. Vamos torcer para que essa semana nós finalmente... oh! Buluś, de verdade. Z foi embora da festa porque estava com ciúmes de mim.

17 DE ABRIL DE 1941, QUINTA-FEIRA

Na verdade, nada aconteceu hoje; nem hoje, nem ontem. A vida segue como de costume, isto é, nos encontramos de vez em quando, caminhamos de braços dados (não sei mais caminhar de outra forma), conversamos, cantarolamos e somos muito felizes juntos. Digo, acho tudo muito ah, maravilhoso, angelical, doce. E ele? Deve achar o mesmo, caso contrário não faria planos de ir à festa no dia 1º "para pertencermos apenas um ao outro", como Maciek falou.

Não paro de pensar, lembrar e sonhar, fico sonhando acordada na escola o tempo todo. Não consigo aprender nada, não consigo falar sobre mais nada além dos momentos em que Z diz: "Não tenha medo, estou aqui" ou "Tivemos uma noite tempestuosa", "Ainda são 23h30". É estranho... Todo mundo acha, ninguém nem duvida que nós já... Mas, na verdade, ainda não, embora seja como se já tivéssemos. Um dia estava chovendo e cada palavra foi expressa por meio de mãos, têmporas, com lábios e testas, em sussurros, ah! Fico toda arrepiada. Não sei... Não acho que... Ele não seria tão educado a ponto de me agitar ao máximo! E por que estou escrevendo hoje? Porque está chovendo e todo mundo caminha arqueado, e há uma comoção com minha Mãe que nem eu consigo entender e estou me sentindo fraca, mas ainda muito segura, pois... Nora me diz que eu "deveria estar feliz". Para ser feliz preciso de Mamãe e de sol (e do primeiro filho). Tenho essas tremedeiras, mas não é só de frio. "Meus olhos estão enevoados?"* Ah! Sou um animalzinho, bem...

Às vezes chegam esses momentos
em maio, na primavera em especial
quando, como belas borboletas, os pensamentos
voam distante, de forma desigual
Nas árvores elas se balançam gentilmente
com a tranquilidade de maio a exaltar
Entusiasmadas e encantadas excessivamente
buscam aquele distraído olhar
Olhos anuviados, de saudade carregados
E então, como um sinal de cuidado
Com força interrompe seus pensamentos um brado
Nunca o alcançando, é claro
Você está entre as nuvens na amplidão
nuvens que são como um toldo rosado
passeando por verdes campos, não diga não
vendo em todos os cantos esse olhar marrom
Olhos anuviados, de saudade carregados

* Provavelmente uma referência à valsa de 1931 intitulada "Mały pokoik" (Pequeno quarto), com letra de Tadeusz Kończyc e música de Wiktor Krupiński.

18 DE ABRIL DE 1941, SÁBADO*

Não fizemos planos para essa festa nos correios, mas nos encontramos na rua (que ótimo) e fomos juntos. Dancei um pouco com Julek B. e uma vez com Zygu. Eu me senti fraca, então fomos embora.

Z estava incomodado hoje, mas não quis me dizer com o quê. Foi tudo muito bom durante a caminhada. Primeiro ele estava apático, mas então se animou e não conseguíamos nos despedir no meu portão.

Comparecerei à policlínica por causa do dedo quebrado e falarei ao pai que foi causado pelo sadismo do filho.

Rena, estude! Desperdiçamos momentos preciosos em frente à farmácia. Uma despedida muito boa, arrá! Estou com sono, mas me sinto um pouco confortável, isto é, bem, porque o verei amanhã às 18h. Deveria? Vocês me ajudarão, Buluś e Deus!

19 DE ABRIL DE 1941, DOMINGO†

Estava esperando na sacada, Zyguś chegou, tra la la!
Saímos para uma longa caminhada, depois ao cinema, tra la la!
Minha mão tinha um tamanho tão reduzido
ao lado da dele mal dava para ver
Então Zyguś, ó, tão polido
cobriu-a com a sua para proteger.
E como não sinto desprazer
mas tenho certo tormento moral
Zyguś prometeu se conter
Nunca me coagir ou fazer mal.
Não será classificado como marido inferior
Como aquele do filme ou mais perverso
Ele lerá meus poemas em meu louvor
Ele agora vive e respira verso.
Vem, poesia, deixe-me segurá-la em meus braços
Vem, queridinha, esqueça toda a briga

* 18 de abril de 1941 foi sexta-feira.
† 19 de abril de 1941 foi sábado.

Alarme soando, olhos cheios de cansaço
Me libertarei da prosa da vida.

Zyguś, meu marido. Ele tem uma barba sedosa -- quem diria? Mãos macias, bom, é tão agradável acariciá-las de leve. Tem um doce, que Z morderá primeiro. É por isso que ele "não seria capaz de dormir ao meu lado". Nem entendi o filme; era só Zygu! Zygu! Zygu!

Sou tão idiota, estava pensando na minha situação — e na de Nora, imaginando que a dela talvez seja melhor! Mas amo meu amado e estamos juntos, e posso tocá-lo e falar com ele. Só isso, mas já é muito. Devo continuar torcendo por ele e lhe dar um mascote para o exame final. Mas ele ainda precisa estudar mesmo assim. Amanhã na escola. Tchau, querido. Mamãe, se ao menos estivesse aqui e pudesse ver tudo. Vocês me ajudarão, Buluś e Deus... Vocês me ajudarão, não é mesmo?

26 DE ABRIL DE 1941, SÁBADO

Que sábado. Dois dias que ele não foi para a escola. Maciek tentou alguns esquemas! Mas o quê?! Bobeira.

Irka começou a flertar com Waldek como louca, então falei para ela que ele tinha uma paixonite por mim. Fiz como uma mulher de verdade. Afinal de contas, só gosto um pouco de Waldek e não me importo com ele realmente. O mesmo se aplica a Maciek, mas mesmo assim!

Hoje eu o vi... E depois ouvi um trecho de uma conversa entre Julek e C.G.: "Estou impressionado com Zygu." Não sabia, mas meu instinto me disse que estavam falando sobre o amor de Zygu, ou melhor, sua afeição por mim. Isso me irritou tanto que cheguei a ficar com dor de cabeça e de muito mau humor. Sinto, no geral, que não sou digna de Zygu, essa é a verdade... Mas quem é? Ninguém! Não há menina que tenha tantas virtudes quanto ele e que o amaria tanto quanto eu. Enfim, isso me preocupou. Mas, de fato, o que me importa o assombro de Julek? Ele que fique, por que não? Ah, estou sendo boba e é isso. Se Z quisesse, poderia me encontrar, mas não importa. Sou eu que amo mais; tudo o que quero em troca é um pouco de afeição, não um amor tão grande quanto o meu. Fico feliz com isso — é tão pouco, mas tanto ao mesmo tempo! Na verdade, fizemos planos para hoje no domingo passado. Mas nada muito preciso. Por acaso sei o que vai acontecer? Vocês me ajudarão, Buluś e Deus. Duvido que nos encontremos.

27 DE ABRIL DE 1941, DOMINGO

Céu triste e um dia meio sombrio
Meio chuvoso, desdenhoso, escorregadio

Mamãe, em um dia como o de hoje seria bom ter alguém, alguém próximo do meu coração, querido, amado e carinhoso. Só poderia ser você. Mamãe, estou tão triste. Você sabe, às vezes invento desculpas para Zygu. Por exemplo, ele não me abordou e eu disse que foi porque não podia; não veio me ver e eu disse que foi porque estava acanhado (é verdade que fica encabulado com facilidade!). Mas, no fundo do meu coração, acho que ele... bom, não sei. E finalmente, hoje, Vovó começou a falar sobre isso. Sim, Vovó tem um bom argumento, mas sua abordagem é muito antiquada. Pobrezinha, a querida Vovó se atrapalhou ao tentar me ajudar e acabou apenas dilacerando meu coração já machucado. Levará algum tempo para sarar. E será que ficará curado? Agora sei que J e T decidiram interferir em nosso amor. Ah! É tão cruel, essa briga e esse dia. Não sei por que o dia de hoje parece tão sujo.

Não sei por que hoje está tão miserável
Tão nublado e tão lastimável
Por que há tantas horas amargas?
Seria por causa das minhas lágrimas?
Tudo é insípido
Tão vazio e tão insociável
Gostaria de escolher um indivíduo
Para conversar e não me sentir descartável
Gostaria de ser de alguém
A pequena filha amada
De sentar na guarda de mamãe
E sorrir ao lado da lareira antiquada...
de ouvir histórias, desenhar
de sonhar esse sonho lindo

de não saber o quanto a saudade é de matar
em um dia como o de hoje intervindo...

De não saber que pode ser tão miserável
De não saber que pode ser tão lastimável
Por que há tantas horas amargas?
Seria por causa das minhas lágrimas?

28 DE ABRIL DE 1941

Vi Z hoje. Algo me dizia para me fingir de ofendida, então foi o que fiz, mas derreti completamente assim que ele me olhou. É bom. Mesmo com aqueles idiotas me fazendo duvidar, não é nada.

Houve um baile na casa de Irka hoje. Quero dizer, não era um baile, mas os meninos da nossa turma levaram um gramofone e nós dançamos. Foi muito bom; me diverti. E foi Irka quem me contou que Krzyś tinha uma paixonite por mim! Isso me surpreendeu muito, então comecei a observá-lo e é muito possível...

Major perguntou quantos meninos já seduzi, se foi uma meia dúzia. Eu disse apenas um, mas não é verdade! Krzysiek é um menino muito bonito e inteligente, mas isso não significa nada. Tenho Zygu; amo Zygu. Bom, ele também é um pouco sortudo. Vejamos o que acontecerá nos próximos dias... estou esperando, Z. Zyguś, chegou a hora. Vocês me ajudarão, Buluś e Deus.

29 DE ABRIL DE 1941, TERÇA-FEIRA

Terça-feira! Muito alvoroço na escola hoje com Zygu, com Ewa, com a carta etc. Zyguś tentou se explicar, disse que seriam apenas dez minutos. Isso me fez querer rir. Quando lhe contei que dancei ontem, ele ficou bravo, furioso. Há algum tempo não combinamos de nos encontrar. Você sabe o quanto sou sensível em relação a isso e, então, a terrível pirralha Arianka diz: "Faz um tempo que você não sai com Zygu." Então eu disse a ela que estava ocupada estudando, para o qual essa velha presa no corpo de uma criança respondeu ironicamente: "Imagino." Arrá!

Ninguém se importa comigo em nossos círculos. Um amigo da escola técnica me abordou hoje perguntando se eu queria ir a uma festa e que, se quisesse, conseguiria um convite para mim. Entendeu? Vou perguntar a Z se ele quer ir, caso contrário recusarei. Meu maravilhoso, bondoso, doce e querido Z.

Estávamos na cidade com Irka e uma professora da escola. Waldek me acompanhou até em casa, ele realmente faz... isso e aquilo. E sou uma menina comum, por que mexo com sua cabeça? É instintivo.

Norka está triste. Fomos visitá-la. Ela ficou mal depois do baile de ontem. Está acamada, chorando, preocupada. Três festas como essa seguidas poderiam acabar com ela. Pobre Norka, sinto muito por ela. Parte disso é culpa dela mesma, porque se exclui, mas como não faria, já que perdeu a fé em sua própria felicidade e popularidade? Acredito que isso melhorará com o tempo, já que as feridas cicatrizarão, mas, nesse ínterim, sei o quanto é difícil. Deus, por favor, faça com que tudo fique bem para ela novamente. Escreverei se algo acontecer, mas até agora nada... Vocês me ajudarão, Buluś e Deus.

30 DE ABRIL DE 1941, QUARTA-FEIRA

Sou a mais infeliz dos infelizes. Por que todos esses problemas me acometeram em um dia? Por que esses dois cartões postais da minha Mãe? Por que não a verei? Por que Zygu combinou de levar Irka a uma festa? Por que ele quer me magoar (contarei mais tarde)? Sabe, irei de qualquer forma. Permitirei minha tortura. Não posso simplesmente desistir.

A vida é uma batalha
O mundo, um campo de guerra
Lutarei mesmo que
Não acredite na vitória

Ou talvez não devesse ir? Vocês me ajudarão, Buluś e Deus.

Ah, se ao menos você falasse.

23H!

Ainda bem que fui. De certo modo, Z estava com um humor mais ou menos por minha causa. Dançamos um pouco; dancei o jive com Krzysiek e um pouco mais.

Maciek tem uma namorada agora. Poldek também está apaixonado e me sobrou Z, embora ele não tenha certeza sobre mim e nem eu sobre ele. Ah, tantas preocupações e problemas, mas até isso tem seu charme. Vários casais dançaram juntos, mas não sei por que as nossas danças pareceram pouco naturais. Talvez porque Zygu também dançou com outras. Enfim, sinto muitos ciúmes, Z também, um pouco. Ambos sofremos (suponho). De Irka! Até de Irka, isto é, não apenas dela, mas fico com ciúmes quando ele demonstra interesse por ela. Ele me disse que quer que Irka compareça no sábado. Se isso acontecer, ele também irá? É isso? Como ele disse, P. e M. estão comprometidos, meu reserva da escola não virá, então não sei como será a festa. Talvez eu não deva ir... Talvez nos encontremos amanhã. Bom, veremos... Será que vamos nos encontrar em algum momento desses três dias de folga? Eu gostaria; sinto saudades dele.

Z se lembra da última vez que nós... Então ele também se lembra. Realmente gostaria de me apaixonar por muito tempo... Zyguś, quero sair com você... Vamos... Vocês me ajudarão, Buluś e Deus.

1º DE MAIO DE 1941, QUINTA-FEIRA

Mamãe, seria tão agradável, portanto
Descansar em seus braços e chorar
Chorar até cessar o meu pranto
ou até desencarnar.
Morrer ou dormir
Com toda a beleza da mocidade
E unir nossas almas para sempre de verdade
E unir para sempre na paz e na alegria
Navegar silenciosamente para um refúgio
Sem lágrimas ou despedidas...

Mamãe, pobrezinha, minha pobre e querida alma. Sozinha entre pessoas estranhas... Olha, pela janela vejo um menininho abraçando sua mãe, e sinto tanto pesar, pois também queria abraçar alguém, e reclamar, estou tão aborrecida, Mamãe, tão aborrecida... Por quê? Por que essa bolha explodiu? Por que a primeira alegria me deixou tão triste, me fez chorar tanto? Sabe, chorei hoje, ah, chorei por muito tempo — do fundo do coração... Sabe, o amo no fim das contas, e ele... tenho esperado por muitos meses, sim, e pensei sobre esse sonho primaveril como algo sagrado, muito maravilhoso. E ele, ó, Deus! Que sórdido! Então é por isso que ele é todo tímido e recatado!? Hoje, na marcha... mas me diga, por que foi desse jeito? Não vou me impor a você de forma alguma. Não! Nunca darei mais um passo, nem meio, para quê? Não, Zygu, não se preocupe, mesmo que eu sofra, vou sair do caminho. Ah, não! Não irei à festa no sábado nem a qualquer outra festa; nem tentarei encontrá-lo. Não é verdade que está fazendo isso por amor. Ou talvez seja por ciúmes? E hoje é 1º de maio. O primeiro dia do mês do amor e eu, que acreditei tanto em maio (afinal, tínhamos um combinado) naqueles três dias, devo chorar hoje. Tem uma coisa, uma coisa que me incomoda: o que foi tudo isso, pois não acho que tenha sido nada. Ah, sei. Eu sei como era, e fui gentil também. Se ao menos eu o impressionasse, então... Não estou dizendo que não estou apaixonada, mas também não vou me impor.

Não chore meu coração desgostoso
A flecha que o fere não o matará
Seu bater deve começar desejoso
Embora eu não queira que isso aconteça
Acontecerá
Suas lágrimas impotentes agora pode chorar
Mas elas não farão com que de você tenham mais compaixão
Depois o roubarão e seus medos irão dobrar
Já que não aprendeu antes sobre os cidadãos...

O fogo-fátuo o iludirá
e o subjugará à sua vontade
você o persegue — ele foge
colorido
Encontrei um coração
em uma estrada de fronteira

um biscoito de coração
fresco, quente e adorável
uma obra-prima em forma de coração
aplaudindo de alegria
pelos campos corri
antes de sair da estrada de fronteira
o coração se perdeu, desapareceu
Então chorei amargamente
E suspirei com um grande pesar
Deveria procurar um novo coração
Ou aquele que eu tinha buscar
Eu não sei
Mas por que estou de luto
Por que tenho lágrimas cadentes
Antes de encontrar um coração
Ele era inexistente
Eu o encontrei, e o perdi — acabou
Inspecionarei meu juízo
E direi: "Faça com que tudo seja despreocupado de novo
Como fora desde o início..."
Mas minha testa ficará franzida
Como nuvens pairando sobre o chão
Porque eu tive aquela conversa franca
E senti seu calor em minha mão
Tinha um perfume tão sedutor e adocicado
Seu pulsar pensei ter notado
E é por isso que tenho chorado
Por isso toda dor e desgosto
Por ter finalmente um coração encontrado
E tê-lo perdido de novo

Bem, veremos, estou apaixonada e ele... Vocês me ajudarão, Buluś e Deus.

3 DE MAIO DE 1941, SÁBADO

Deus! Só você sabe os tormentos que passei nos últimos dias, que tortura, não se pode descrevê-la ou recontá-la, deve ser experimentada para ser compreendida, mas é melhor não entendê-la ou experienciá-la. Não fui àquela festa, mas a que custo! E ele, não sei, talvez esteja se divertindo, talvez esteja dançando alegremente, talvez nem tenha pensado em mim? Vocês me ajudarão, Buluś e Deus.

8 DE MAIO DE 1941, QUINTA-FEIRA

Gostaria de lhe contar tanta coisa, tanta coisa — nada. Gostaria de falar com você, mas sobriamente, sobre o estado de minha alma. Sabe, estou com saudades terríveis da minha Mãe; sinto que essa minha emoção está se intensificando, ficando mais poderosa. E não sei dizer quanto tempo mais ficaremos separadas. Preciso tanto de alguém próximo, alguém que cuidaria de mim, um amigo — uma mãe... E hoje eu a vi, ela chegou à noite, estava doente, sofrendo. Ao ir embora, disse: "Renuś, chegarei no dia 25 de junho", falou que viria, então estou esperando... esperando que esse sonho simbólico se realize. Então talvez ela venha, porque Sua alma estava comigo.

Estou terminando de escrever à noite, porque Norka me interrompeu. Não escreverei o que queria, pois no caminho encontrei "Ele". O senhor e mestre do meu coração e alma, o mago cujo olhar, cuja palavra ou cujo sorriso me transforma em outra pessoa. Sucumbo ao seu charme como alguém que sucumbe a framboesas venenosas sobrenaturais, como alguém que sucumbe a uma rosa cheia de espinhos, porém deliciosamente perfumada. Então eu a pego e, embora me machuque, embora faça meu coração sangrar, sinto que não posso desistir, porque seus espinhos infiltraram meu ser, porque, se removê-los, morrerei...

Achei que já era *pro forma*, como Olga escreveu. Que é o fim e que o chão está desabando debaixo dos meus pés. Mas agora sinto que não, ainda não, ainda não chegou no máximo, então por que estou pensando no fim? A caminhada de hoje, e tudo o mais, não foi próxima — mas ainda muito delicada, como o aroma de um perfume no ar que sentimos intuitivamente. Acho que amo mais do que todas as meninas que conheço. Olga está apaixonada, delirante, ama com propósito, ama um ideal. E amo cem vezes mais, para mim qualquer menosprezo é um enorme machucado sangrento, estou inquieta, angustiada, desesperada... Eu o amo e apenas ele, um ideal incorporado que não encontrei por acaso e que se tornou o meu ideal... Eu amo, eu amo... Há tanto para estudar agora, não há tempo... Vocês me ajudarão, Buluś e Deus.

Eu amo porque existe maio
na Terra em acordes de flores
o mundo em volta é rosado
as almas são cheias de amores
Eu amo porque ele é uma maravilha
E tem força e determinação
Ele derrubou os obstáculos
E escalou a alta torre do meu coração
Eu amo porque tenho uma vontade
De gritar com cascatas de sentimentos
Porque não mais pararei
A fisgada do amor e o alagamento
Eu agora sei por que amo
uma cabeça tão altiva
e os olhos, os lábios, ó, os lábios...
Eu amo porque isso me motiva!

10 DE MAIO DE 1941, SÁBADO

Vida longa a maio! Estou sentindo novamente. Fomos ao cinema e nos sentamos bem enroscados, testa com testa, e... entende? Z: "Bem, deixaria você ir para a guerra", "Como serão os nossos jovens?", "Estaremos em Lviv juntos...", "Você irá a Lviv comigo?" E ele queria fotos minhas; disse que deve levá-las junto, porque só terá memórias e fotografias. "Veja bem, também sou pobre", com toda a intimidação...

Z gosta de analisar meus poemas, sabe a ordem em que estão e ameaça publicá-los. Geralmente ele é esplêndido e o amo! Tanto que chego a sufocar...

Não nos encontraremos amanhã, mas estaremos "rindo" entre as provas. Vocês me ajudarão, Buluś e Deus.

ONTEM...

Toda vez é tão parecido... sempre mais leve, mais próximo, e agora parece uma paz, uma paz alegre que foi semeada em mim. O que resta são memórias, algo intangível, que, mesmo ontem, eu seria capaz de resumir em uma palavra, um olhar, em... memórias engraçadas, queridas, levemente provocantes... (foi ele que me acostumou a tais visões, obrigada). Ele caminhou com meu cachecol e ainda não temos uma casa, enfim, tudo gira em minha mente. Como será mais tarde?

13 DE MAIO DE 1941

E como será depois...? Ah, maio! Como esse mês é embriagante, mas talvez apenas para mim? Minha vida inteira está crescendo internamente, todos os 17 anos. Todas as emoções se acumulam em uma pilha de folhas secas e esse maio também, é como combustível derramado sobre essa pilha... E está crescendo, crescendo, apenas uma faísca fará tudo explodir, chamas subirão até os céus, aquecerão e enlouquecerão como meu amor há tempos aprisionado, suprimido, contido. Que haja incêndio, calor, fervor. Que o coração, o cérebro, a mente e o corpo peguem fogo, que haja apenas conflagração e calor — e desejo de lábios quentes e vermelhos como o fogo, desejo como hoje, como depois... como sempre. Desejo! Droga.

Perdi a cabeça? Logo teremos provas, restam apenas três dias antes do final do período! E não aprendi absolutamente nada, estou divagando, sonhando acordada, ruminando... Não estou estudando nada para as provas. Simplesmente não consigo! Os olhos de Zygu são verdes, mas seus lábios são os mais bonitos. Que lábios incríveis!

As luzes nas casas estão todas apagadas
E os alto-falantes foram silenciados
As lojas e as barracas estão fechadas de novo
Chegou ao fim o dia abafado...
O som cadenciado dos passos desaparece
E a noite do silêncio, a noite da escuridão
Deixa sua marca sobre a urbanização
a cidade sua hora de dormir reconhece
E por que maio nos fere inteiramente

e faz novos rasgos em corações não curados?
por que desperta e acorda o amante
por que queima em olhos, ainda carregados
do desejo de abril — por que, na escuridão
maio conquista nossas almas por coerção
quando as noites brilham com poeira estelar
embora a mente possa pensar "não"
os lábios sussurrarão "eu devo, apesar"
Por que este maio de campos verdejantes
Se mistura com os olhos mais adoráveis que já vi de modo constante
por que incha em meu peito, embriagada e tonta fico
por que, se é tão torturante
ainda digo que necessito

Como sou boba, por que me importo? Este mês de maio não será bom de qualquer forma.

18 DE MAIO DE 1941, DOMINGO

Na sexta-feira, depois da aula, Zyguś me acompanhou até em casa. No sábado, havia uma fila com Irka, Zygu e Maciek. Você sabe que sinto algo por Maciek agora, não posso dizer que o detesto, mas de certa forma parece que ele está tirando Zygu de mim. Às vezes acho que ele é tolerável, mas às vezes o acho horrível, sórdido, capaz de qualquer coisa. E Z está sob sua influência.

O ano escolar acabou. Passou mais rápido do que qualquer outro; passou, caiu no esquecimento, pois foi repleto de amor. E o ano escolar acabou — uma pena... Confesso que isso não mudará o amor, mas ainda assim, era algo que nos conectava de forma legítima, algo que compartilhávamos, que se relacionava a ambos igualmente. Bom, mas não podemos dizer que apenas a escola nos unia, ela o fazia, mas era o amor acima de tudo.

Irka me contou que a mãe de Z disse que ele está apaixonado, que não parece bem, que ela não sabe o que está acontecendo com ele. Ela também está muito interessada em saber sobre mim, ver minha fotografia etc. Então, finalmente, alguma prova real e tangível de que Z está apaixonado. E pensei nisso tantas, tantas vezes, sobre sua mãe. Gosto dela, a amo pelo que disse, e também amo minha querida Mamãe, a melhor e a única. E não estou me preparando nada para a prova; não sei como será. Vejo você no dia 4, feliz ou de olhos marejados. Bem, até o dia 4, a não ser... mas duvido. Rena. Vocês me ajudarão, Buluś e Deus.

Não consigo aguentar. Querido Diário, sinto muito a sua falta. Não consigo dormir porque é como se estivesse aguardando duas provas e meia: uma de Zygu, uma minha e meia de Arianka. Nunca pensei que poderia me preocupar tanto por outra pessoa. Zygu é extremamente bondoso comigo e, depois, terrivelmente ciumento por razão nenhuma.

16H

Não, não estou escrevendo a data, para quê? Eu não deveria escrever até o dia 4. Z ainda está fazendo suas provas, e estou tão nervosa que não durmo à noite, não me importo nadinha com as minhas próprias provas — não estou estudando. E hoje, Deus, Deus! Por que estou tão triste hoje, por que fiz aquilo com Z quando ele veio? Estou terrivelmente brava. Não brava — triste. Nem sei o porquê! Que idiota eu ter ficado por três horas esperando o resultado da tarefa. Aquelas meninas da pensão gritavam: "Ela!" Por quê? Porque ele me acompanhou na volta e Stefa ficou com raiva pelo modo que Krzyś (seu amor) e Waldek assobiaram "Chopsticks" debaixo de minhas janelas. Mas por que estou contando tudo isso? Provavelmente para descrever o trágico estado de minha alma. Examine você mesmo o que mais poderia ter me deixado tão — arrá, talvez esse estado mental ruim, estou passando por uma fase em que devo admitir que sou terrível, totalmente cruel, mas seria a decepção de não ter ido muito bem em minha tarefa?

Eu iria muito longe
e deixaria as pessoas para trás
Talvez a quietude de um maio ensolarado
me acalme
Talvez uma brisa sutil
Esfrie meu temperamento mordaz
Não, claramente não consigo encontrar uma mirada
Não consigo procurar os olhos de alguém?

Ir longe, dormir em uma trapalhada
deixar que o tempo voe
Decolar terra acima
E seguir uma aspiração
Tornar-me uma brilhante sombra perfumada
um fino fluxo de concepção
e como a névoa de um devaneio
espalhar-me pelo céu infinito
acariciando sonhadoramente com sorrisos
para sumir com um suspiro
Ó, ser uma nuvem de pensamento
azul e rosado
de tom branco leitoso e alaranjado
tomando a palavra e o olhar
para embora voar
e para um doce sonho de maio completamente me tornar...

22H

Tive a noite de maio mais maravilhosa. Talvez a primeira noite romântica de maio e da minha vida. Subimos bem alto na colina pelas trilhas. O San estava fluindo debaixo de nossos pés — poderoso, bruxuleante, vermelho ao pôr do sol. E o sol vermelho e levemente obscuro descia lentamente no céu. Conversamos muito, de forma agradável, e sei que nossos espíritos estavam tão conectados que não tenho certeza se algum contato físico poderia nos aproximar mais. É difícil lembrar sobre o que conversamos. Só sei que, quando mencionei algo sobre sua reputação, ele respondeu: "Então não gostaria de ter um marido famoso..." e depois disse mais alguma coisa e ficou muito confuso (passaporte, você não quer vir até mim, não consegue nem se controlar, muito sobre olhos).

Bondoso e adorável Zyguś, embora fique bravo comigo pelo meu medo de cachorros e diga que estava disposto a me dar um tabefe, ele é perfeito em absolutamente todos os aspectos.

Estou realmente sem palavras, então imagine o silêncio, a folhagem, maio, o pôr do sol e os fogos de artifício, e nós dois, apaixonados.

Mas Zygu ainda está me testando em relação a Maciek; ele ainda não acredita em mim? E aquele coração disparado? Não acredito mais tanto nesse poder: "A união de nossas almas não é digna da união de nossos corpos?" Vocês me ajudarão, Buluś e Deus.

Belania idiota e estúpida! No fim das contas, essas meninas são superficiais e vulgares! Ela me perguntou se ainda não enjoei de Zygu. Ela enjoa dos alunos porque não pode conversar com eles — e a condessa se retira.

Apesar de tudo, vejo que sou mais profunda que elas, realmente não troco de amor como troco de lenços, sou incapaz de falar sobre isso de modo frio e cínico. É nojento, repulsivo! Amar verdadeira, apaixonada e honestamente, é nisso que acredito, e apenas nisso! Tenho pavor de química.

O passeio de hoje foi — ah, não vale a pena falar. Houve companhia, e sempre me sinto pior assim. Admito que estava com um pouco de ciúmes, mas Zygu ficou cem vezes mais quando Maciek se aproximou, pois realmente tinha mais motivos para isso. Enfim, descobri como eles analisaram meus poemas (sobre aquela explosão, sobre azul), arrá, aquelas mãos dadas e a "Marcha Nupcial" de Mendelssohn novamente. E aquelas duas vizinhas com quem se hospeda, menino doce, delicado, enfim, existe algo muito cordial em relação a ele. Os entardeceres e as noites estreladas são bonitos, dá vontade de ter alguém, de falar alguma coisa. O quê? Por que não... Zyguś? Estou principalmente interessada em poemas agora.

4 DE JUNHO DE 1941, QUARTA-FEIRA

Feito! Eu deveria pular de alegria! Tudo correu bem, passei em tudo, embora não tenha estudado tanto. Muito que bem, o fim de ano está chegando, três longos meses de férias, e também de vazio. Não sei, tenho uma sensação constante de que algo fugiu de mim, que alguma coisa acabou. Estou com um humor tão estranho que não sei o que fazer comigo mesma.

Zygu foi incrível ontem. Ficou tão feliz quando me deixei ser acariciada por ele, mas não por M! Porém, tem algo estranho nesse Z, algo diferente dos outros meninos. Por um lado, isso é muito bom, por outro — um pouco ruim... Sabe, continuo esperando acontecimentos, esperando e esperando que o sonho se realize e, se sumir, então — irei para Horodenka — só eu sei, com certeza sei que desejaria algo extremo... Zyguś! Vocês me ajudarão, Buluś e Deus.

10 DE JUNHO DE 1941, TERÇA-FEIRA!

Zygu fará sua última prova amanhã! Para celebrar, usarei meus novos sapatos azul-marinho.

Hoje conversamos sobre isso e aquilo, e tudo. Sabe, não consigo mais escrever conversas inteiras, não importa. De qualquer forma, não dá pra escrever tudo como é.

Z está com dor de garganta, falou que devo recomendar algo ou apenas dizer alguma coisa e tudo ficará bem. Houve fofoca sobre Salcia e Krela. E que ele tem um jeito de me influenciar e muitas, muitas outras coisas boas. "Bem, o que devo fazer com você?", disse ele duas vezes. Eu queria perguntar se iríamos ao cinema amanhã, mas fiz de um jeito tão estranho que não consegui pronunciar uma palavra. Z acha que Deus sabe o que direi a ele? Eu disse que falo amanhã. Tudo bem, mas o que direi a ele, ele acha... sim, ele acha isso. E realmente gostaria muito de falar isso para ele. Eu o amo, Zygu! Mas não, não posso, então o que devo dizer? O que devo dizer a ele amanhã? Ele fez uma cara tão doce e encantadora... Zygunio, eu o amo tanto! É quem mais amo! E: "O que você preferir" — deixei isso escapar e fiquei muito envergonhada, mas ele adivinhou, a maravilha mais incrível. Eu o amo. Beijos de boa noite. Renia.

Lá vou eu sonhar acordada. Olho os cômodos e penso em como nós dois viveremos lá. É um sonho, um conto de fadas, mas todos temos o direito de sonhar. Vocês me ajudarão, Buluś e Deus.

11 DE JUNHO DE 1941

Zygu passou em sua última prova! Ele foi tão incrível hoje! Muito, muito doce e muito encantador. Quero lhe dizer algo no fim das contas. Não! Honestamente, hoje Zyguś foi de um jeito que nunca tinha sido antes. Nada mais vindo de mim!

17 DE JUNHO DE 1941, TERÇA-FEIRA

Não vejo Zyguś há tanto, tanto tempo! Eu o vejo, mas ele está preocupado com sua formatura o tempo todo. Amanhã é a formatura e... meu aniversário. Farei 17 anos. Conversaremos amanhã. Na verdade, já sei que não estarei feliz, pois não verei Zygu. Hoje traduzi um pequeno poema de

Heine — é um grande alívio, alguns dos pensamentos são tão "meus", por exemplo:

Ambos se amavam, mas nenhum
Queria seu amor assumir;
Se entreolhavam muito hostis,
E de amor desejavam sucumbir.

Por fim se separaram e se encontraram de novo
Às vezes na terra do faz de conta;
Estavam mortos há muito tempo,
*E não tinham se dado conta.**

Entretanto, talvez essa nossa situação tenha um final feliz.

Tenho uma bela coleção de poemas próprios. Irka e Nora a montaram para mim, e sou muito grata por isso. Vou incluir um para Zygu, mas ainda não tenho um esboço. Então elas ficarão um pouco decepcionadas amanhã, especialmente porque minhas pernas incharam e não posso sair... amanhã!?

18 DE JUNHO DE 1941, QUARTA-FEIRA

Irka e Nora me deram um diário lindo encadernado em couro. Sou muito grata a Noruśka e Irka e as amo muito, muito mesmo. Mas para que ela foi escrever que talvez eu seja uma poetisa famosa e a Sra. Zygmunt S.? Se não acontecer... este diário será apenas uma memória dolorosa. Não estou contemplando muito a minha vida hoje, talvez não consiga mais tanto quanto antes; e, de qualquer forma, não vale a pena. Talvez o maior evento hoje tenha sido meu encontro com a família S. Aconteceu por acaso, mas fiquei muito envergonhada, ainda bem que já era noite. Z descobriu na escola que era meu aniversário. Tenho 17 anos. Isso ainda não é tão assustador, mas os 18 são um pesadelo. Não sei por que essa idade tem tanto significado. Então, eu os conheci, exatamente no meu aniversário, bem... Mamãe, isso está certo? É o segundo aniversário sem você. E será que você

* Song XXXIII de *The Book of Songs* (1827) [sem publicação no Brasil]. Incipit: *"Sie liebten sich beide, doch keiner."*

está pensando em mim hoje? Por que eu...? Uma nova fase não começará amanhã, não, continuará a mesma.

20 DE JUNHO DE 1941, SEXTA-FEIRA

Hoje. Sim, hoje. Sabia, pressenti, e só serei capaz de contar a você. Tivemos outra noite maravilhosa. Nós dois sozinhos, de verdade. O sol se pôs, as estrelas começaram a surgir, a lua subiu ao céu, nos sentamos um ao lado do outro e conversamos. E foi tão... Quando fomos embora, estava escuro; não conseguíamos encontrar o caminho. Nós nos perdemos, sim, nos perdemos em dobro, ou melhor: encontramos apenas nós mesmos. Foi tudo tão repentino, inesperado, doce e intimidador. Fiquei sem palavras e extremamente confusa. Ele disse: "Renuśka, me beija", e, quando vi, aconteceu... Ele queria mais depois, mas não consegui, não parava de tremer.

Z disse que gostou muito dessa "desorientação intencional" e comentou: "Podemos fazer isso de novo agora, ou amanhã." Eu me sinto tão estranha e bem. Foi tão leve, indefinível, etéreo, delicado. Houve tantas outras coisas, mas só estou interessada nisto — de ele ter ficado tão próximo de mim, a pessoa mais querida do mundo, e me sinto zonza o tempo todo... Como isso aconteceu? Chega por ora, preciso pensar e sonhar... Nós nos encontraremos novamente amanhã — Z e eu, e você e eu. E será que amanhã também será tão bom e doce...? Vocês me ajudarão, Buluś e Deus.

21 DE JUNHO DE 1941, SÁBADO[12]

Amo aqueles olhos verdes. Primeiro escrevemos dedicatórias um para o outro em fotografias. Usamos a gramática do latim para isso. É um escândalo, foi o que Z disse, e esse escândalo já dura seis meses. Também fomos ao bosque. E mais uma vez foi muito bom. Nós nos beijamos pela segunda vez, isto é, na verdade primeira, porque hoje foi recíproco. Foi muito bom também, mas sabe, não foi ardente ou selvagem, de certa forma foi cauteloso, quase temeroso — como se não quiséssemos acabar com algo que crescia entre nós. Quem diria que falaríamos de um jeito tão "científico"? Vocês me ajudarão, Buluś e Deus.

Zygu quer muito ir a uma festa na segunda-feira, não quero, mas parece que tenho que ir — realmente não estou com vontade! Não gosto desses bailes lotados e abafados. Prefiro ficar debaixo das estrelas, debaixo da lua na escuridão da noite, com meu maduro Zygunio.

26 DE JUNHO DE 1941

Você lembra que, no dia 25 de maio, escrevi sobre um sonho que tive? Sonhei que Mamãe disse que viria no dia 25 de junho. Meu Deus! Não sabia que isso aconteceria. Não consigo escrever. Estou fraca de medo. Guerra de novo, entre a Rússia e a Alemanha.* Os alemães estiveram aqui, depois recuaram. Dias horríveis no porão. A cidade foi evacuada. Você se lembra, querido Diário, do preço que paguei por um breve momento, hoje nós também ficamos... Conceda-nos, Senhor Deus, que aconteça agora o mesmo que antes. Eu lhe implorei, Senhor Deus, para que meu sonho se realizasse, e foi o que aconteceu, você salvou minha mãe, me deu ele e aquilo que esperei por tanto tempo, e agora esta guerra. Dê-me minha Mamãe, salve todos nós que ficamos aqui e aqueles que fugiram da cidade esta manhã. Salve-nos, salve Zygu...

Hoje me acordaram, corri para fora e vi seu contorno. Ó, me lembro bem da última noite de sábado. Santo Deus Todo-poderoso, salve-nos. Quero tanto viver. Eu me sujeito diante de Ti e imploro em nome de todos nós. Salve-nos. Esta noite será horrível. Estou com medo, hoje também foi péssimo. Creio que Tu me ouvirás e não me abandonarás nessa hora terrível. Você me salvou antes, salve-me agora.

Data... nem sei, sábado, uma semana atrás... Para quê? Para que falar, para que escrever? Deus, obrigada por me salvar.

Mas meu coração agora está tão pesado
E velhos pensamentos se dividem na metade
Mas meu coração é mantido em um punho de chumbo
E os pensamentos assustadores são novidade

Agora eu talvez veja Bulus! Não sei o que acontecerá conosco. Dido, creio que nada de ruim acontecerá a ele. Estou apavorada. A cidade quase

* O Terceiro Reich atacou a União Soviética no dia 22 de junho de 1941.

toda está em ruínas. Um pedaço de estilhaço caiu em nossa casa. Foram dias horrendos. Para que tentar descrevê-los? Palavras são apenas palavras. Não podem expressar como é quando toda a sua alma se liga a uma bala zunindo. Quando toda a sua vontade, sua mente e todos os seus sentidos se agarram aos mísseis voadores e imploram: "Esta casa não!" Você é egoísta e esquece que o míssil que não atinge você atingirá outra pessoa.

Querido Diário! Como você me é precioso! Como os momentos em que o abracei perto do coração foram horríveis!

E onde está Zyguś? Não sei. Acredito, intensamente, que nada de mal aconteceu a ele. Onde está, não sei. Bom Deus, proteja-o de todo o mal. Zyguś, meu único, por causa daquela nossa despedida, essa separação parece ainda mais amarga. Trocamos fotografias e cogitamos que poderíamos ficar separados pela guerra, afinal; você estava fazendo planos para o futuro, meu e seu, e eu lhe disse: "Não sei — pode haver uma guerra." Tudo isso começou quatro horas depois do momento em que você me mandou o último beijo para minha sacada. Primeiro ouvimos um tiro, depois um alarme, e então um urro de destruição e morte. Também não sei onde estão Irka e Nora, não sei onde ninguém está.

É isso por hoje; está escurecendo. Deus, salve todos nós, Dido, Zygu. Faça com que a minha Mãe venha e que não haja mais sofrimento, Deus... Vocês me ajudarão, Buluś e Deus.

1º DE JULHO DE 1941[13]

Estamos todos vivos e bem. Todos nós: Norka, Irka, Zygu, meus amigos, minha família. E hoje quero falar com você ainda como uma pessoa livre. Hoje sou como qualquer um... Amanhã, junto a outros judeus, terei que começar a usar uma braçadeira branca com uma estrela. Para você, sempre serei a mesma Renia, uma amiga, mas para os outros me transformarei em alguém inferior, serei alguém usando uma braçadeira branca com uma estrela azul. Serei uma *Jude*.*

Não estou chorando ou reclamando. Já me conformei com meu destino. Só parece estranho e triste. Minhas férias escolares e meus encontros com

---

* N. T.: *Jude* é a palavra alemã correspondente a judeu inscrita dentro da estrela da braçadeira.

Zygu estão acabando. Não sei quando o verei de novo. Todos estão trabalhando hoje. Não há notícias de Mamãe. Que Deus proteja a todos nós.

Adeus, querido Diário. Escrevo isso enquanto ainda sou independente e livre. Amanhã serei outra pessoa — mas apenas por fora. E talvez um dia eu o cumprimente como ainda outra pessoa. Conceda-me isso, Senhor Deus, creio em Ti. Vocês me ajudarão, Buluś e Deus!

3 DE JULHO DE 1941, QUINTA-FEIRA

Nenhuma novidade até agora. Nós usamos braçadeiras, ouvimos notícias aterrorizantes e consoladoras e nos preocupamos em sermos isolados em um gueto.

Ele me visitou hoje! Ouviu? Achei que ia enlouquecer de alegria e... confusão. Ele está trabalhando na clínica, fazendo curativos, então há prática sem teoria. Ele é doce e maravilhoso como sempre. É uma pena não poder ir para a universidade agora. Ele seria um ótimo médico. Mas será de qualquer forma, você verá. Marcamos de nos encontrar amanhã na clínica. Parece um pouco estranho, mas por que não? Mesmo agora que usamos essas braçadeiras — o importante é estar com ele.

A fronteira deve abrir no dia 7, ah, quero tanto que Buluś venha, de todo o coração. Buluś, venha. Deus, traga Mamãe, deixe que fique conosco, independentemente do resultado. Buluś, venha. Zygmunt é incrível. Vocês me ajudarão, Buluś e Deus!

6 DE JULHO DE 1941, DOMINGO

Os dias passam... No outro dia, não vi Zygu — foi culpa minha, sim, minha. Hoje tive que trabalhar (trabalho braçal, é claro), é assim que ganhamos pão, também ganhei batatas, isto quer dizer que tive uma vitória no campo de suprimentos. Estou muito cansada, não tanto do trabalho, mas de sentir falta da minha Mãe e de Zygu. Sinto tantas saudades deles, morro de anseio. Quando? Vocês me ajudarão, Buluś e Deus!

11 OU 12 DE JULHO DE 1941, SEXTA-FEIRA[14]

Não se tem mais noção de tempo agora. Hoje finalmente o vi. No entanto, foi a distância, e Maciek estava lá, então, naturalmente, nada demais aconteceu.

Z está trabalhando na policlínica, trocando curativos, suturando feridas e fazendo outras coisas terríveis; as pessoas o chamam de doutor. Ele me disse para ir à clínica e mandar chamá-lo, mas estou com vergonha de novo e não sei se vou.

Mas que notícia boa recebi! Soube pela prima de Z que ele cuidou especialmente bem do meu caderno de poemas e não deixou ninguém encostar nele. Engraçado — fugi com você e a foto dele, e ele com meu caderno. Z disse o seguinte sobre mim (só escute, vai dizer que não é sobre mim?): "Minha mulher é sutil."

Irka trabalha no mesmo local que a prima de Z e muitos amigos do prédio dele; todos querem me conhecer, sabem que meu nome é Rena e que sou "a mulher de Zygu". Estou incrivelmente envergonhada, porque não gosto de tanto estardalhaço e, principalmente, de ser observada. Vou tentar aparecer por lá, mas duvido que consiga causar uma impressão decente, geralmente sou considerada uma selvagem tosca ou uma idiota. Mas veremos! Mesmo assim, você sempre será meu amigo, e Z também. Vocês me ajudarão, Buluś e Deus.

15 DE JULHO DE 1941, QUARTA-FEIRA*

Hoje foi um dia agitado. A saber: pela manhã encontrei Z, e como? Eu estava vagando pela clínica, vi Maciek e ele chamou Z, que já estava em casa. Conversamos e caminhamos por muito tempo (e, por causa de Z, sem as braçadeiras). Nossa caminhada quase teve um fim trágico; um policial se aproximou de Z, perguntou sua nacionalidade e pediu seu passaporte. Ele disse que era polonês e não tinha passaporte, depois ambos desapareceram. Ouvi que foram à delegacia, então corri como louca até lá e voltei; difícil descrever o que senti, o desespero, o medo, a culpa etc. Tudo acabou bem. Vi Z usando um jaleco médico (que combina maravilhosamente bem com ele) e luvas de borracha.

---

* 15 de julho de 1941 foi terça-feira.

Esse acontecimento, embora muito angustiante, é mais um tijolo na mansão do nosso amor.

À tarde fui à clínica, corajosa como você gosta, e encontrei Z (com poucas complicações). Saímos para uma longa caminhada e foi muito, muito bom. Ah sim, eu lhe dei cigarros e doces, uma fortuna hoje em dia! Esse Z é o mais maravilhoso, o mais amável de todos. Amanhã nos veremos no jardim de M. Z deve me buscar. Então estou esperando... por Z e por minha Mãe (esta é a minha vida). Tchau, boa noite e bom dia, Rena.

DIA SEGUINTE, QUINTA-FEIRA*

Sim, eu o encontrei. Ele chegou com Maciek. M foi embora para ver Julek, e Zygu e eu saímos para um passeio. É bom escrever os detalhes, mas hoje tentarei transmitir alguns fragmentos e pensar em voz alta um pouco, isto é, no papel. Digo fragmentos porque é difícil para mim descrever a conversa de três horas de duração. Sabe, não vale a pena escrever tudo, isso deveria ser filmado, e em cores, para que você pudesse ver o quanto os olhos dele são verdes e seus lábios são vermelhos, o quanto ele aparenta estar mal — mas maravilhoso.

Fragmentos do filme: ele não tem ninguém em qualquer parte de Jarosław etc., pensa na família, também não tem amigos e... amigas, "Ah, sabia que você queria dizer isso" (bem, apesar de tudo não perguntei sobre aquela na foto, mas perguntarei), mais tarde ele certamente seria capaz de me prender e eu não conseguiria escapar dele. Depois, disse que quer me usar para aprender a aplicar injeções e que um dia fará algo em relação ao meu nariz e talvez minha altura. Ele tirou uma mosca do meu olho e, sabe, é até agradável quando moscas caem no meu olho se é Z quem vai tirá-las. Mais tarde, falou sobre o exame final e o que "ele fará comigo" e, no fim — que podemos morrer juntos, de mãos dadas, e dividir um túmulo. O que você acha? Certamente é muito emocionante, mas triste. Se realmente houvesse um túmulo compartilhado como esse, e nós dentro, juntos no último, mas eterno, abraço, e nele as palavras:

aqui jazem aqueles...
que estavam apaixonados

---

* Dado que o dia do registro anterior estava incorreto, o dia seguinte teria sido quarta-feira.

que não serão movidos
por qualquer ordem
que não mais serão separados
que estão unidos pela mão da morte

Sim, mas não agora, agora devemos ficar vivos, lutar, tentar, deixar algo para o mundo. Temos que, talvez... criar felicidade, e depois receber as bênçãos do mundo, de Deus e das pessoas, e partir com uma sensação de dever cumprido. Z, você provavelmente pensa de outra forma — mais sábia. Mas penso dessa forma maternal, como você mesmo diz, porque sou um pouco calma demais. Sim, eu sei, sou como um gato gordo se espreguiçando. Por que sinto essa tristeza agora, um pesar estranho, vago e sem fundamento? — ah, sim, Dido. Então, fora isso, penso neles o dia todo, e à noite também sonho com ambos, minha Mãe e ele. E sei que lhes daria tudo, eu mesma e minha alma, pois sinto que esses dois seres são os que mais amo, sinto que são os mais próximos e mais queridos para mim. Quando caminho por ruas distantes com Zygu (a ironia do destino, não temos certeza se vamos sobreviver, a cidade está destruída, a guerra, a terrível incerteza, as braçadeiras brancas), fico feliz, é bom, e quero agarrar, identificar "alguma coisa", algo que é e não é — mas é. Caminho e vejo olhos verdes incríveis e escuto palavras, às vezes irônicas (porque temos conversas irônicas), e esse mundo normal do qual sei tanto... os horrores da guerra... parece ser feliz para mim. E isso não é só egoísmo (egoísmo, isto é, Zygu e eu), por exemplo: dou risada. Z diz que estou rindo dele, embora saiba que não é o caso, e depois de um minuto falamos ao mesmo tempo. Z: "Ria se lhe der prazer e sempre que puder." Eu: "Não rirei, pois isso o incomoda", e ambos caímos na risada. Com tal humor, queremos que todos sejam felizes, queremos que tudo dê lindamente certo entre Nora e Julek B., Irka e Henek, Arianka e Rysiek, e toda menina com seu amado; queremos que todos esses amores amadureçam e se transformem em casamentos carinhosos e exemplares. "É loucura pensar assim hoje em dia", você acha que não sei que é isso que você quer me dizer, velho amigo? Sim, mas amantes são sempre loucos, pois o amor é loucura, e loucura é vida. Então que seja bom para todos nós, que logo eu possa beijar novamente e que Zygu sempre seja como é agora! Se eu pudesse, cantaria algum hino poderoso para louvar a Deus, o amor e o mundo, mas não posso, então cantarolo em meu coração!

Seja alegre, amigo, e dê risada
dê um abraço no pedestre
sinta-se bem o suficiente e palestre:
"Estou vivendo", isso basta!
E uma estranha multidão se esgueirou
De quentes e úmidos subsolos
Um enxame de rostos pálidos e abatidos
como lâmpadas brilhavam seus olhos
um enxame faminto que desmaia e cambaleia
saiu dos destroços e, veja bem,
Todos caíram em uma estranha e selvagem piração
e riram em uma histérica confusão
e... sentiram-se felizes
veja aquele que sentou em uma pilha de destroços
ele não tem filhos, nem esposa, nem lar
despejou a vodca na boca
e em uma risada descontrolada seu sangue vomitou
se agarrou a todo transeunte:
"Eu vivo, é isso que busco!", urrou.

18 DE JULHO DE 1941, SEXTA-FEIRA

Um encontro. Novamente, parecido com todos os outros, mas ainda distintamente maravilhoso. Zygu quase me beijou na frente de Maciek, e Maciek — na de Zygu. Devo chamar atenção para o fato de que Z está muito bravo. Ele dispensou Arianka, me arrastou para o andar de cima (tão lindo naquele jaleco branco) e depois saímos para caminhar.

Como sempre, falamos de guerra, medicina, elogios e olhos. Sei que ambos ainda estamos esperando, isso pode ser deduzido por suas várias referências. Sou uma covarde terrível. Tento superar, mas é muito difícil. Z está emburrado porque não confio na força de seus braços e em suas asas protetoras. Também falamos sobre o futuro. Sempre fazemos isso, e o que queremos dizer, embora vagamente (pelo menos eu quero), é que falamos do nosso futuro em comum. Desabafei uma coisa muito cruel, isto é, que ele quer se livrar de mim com seu tenso bocejar. Depois ele me puxou para perto de si com tanta força, e tão perto, que... Não sei. Mas quando lhe falei que minha prima estava vindo, bem — ficou muito envergonhado. No passado tínhamos um lugar, mas não sabíamos como, e agora sabemos como, mas não temos um local; e tenho certeza de que ambos estamos esperando. Sabe, é tão idiota, estou repleta de encontros felizes, e eu os amarro na linha cinza da minha vida como pérolas lindas e brilhantes, e as enfileiro todas, iguais, uniformes, redondas, e às vezes elas crescem e lutam, lutam incansavelmente para seguir na direção da principal, da enorme, da mais bonita. É verdade o que eu disse, estou incuravelmente doente, e você sabe bem com o quê, Zygu, porque não me perguntou, apenas riu, e como — divina e charmosamente. Há algo maravilhoso que não posso escrever, é apenas o que sinto e o que tento exprimir com palavras em vão, pois acabaria distorcendo tudo. Z adora crianças, me apresentou a essa criaturinha doce que ele apavora com injeções. Sou grata a Deus por Zygu existir e grata a Zygu por nosso amor existir, e grata ao amor por incendiar corações, e grata aos corações por poderem amar. E veja, tudo se resume a esta palavra encantada: amor. Devemos nos encontrar na segunda-feira, "mesmo que caia o mundo". Ah, se ao menos minha Mãe conseguisse chegar antes de segunda-feira, aaah... Vocês me ajudarão, Buluś e Deus!

DIA SEGUINTE, SÁBADO! (19 DE JULHO DE 1941)

Esses encontros acidentais são muito desagradáveis. Não seria melhor que ocorressem apenas na segunda-feira? E quão melhor? Eu não estaria com esse humor, não haveria lágrimas e o coração não doeria tanto. Agora estou melhor, porque desabafei um pouco antes de lhe contar — mas antes, há instantes, me contorcia com o tipo de dor que meninas ciumentas e apaixonadas sentem. E eu mesma arrebentei a linha que preenchia tão alegremente com pérolas. A "companhia feliz" a rompeu, aquela Lidka que se jogou em cima dele com sua doçura, e todo o comportamento dele, e Maciek dizendo que quer fazer odontologia por causa dela (nem eu nem você a conhecemos, mas ela não fazia parte da minha vida até agora, e espero que não faça) e meu comportamento escandaloso e idiota.

Sim, sou idiota e fui punida por ser tão feliz, por proclamar minha felicidade. Estou melhor agora e há menos amargura em minha escrita, mas me lembro, me lembro do quanto doeu. A culpa é toda minha e do meu ciúme, que tentarei erradicar. Tudo isso me compensou um pouco pelos desejos de Irka, e por ela ter beijado a mão de Zygu, e por ele a alimentar. Deus, me envie essa pequena criatura como consolação... Não sei quando... mas nos veremos. Lida é péssima. Vocês me ajudarão, Buluś e Deus!

21 DE JULHO DE 1941

Já se passou um mês desde nosso memorável beijo. Zygu me lembrou disso. Ele veio com Maciek, que beijou minha cabeça ao me cumprimentar; Zygu ficou vermelho. Bom, mas quando Maciek beijou meu rosto, Z ficou furioso, e com razão. Ele tentou compensar tudo e, ao mesmo tempo, esconder sua confusão, então começou a me abraçar, a me acariciar tão afetuosamente, que cheguei a ficar muito comovida e... quase atordoada. "Como o rosto dela é macio", falou — lembrou que, certa vez, na casa daquela queridinha Irusia, sentiu meu cheiro, ou seja, perfume, Maciek confirmou. Ele segurou minha mão com força. Quando falamos sobre aquele, ahm... livro, e Maciek falava sobre o acidente do qual Z queria me contar na sexta-feira, Z disse: "Maciek, pare, isso é um 'botão de pensamento', ela não pode ouvir isso", e foi tão cuidadoso como... apenas ele sabe ser.

Muito mais, sou incapaz de escrever sobre muitas coisas porque não sei como, preciso imortalizá-las em minha mente, preservá-las no coração, para que possa recorrer a elas em momentos de tristeza. Certamente devo saber que Z me ama! E devo pedir a Deus que as coisas aconteçam como "nosso amigo" disse que aconteceriam: depois da guerra, depois da escola, com Zygu, meu maravilhoso marido — isso realmente me deixou sem fôlego —, ele escreveu em meu diário assim: "1) Felicidade é o contentamento que o homem sente quando pode parar de desejar, mesmo que por um momento, e aproveitar o que tem. 2) A visão de algo belo na arte ou na natureza desperta imediatamente a memória de uma mulher amada." Que maravilhoso e verdadeiro! Experiencio isso a cada momento, mesmo na vida cotidiana, nos contos de fadas dos livros e nos pensamentos, ou seja, na terra dos sonhos. Somente as memórias e os sonhos vivem lá. Amo do fundo do meu coração. Estou sufocando de amor como — ele... sim, pois ele também... Ambos queremos, fazemos expressões significativas, e nossos lábios se inclinam levemente por vontade própria, M até fez uma observação. Buluś, me escute, avalie. Não marquei um encontro, não sei, ainda estou esperando... Vocês me ajudarão, Buluś e Deus!

22 DE JULHO DE 1941, TERÇA-FEIRA

Fui à paróquia. Estou começando a me acostumar. Z e eu saímos para caminhar. Eu procurava nele uma defesa contra Maciek. Irusia Hauser, aquela Irusia, está progredindo bastante com Fiunio. Desejo felicidades e estou muito satisfeita. Fico muito confusa. Z é o mais adorável: "Alguma vez fiquei bravo com você?" Mas aqueles olhos espreitam! Tchau! Boa noite, vou sonhar, apesar de estar cansada. Até a próxima vez em que encontrarei Z, quando? Verei aquele que habita meus sonhos. Vocês me ajudarão, Buluś e Deus.

28 DE JULHO DE 1941, SEXTA-FEIRA*

Já vi Zygu e fiquei emburrada, e senti falta dele, "e assim as coisas seguem". Enquanto isso, vivo sem notícias da minha Mãe. Aparentemente está ruim por lá. Pobre Mamãe. Sempre que faço uma refeição, penso nela, compartilho cada mordida em pensamentos, como faço com a alegria e a tristeza. Por favor, Deus, que realmente aconteça, que eu possa dividir tudo com ela. Mamãe, estou escrevendo isso para você! Escrevo como se as palavras rabiscadas aqui tivessem algum poder mágico e pudessem convocá-la. Que elas soem e que possam ser escutadas pelo Grande Senhor Deus no céu e por você aí, querida.

Ontem vi judeus serem espancados. Algum ucraniano monstruoso de uniforme alemão bateu em todos que encontrava. Bateu e chutou, e nós ficamos impotentes, tão fracos, tão incapazes... Tivemos que engolir tudo em silêncio. E, naquele instante, meu único consolo foi pensar em vingança, ah sim, a vingança é doce, mas não deveria ser sangrenta. E quero viver até o momento em que possa manter a cabeça erguida, quando estiver à mesma altura, uma pessoa livre em um país democrático livre! Então, quero ser feliz com Zygu, com todos que passaram por esse inferno de vergonha, chacina e humilhação. Quero ser feliz, quero que meus sonhos se realizem e Deus me ajudará com isso. Acredito em Você, pois nunca me decepcionou!

Toda manhã, tropas inteiras de alemães feridos passam. E... sinto muito por eles. Sinto muito por esses jovens cansados, longe de sua pátria,

* 28 de julho de 1941 foi segunda-feira.

mãe, esposa, talvez de seus filhos. Alguém também ora sinceramente por eles, e alguém chora por eles em noites insones. Que ironia do destino…

Amaldiçoo os centenas, milhares, milhões
quando vão à guerra os novos recrutas da tropa
que todos encontrem suas balas
que nenhum deles encontre o que antes conhecia na volta.

Que a chuva de granadas implacável
um a um os abata individualmente
que fracasse todo o exército detestável
Pelo sangue dos pais, irmãos e descendentes!

Lentamente ele caminha, fraco e aflito
um soldado, veja como é jovem
ferido na mão, ou no braço, difícil dizer, admito
dependurada está a manga do seu uniforme.

Ele caminha, manca e na parede se recosta
Está suando, muito longe não chegará
Sua expressão é um pedido de ajuda sem resposta
Ah, como é triste o seu olhar!

Como se em suas mais obscuras profundezas
agora queimasse urgente um lamento
olha, vejam como sou jovem
e o quanto estou machucado e sangrento.

Aprendi a vida toda do pior jeito
Antes quase nada sabia, porém
Se foram minha mãe, meu pai, minha casa, meu leito
eu tive que lutar — mas para quem?

Agora voltando… e de novo
meus olhos exibem tristeza

Eu choro e meu coração está cheio de pesar
Não consigo encontrar alívio, sou pura fraqueza.

Este é o destino, é a vida
e quem pode me explicar o motivo
de eu amaldiçoar os milhares e milhões
E chorar pelo único ferido?

6 DE AGOSTO DE 1941

Humores, pensamentos e palavras, tudo muda... Eles mudam, tremulam de uma onda para a outra. Estou satisfeita, porque meu coração me diz que minha Mãe virá. Receberei uma mensagem dela na semana que vem.

Fico triste quando ouço que nos forçarão a ir, que haverá um gueto, isso é tão ruim. E fora isso, minhas frivolidades pessoais me fazem perder os últimos resquícios de humor.

Lida está cantando Zygu na minha frente. Ele se comporta de forma muito estúpida. É extremamente egoísta, por que não pensa em mim? Por quê? Mas já estou fazendo promessas solenes para mim mesma de que sem um convite ou um encontro marcado não irei à paróquia. Com Lida não é uma cantada, é algo natural e muito anormal! Irka fez algo cruel. Estou brava com Zygu, mas todas as minhas preocupações foram consoladas por um pensamento — Mãe! Vocês me ajudarão, Buluś e Deus. Mamãe, Mamãe, você virá??? Quando... Mãe. Quando... Zygu.

11 DE AGOSTO DE 1941, DOMINGO*

Estou trabalhando. Tenho motivo para estar satisfeita. Estou esperando minha Mãe a qualquer momento. Cada batida do relógio pode trazê-la até mim. Estou saindo com Zygu, ele é doce, bondoso, querido. Propôs que tirássemos uma foto juntos, nós dois. Tenho motivos para estar satisfeita, e ainda assim anseio por "aquela noite"...

Uma só vez na vida acontece tal noitada

---

* 11 de agosto foi segunda-feira.

para que possa permanecer na memória
para que durante o dia — e à noite — possa ser sonhada
e lembrada com o passar da trajetória
Tal noitada — surge na imaginação
Nos desejos de uma menina
Tal noitada parece transverter uma recordação
E, como um sorriso, finda
Da lua, sim, eu me lembro de seus encantos
e de segurar a cabeça que tanto me fez falta, enfim
e à meia-noite, de um pássaro o canto
e de como você beijou a mim

Não posso mais escrever, mas sempre sinto saudades daquela noite, sinto falta daqueles lábios... ah, aquele momento vive em mim. Essas noites existem para despertar o desejo, e depois uma sede insaciada. Amanhã? Vocês me ajudarão, Buluś e Deus.

12 DE AGOSTO DE 1941, SEGUNDA-FEIRA*

É uma pena eu ter falado sobre aquele cachorro. Há dias não me sentia tão bem quanto hoje. Sim, hoje. Zyguś talvez tenha sido o mais amável! Ele me deu uma foto e escreveu: "Para os queridos lábios doces." Zygmunt falou: "Vejo meus lábios doces, estou pensando neles", e geralmente diz que "isso" é uma coisa certa e compreendida e que "isso" é exatamente o nosso amor.

Caminhamos muito, ávidos por "somente prazeres sensuais", Z disse isso, e nos sentamos, não quis me sentar em seu colo, não sei por que, mas não consigo. Sentei-me ao seu lado, com folhas presas na boca toda. Por quê? Imagino que seja exatamente porque eu estava engasgando com... Z me abraçou como fez da outra vez, e seu perfume me arrebatou da mesma forma. Tudo estava silencioso novamente, a estrada vazia, o campo e a lagoa, e quando ele terminou de desgrudar todas as folhinhas dos meus lábios, e quando... dois alemães se aproximaram.

* 12 de agosto foi terça-feira.

Não consigo descrever tudo, então mencionarei o "beco do amor", ou seja, Z e eu partimos para um devaneio, para reviver tudo de novo.

Ele me convidou, disse que tinha um belo quartinho, mas e daí? E você sabe o que escrevi para ele, o mais querido? Z ficou extremamente satisfeito, mas isso não é o bastante; nem se eu tivesse uma infinidade de palavras conseguiria dizer o quanto ele é próximo de mim (e nem de retribuir). Zygu, cada um de nossos encontros é um presente inestimável para mim. Seria possível retribuir a Deus pelo sol, pelo céu e pela vida, podemos falar sobre isso? Devemos ter encontros regularmente toda quinta-feira. Vocês me ajudarão, Buluś e Deus.

15 DE AGOSTO DE 1941, SEXTA-FEIRA

Z disse que eu deveria dar você à minha Mãe, para que ela o leia, que não deveria guardar segredos dela. Mamãe! Venha e abrirei este diário para você, e meu coração ao mesmo tempo!

Estou doente. Tenho febre e inflamação na garganta. Ontem queria lhe contar que isso me deixa descomedidamente feliz. Zygu veio me visitar, sentou-se ao meu lado e foi, bem — como sempre. Ele queria me examinar. Fiquei feliz, mas sempre me deixo para baixo. Sim, falei sobre isso com Norka e Irka e me deixei triste.

Z também veio hoje, foi doce, mas sempre que ele aparece, todos os "prezados companheiros" se reúnem e fico chateada, Zygu também. Além deles, vieram Rena F., Lunka e Lidka, mas depois falo mais sobre isso. Vou tirar uma fotografia, mas tive que dar a ele a da formatura, de qualquer forma, ele me pediu.

Fora a minha doença, não tenho nenhum peso na consciência — mas mesmo assim muitas preocupações pesam meu coração. Mamãe, quando você virá? Ainda não tive notícias disso ou de Lila…

Sabe, Z segurou você hoje, queria ler, fiquei muito nervosa e no fim ele pediu: "Bem, mas quando me tornar médico, você me deixará ler?" Zygu, por acaso sei o que acontecerá antes de você se transformar em um? Mas que Deus permita. Que você seja um médico e que eu possa dá-lo a você. Sinto falta… Vocês me ajudarão, Buluś e Deus.

16 DE AGOSTO DE 1941

É um dia de guerra normal e cinzento. Como aqueles 63 dias que já passaram, e como os dias que virão. É um dia neurótico, chuvoso, frio, hostil... Como posso opinar? Respondo "não sei" já antes de qualquer pergunta que eu queira desesperadamente fazer. Por que minha Mãe não escreve, por que não há sinal dela? O que aconteceu com ela? Por que vivemos com medo de batidas e apreensões? Por que não podemos sair para caminhar sem que "crianças" nos apedrejem? E por quê? Por quê? Por quê? Estou dominada por um medo infeccioso, não, não tenho pressentimentos, mas mesmo assim — estou com muito medo, muito medo mesmo. Milagroso Deus, guarde e salve minha única Mãe.

Talvez um dia o sol volte a brilhar gostoso...
talvez um dia você e eu vamos caminhar
por um mundo que de um invernoso
e longo sonho despertou
para nossos encontros de alunos realizar
como algo valioso guardado na memória
talvez um dia, um dia ao menos
nos sentemos lá naquele banco
e o que pudermos esqueceremos e lembraremos
talvez mais uma vez a gente se "perca"
em um beco ladeado de pinheiros imponentes
com uma premonição assustadora
que podia muito bem estar "em nossas mentes"
talvez uma folha de grama verde
quando o dia final tivermos que encarar
e talvez de verdade dessa vez
um raio de sol — um raio dourado a brilhar?

Vocês me ajudarão, Buluś e Deus.

21H!

Há algo explodindo dentro de mim, me sufocando! Quero mais, infinitamente mais. Ó, como é bom beijar aqueles lindos lábios vermelhos, como é bom ser acariciada "daquele jeito", falar sobre o gosto dos beijos, sobre o amor. Sobre os obstáculos do nosso amor etc. Toda essa dor já foi eliminada, um beijo apagou o motivo de eu... de eu ter chorado no dia 1º de maio. Ó, como é bom beijar... beijar... beijar. Vocês me ajudarão, Buluś e Deus.

25 DE AGOSTO DE 1941, SEGUNDA-FEIRA[15]

Na sexta-feira recebi a primeira carta de Mamãe, depois a segunda e a terceira, e então o pavor, um medo terrível pela vida dela e pela nossa, e a de todo mundo. Desde manhã, meu coração está tão pesado e, agora e sempre, chamo por Deus e coloco nossos destinos em Suas mãos. Ele é o único que nunca me decepcionou; Ele ouvirá meu chamado. Quero que proteja minha Mãe e a devolva para mim dessa lonjura. Deus, proteja ela e todos nós de tudo o que é mal e proteja meu Zygu do mal que possa lhe ocorrer. Estou sofrendo hoje, mas quero agradecê-Lo por ter me enviado um brilhante raio de luz naqueles dias de tumulto por causa da guerra. Estou escrevendo o que sinto, e sinto uma gratidão profunda, sincera, imortal.

Zygu falou comigo como ninguém além de minha mãe... Disse que sente pena de mim e que mereço ser feliz no futuro por tudo o que sofro agora, e saiba, Zygu, que é para sempre! Ele disse que a família e o lar só são necessários na infância, mas sei que está tentando me consolar. Bondoso e querido Zygu! Não sou digna de você, nem um pouco. Você queria substituir minha mãe naquelas carícias e me consolar, foi o que disse. Zyguś, minha Mamãe me dará esses carinhos maternos, e serão esses que me consolarão bastante. Buluś e Deus me ajudarão. Deus, proteja Mamãe e todos nós. Deus e minhas súplicas a ajudarão, Mamãe.

27 DE AGOSTO DE 1941

Guerra! Guerra! Sem previsão de acabar. Gostaria de escrever algo, mas não consigo. Estou sonhando, sonhando, sonhando. Tudo o que restam são sonhos, esperança e o que... o que sobrou de você, Zyguś, sim, e de mim também. Ó, ver minha mãe apenas por um momento. Vocês me ajudarão, Buluś e Deus.

28 DE AGOSTO DE 1941, QUINTA-FEIRA

Não adianta reclamar: "Não chore, não chore, não adiantará." É o que deve ser, é necessário andarmos com nossas cabeças baixas, correr pelas ruas, tremer. Pois o transeunte mais cruel me provoca e insulta na frente de Zygu e ele não pode me ajudar, ou eu ajudá-lo. Frivolidades, claro, mas é muito, muito difícil. Tenho me sentido um pouco confusa desde o sermão de Zygu sobre Nietzsche, Werne* e suas ideologias, sobre como ele é a favor do casamento na juventude, "sem filhos por enquanto". Sabe, minha atitude em relação a essas questões "sérias" é incrivelmente boba e infantil. Por exemplo, não entendo nada daquela Rena que trabalha com Zygu e diz que tenho "um rosto único", mas você me entende? Bem, sim, você sabe! Não, isso não tem nada a ver com ela. O que será que realmente me faz sentir indignada, preocupada ou aborrecida?

Alegre-se, alegre-se
este é o seu banquete
ó sarjeta, porão, taverna, hotel
o mundo é seu, somos sua diversão
transeunte com um sorriso cruel
hoje você maltrata, grita e dá um xingão
me faz ser pior, me deixa tristão
você, fluindo aqui na escória da sarjeta
do que é mais baixo, podre, moncoso
a única pátria que você tem
é uma pilha de lixo e um sorriso cobiçoso
Seu dia — lembre-se
você verá a ocasião
quando cuspirei e não virarei o rosto, não
você e "seu" amante, ambos vermes de carniça
voltarão para o pântano e para a preguiça
onde se aninham, brincam e balançam
E eu irei... não!
Embora sinta irritação

---

* Renia provavelmente está falando de Werner May, autor de *Deutscher National-Katechismus*.

São grandes demais o desprezo e a repulsão
Seus parentes, seus pecados, seu amaldiçoado
Significam que a você nenhum mal é realizado
Como cobras e vermes que vivem na imundície, no desconforto
Pois nenhum deles seria morto — apenas desprezado

Vocês me ajudarão, Bulus e Deus.

1º DE SETEMBRO DE 1941

Um ano atrás... Ó, um ano inteiro se passou. Vivenciei tanta coisa boa e ruim. Mas talvez mais coisas boas. Talvez Mamãe chegue logo, no fim das contas. Hoje Z apareceu e senti alguma coisa quando ele disse: "Bom, fale como se fôssemos casados." Com aquela Hala — uma frivolidade e aquela coisa, você sabe, com aquela da foto, outra banalidade. Geralmente tudo é insignificante, fora meu amor desvairado. Ó, Deus, eu o amo tanto, demais. Embora ele ache que sou o oposto da dinamite, mesmo assim... ha ha ha! Dei a ele uma foto para abrir o apetite. Não vejo Maciek há muito tempo. Apesar de tudo, gosto de Maciek. Por que demonstro meu ciúme? Vocês me ajudarão, Bulus e Deus. E você, Mamãe, venha o quanto antes!

10 DE SETEMBRO DE 1941, DOMINGO*

E às vezes é como foi hoje. E hoje é — não sei — parece que tudo é estúpido, o amor, ele, a vida e todas as questões cotidianas. Na realidade, tudo que é destituído de seus ornamentos e floreios românticos é odioso. Não! Não odioso, apenas genuíno, como verdadeiramente é. E em dias como o de hoje parece que isso pode ser tranquilizado pela música, leve, ressonante... Sim, nesses dias tudo o que resta é a música e os sonhos. Mas não os sonhos relacionados à realidade, aqueles cor-de-rosa, mas ainda ligados à vida, não! Sonhos separados, perfumados, coloridos — como poesia. Ah, gostaria de saber como tocar belamente. Podem-se evocar todos os estados da alma com a música — basta saber como. Hoje sinto uma aversão em relação ao amor, não, não é a primeira vez. Sei que é injusto, mas não

* 10 de setembro de 1941 foi quarta-feira.

entendo isso hoje, não consigo acreditar em nada. Hoje é um bom dia para ouvir e pensar…

Minha música badalante continua a navegar
Pelo profundo Danúbio azul e seu manar
Pelas ondas que brilham como uma estrela pulsante
Continue, música… siga distante

Então estou pensando e pensando, e sonhando, e zombando das preocupações da vida, da fofoca, do ciúme e do amor, não sei…

A vida é uma coisa obsoleta e feia
destituída de seus charmes, é vaga e imperfeita
tão calculista, árida e fatigante
suja e estúpida, mas você pode tentar, siga adiante
é chata, estranha e imoral
com coisas que o fizeram chorar, se magoar, passar mal
é cruel, barulhenta e debochada
duas caras, vazia e muito inusitada…
*J. Strauss**

Minha música badalante, continua a navegar
Pelo profundo Danúbio azul e seu manar
Pelas ondas que brilham como uma estrela aparente
Onde as lágrimas e o pesar são inexistentes
em uma terra de sonhos
vento e nuvens trocam de posição
e abaixo existe um mar
de flores alaranjadas e rosas em perfeição
verde-claros o crepúsculo e o amanhecer
e os sonhos são como névoas
coloridas… e nada mais se pode sentir ou ver
mas etéreo e cheio de tremeluzir

---

* Poemas inspirados na valsa "O Danúbio Azul", composta por Johann Strauss em 1867.

sempre tão leve e irreal
perfumado e de sensação sobrenatural
lento, zonzo e preguiçoso
despreocupado e nebuloso
sonhos
perfumados, brilhantes e sempre queridos
os mais agradáveis, onde nunca se encontram os sentidos...

11 DE SETEMBRO DE 1941, QUINTA-FEIRA

16h. Preciso sair de casa. Estou simplesmente fugindo de Zygu. Se isso tivesse acontecido, digamos, um ou dois meses atrás, eu teria me acabado de chorar e de berrar que ele é sórdido! Hoje não — absolutamente nada, como se nada tivesse acontecido. É estranho... e mesmo assim nem eu mesma consigo dizer se estou, pelo menos, um pouco triste. Não sei se acabou, mas é exatamente isso o que tenho suspeitado do "assunto". Mulheres sentem isso, ah sim, temos um sistema de alerta bem desenvolvido. Sabe, nem odeio "a outra", admito que a acho atraente de certa forma, como Natasha acha Katya. Mas tudo isso é um pouco diferente, embora eu também tenha sido magoada — mas nunca humilhada! Hoje, verei você novamente, vou para a casa da Norka. Para a minha única Nora que me resta. Também tenho Mamãe e você, meu querido Diário, e é quase como era antes. Só que não existe mais desejo por algo próximo... desconhecido... Para me manter lúcida em relação ao que sinto, eu diria o seguinte: quero muito impressioná-los com alguma coisa, quero muito me vingar da mesma forma, mas em nome da vingança em si, pelo — prazer. Eu costumava odiar essa atitude e hoje admito que é péssima e, quando talvez me tornar uma menina fácil assim, será apenas sua culpa, Z, e do meu ciúme, esses sentimentos sagrados, essas regras sagradas e o amor sagrado foram violados... Vocês me ajudarão, Buluś e Deus.

14 DE SETEMBRO DE 1941

Mesmo assim — é triste, muito triste, completa e terrivelmente... Não lhe contei naquela noite sobre ele aparecer — afinal, para quê? Eu não queria lhe contar nada, porque senti que o amava demais na época. E agora — não amo. Estou esperando. A espera está me cansando. E tenho medo do amanhã e quero que chegue logo, sinto aversão e dúvida. E às vezes não quero dizer nada, apenas pensar e ficar em silêncio. E às vezes quero ser má e odiada, quero magoar todo mundo, quero atormentar e machucar todo mundo, não, não todo mundo, ele não, e nem ela. Mas na verdade só estou triste, completa e terrivelmente triste... Triste, mas não consigo chorar, não tenho forças. Então olho para a hera silvestre, como as gotas de chuva caem por suas folhas, e, de certa forma, parece que estou chorando.

Primavera — fresca e verde
uma videira silvestre trepa
e sobe cheia de vida
para o vidro da sacada.
Fica vermelha no verão,
empalidece com os ventos de outono
e pendura a cabeça, com pesar,
triste pelo que agora deve acabar.

Eu gosto do sol e das flores na primavera
Quando algo alegre também prospera
Quando a risada está em mim e próxima
Quando à minha volta a vida pode abundar
Quando a terra inteira está a se alegrar
como eu!

E quando eu estiver com raiva e miserável
então gostarei de um dia cinza, úmido e lamentável,
e de um céu escuro, nublado e pingando
chorando como meu coração, repleto de temporal,
silencioso, cheio de fatigante mal
como eu...

É quando gosto da colina com cerração
e uma tristeza que ainda deseja a ambição
e dos vazios pelos quais não há como passar calmamente
versos poloneses, de outono, de choro,
que são repletos de tristeza e apavoro
como eu.

Não, eu não queria escrever isso, mas estou muito, muito triste. Ah! Que belo dia chuvoso. Vocês me ajudarão, Buluś e Deus.

18 DE SETEMBRO DE 1941, QUINTA-FEIRA

Que bom não ter escrito nada esta semana. Não escrevi ou teria sido blasfêmia. Sofri, é verdade, e muito — mas agora está tudo bem de novo, talvez até melhor do que nunca. Porque toda vez que há um pouco de preocupação e lágrimas, e passo horas pensando, fico mais convencida de que amo demais meu menino maravilhoso, muito mesmo. E um pedido de desculpas — apesar de não poder falar de desculpas se não estava brava — também confirma essa crença. Então será ainda melhor do que nunca, porque Arianka está com Mamãe e a trará para cá, e talvez eu finalmente a veja. Ah, deixei escapar; era para ser surpresa. Tudo de uma vez, ó Deus — de verdade, como posso agradecer? Agora acredito em finais felizes... acredito e confio em Ti, pois me destes o que pedi. Eu O amo. Vocês me ajudarão, Buluś e Deus.

22 DE SETEMBRO DE 1941, SEGUNDA-FEIRA

Agora o sonho é praticamente realidade. É Ano Novo* e o sonho se realizou? Ainda não por completo, mas 99% já. E desejo que todos os sonhos se realizem assim. É tão estranho. Pensar que Mamãe está tão perto, que está na mesma cidade, que está pensando em mim agora, que gostaria de me abraçar tanto quanto eu a ela... pensar que existe um rio horrível, um rio que as pessoas tornaram péssimo. Um rio que tem nos separado por dois anos — e agora de novo. Por quê? É inimaginável que eu não possa ver

* O ano 5702 do calendário judaico começou neste dia.

minha Mãe quando ela está aqui tão perto, tão próxima. Arianka, estou com tanta inveja, pois está com ela. E agora ela irá embora novamente e nem vou beijá-la. Não direi nada e, de novo — mas por quanto tempo — e de novo esta pergunta: quando? Mesmo assim, um peso saiu do meu coração por não ser tão longe, por Você tê-la trazido mais perto de mim, Bom Senhor Deus. Como seria bom se eu pudesse contar a ela tudo, sobre hoje e esses dois últimos anos! Sabe, Mamãe, sou quem sempre fui, sua menina de poucas palavras, toda "sua", mas talvez me sinta, de certa forma, mais, bom, não me sinto tão bem. Tudo por causa de Z. Não sei por quê. Estou envergonhada por um sonho que tive? Por que todos aqueles beijos me fazem pegar fogo depois que ele vai embora? Começo a sentir tudo, me contorço no sofá, não durmo, meus sentidos são estimulados ao máximo. E quando "isso" acontece, quando dura duas horas, então Z. não precisa me ameaçar com injeções de brometo etc. Por quê? Não sei... mas sei, digo, sinto instintivamente, que muito mudou em relação a Zygu. Não sei dizer se para melhor ou pior, porque "geralmente não tenho uma opinião firme sobre nada, droga", mas as mudanças certamente existem. Até parece que, ahm, bem, não sei... De qualquer forma há uma influência nítida daquela mulher "com opiniões e ações independentes". E tenho uma sensação estúpida, odiosa e irritante, aah! Sou uma grandessíssima idiota por dizer algo de ruim sobre o menino mais belo e, além disso, sei que o amo muito, demais, no fim das contas — mesmo assim, estou extremamente chateada, e acho que já sei o porquê, especificamente! Porque sou mais burra e feia do que ele, e sou inferior em todos os aspectos. "O que posso fazer além de escrever poemas?" Bem, mas não tente me persuadir de que tem que me ensinar tudo, pois você mesmo não sabe tudo, não tem ideia alguma. Um cego guiando outro. Mas me sinto muito melhor agora, e o amo muito agora, querido Diário! Ufa, que alívio. Não estou contando os detalhes bobos; é melhor assim. Apesar de não serem bobos, são fofos, mas sempre, bem... a discrição. Está muito melhor agora, ah, quase bom. Então boa noite, minha Mamãe, posso dizer isso para você pela primeira vez em dois anos. Não me ouvirá, mas sei que está pensando em mim também e me desejando boa noite. Mamãe, venha até mim. Venha, minha inigualável Bunia. É a única que sempre me ama com constância e não ri de mim. Tchau, Mamãe, durma bem; que você sonhe que tudo pelo que rezei ontem se realize. Hoje desejo um fim favorável para a guerra, para que meus pais se reconciliem, que Zyguś seja só meu e boas coisas para todos. Vocês me ajudarão, Buluś e Deus.

29 DE SETEMBRO DE 1941, SEGUNDA-FEIRA[16]

Estou deste lado. Você sabe, estou aqui com Mamãe. Pense, finalmente me vejo além do rio e me encontrei com Mamãe. Como cheguei aqui? É um segredo. Saiba apenas que passei por muita coisa e foi muito assustador. Ainda estou com medo da quarta-feira. O sonho é praticamente realidade, estou vendo minha Mãe e tenho uma carta para Zygu. Ainda estou esperando por algo na política e sei que acontecerá, como aquela outra coisa aconteceu. Vocês me ajudarão, Buluś e Deus.

5 DE OUTUBRO DE 1941

Para Buluś (carta para minha Mãe). Eu a amo muito, demais, e "amo os olhos verdes". Com carinho, Renia.

Um barco navega para um refúgio depois de um vendaval
Um pássaro que fora assustado retorna para, em seu ninho, se abrigar
Uma criança, com confiança, escolhe os braços de sua mãe...
para chorar seus pesares e, como só ela sabe, sua dor aliviar.

Para Buluś:

Quando começa a queimar a dor
ou você sente dos corações o congelar
Quando sente o chão moer
Pelo girar das rodas da vida
Abrigue-se sob as asas dela
Ela vai entendê-lo e escutar
Você se sentirá bem de novo, e livre da briga.
Há tristeza para aqueles que estão sofrendo e enlutados
Pena para aqueles corações que, de novo, foram despedaçados
Vergonha para aqueles que enfrentam o medo e a indiferença
Mas você está realmente infeliz sem de sua querida mãe a presença
Sufoco em pequenos quartos
Em grandes salões me sinto espremida
Eles não acabarão com a tristeza

Mesmo que ela dê uma caída
Na grande vastidão da existência
Os ventos da vida sopram violentos
Eles soprarão todos os pesares
Por um doce e suave momento!

6 capas de edredom
8 fronhas
2 travesseiros pequenos
3 lençóis
2 toalhas de mesa

9 DE OUTUBRO DE 1941, QUINTA-FEIRA

Não o vejo há tanto, tanto tempo. Senti sua falta. Fiquei impossibilitada de falar, de escrever. Tantos pensamentos reunidos na cabeça a deixaram pesada, apesar de esta minha cabecinha geralmente ser leve e vazia. E agora não sei por onde começar. Tanta coisa aconteceu... Então talvez eu lhe conte resumidamente. Sonhei por meio do sonho. Estava com Mamãe e parecia tão maravilhoso, tão extraordinário, essa coisa que para os outros é tão incrível e natural. Mas aí minha mãe também está diferente. Ela é uma amiga, uma semelhante. E agora voltei para o outro lado, desejando e querendo de novo. Mas me escute, meu Diário mais querido, escute e escute, pois me parece que você tem rezado por mim, que suas preces estão sendo respondidas, seu doce caderninho que contém as profundezas da minha alma. Mamãe me escreve cartas, tão longas, sinceras e afetuosas que preciso chorar. Mas isso não é nada, ainda acredito! Acredito em Deus, em você e em minha Mãe. Acredito que será como Zyguś fala. Sobreviveremos a esta guerra de alguma forma, e depois... ah, será que realmente vai ser como ele diz? Enfim, veremos, você e eu, ou ficaremos decepcionados ou seremos felizes no fim das contas, você e eu. Porque se eu rir, como você poderia ficar triste, seu "pequeno espelho" meu (foi assim que Buluś o chamou)?

Tão alegre ou malvado e cruel quanto eu
Meu próprio diário pode ser
Afinal fomos à escola juntos

E a encontros, e a um jogo
para ver...
Então ele tem exatamente as mesmas ideias malucas
mesma risada, mesmos gritos, mesmas lágrimas
há mais coisas ruins e menos coisas boas nele para ver
porque, como eu, ele é difícil de aguentar
às vezes tímido, às vezes com um devasso olhar
é aquele amigo confiável e fiel de vez em quando
ou um ranzinza que não é nada franco
meu próprio diário é realmente igual a mim
Mas nos dias em que estou de problemas entupida
ele se torna o pequeno dublê da minha própria vida
lá dentro — nos sonhos e em versos
no desejo e em cada momento perverso
cada palavra é de uma tristeza sem fim
onde é medroso, e é tímido, e é carente
onde, sem lágrimas para chorar, é descontente,
lá meu diário é realmente igual a mim.

Sim, sim, sou desse jeito. Sou apenas uma dentre milhões de meninas caminhando por este mundo — mais feia do que algumas, mais bonita do que outras, mas ainda diferente de todas elas. Zyguś, ele também é diferente de todo mundo, é tão bondoso e maravilhoso, e sutil, e sensível...

Eles vieram com Maciek um dia, Zyguś ficou bravo comigo, porque me comportei como se não o conhecesse. Não fiz de propósito; não queria aborrecê-lo. Pobre Zyguś não conseguiu dormir. Mas não está bravo mais. Mamãe, por que você diz que não devo me afogar naqueles ardilosos olhos verdes? Não consegue ver que já me afoguei, mas que aqueles olhos não são traidores?

Gosto muito quando Z fala sério sobre medicina, o futuro e assim por diante. Fico com vontade de rir um pouco, mas parece muito bom e sensacional, como se Buluś estivesse me desejando uma boa noite. Sabe, contei a ele sobre toda a questão com RK, que fiquei agoniada, que passei por um inferno. Para quê? Embora tenha lhe contado o máximo possível, por ora guardei isso numa mala separada e deixei no "quarto de entulhos da alma". De fato, nem dói mais, e não penso nisso.

Z se tornou meu protetor, disse que cuidaria de mim. Na verdade, Buluś pediu a ele, a todos os três. Mas Z deve falar para Maciek que ele não precisa fazer isso. Considerando tudo, Zygmunt e Maciek são amigos, verdadeiros amigos, mas… mas. É bom que posso escrever tudo. Sinto aliviar o fardo no meu coração e na minha cabeça. Não consigo descrever "tudo" com Zygu, e você sabe o porquê, pois agora é muito mais do que quando ainda podia ser descrito. Sem descrições, mas isso afunda no coração e cerca sua imagem com uma bela auréola afetuosa e dourada.

Mamãe, me perdoe por não considerar suas palavras. Veja bem, não consigo, não consigo fazer de outro jeito, é sempre assim — o coração todo, a adoração total, o ser por inteiro. Realmente não consigo nem por fora. Talvez, talvez eu ame outra pessoa em minha vida, mas, se isso acontecer, será da mesma forma. É isso ou nada.

Zygu quer ler você e falou: "Você vai ver, vamos ler juntos quando eu for médico, e vou rir e você vai rir." Espero que ele tenha dito isso em um momento propício. Pensei em como adicionei páginas que possam durar até a época em que, em que… bem, enfim, pode ser depois ou muito antes, e você será meu amigo não importa o que aconteça, mesmo se ficar escandalizado ou vermelho de raiva, e daí?

Zygu quer que eu continue sendo o que sou, Buluś também gostaria disso — e eu? Estou muito curiosa… enfim, que sejam felizes! Mas "tudo no mundo passa vagarosamente". Amo vocês três, cada um de uma forma, e você também. Acho que será como em meus sonhos, conceda-me isso, Senhor; e Buluś, me dê suas bênçãos. Vocês me ajudarão, Buluś e Deus.

10 DE OUTUBRO DE 1941, SEXTA-FEIRA[17]

A casa está tão triste. Hoje o piano foi levado, logo, o apartamento está vazio; hoje Arianka foi até Mamãe, então a alma está vazia. Está frio e escuro, e solitário, e de certa forma… aah, fiquei sozinha e tudo o que tenho é uma carta de Buluś, ou melhor, cartas. Escreverei um poema aqui. Na verdade, coloquei tudo o que sinto e vivencio na carta para Mamãe. E agora estou com frio, minhas pálpebras estão esmorecendo e meus dedos estão anestesiados. Vou para a cama, mas não para dormir, não! Sonharei acordada um pouco, talvez me sinta mais leve. Pensarei em estar com Buluś, que o mundo é muito bom, aconchegante e ensolarado, abriremos as janelas e o agradável aroma dos cravos viçosos de Stawki entrará em casa. Ou que é um dia nublado e chuvoso de outono e tenho uma sala aconchegante com uma lareira. É nessa casinha que Zyguś e eu moramos, trabalhando lá à noite, sob o brilho do fogo. E escrevo, escrevo muito e minhas pernas não estão frias como agora. E depois vou para outro cômodo, e nossos filhos estão lá dormindo, os maravilhosos anjinhos, nenhum mais doce. Mas deve ser quente, com certeza deve ser quente, porque meus dedos estão terrivelmente gelados.

É ridículo no que penso quando estou sozinha e eles me abandonam, quando os dias frios serão cheios de desejo novamente. Buluś, mas logo você voltará. Vou sonhar, afinal, Deus se lembra de mim; talvez Ele realmente faça esses sonhos se realizarem... Renia. Vocês me ajudarão, Buluś e Deus.

17 DE OUTUBRO DE 1941, SEXTA-FEIRA

Estou sozinha de novo. Já recebi uma carta de Buluś, vinda de Varsóvia. Jarosia também está fora. Bimba* está doente; Dido, nervoso e, sobretudo, me atormentando — e estou sozinha. Mas estou realmente sozinha? Não! Tenho todo um conjunto de sonhos, adoráveis, delicados, tímidos e tenho você, Zygu e Nora.

Os encontros com Zygu são muito agradáveis, ainda mais agradáveis. Ele está ainda mais maravilhoso do que eu pensava, esse meu "protetor".

Norka está me ensinando inglês agora. Estou aprendendo avidamente, mas aprenderia francês com mais entusiasmo ainda, e irei! Aprender com toda a minha vontade de falar francês. Afinal, ninguém pode me tomar o conhecimento. Devo aprender, prometi isso a mim mesma. Tudo o que puder. Talvez um dia eu realmente vá até a longínqua França dos meus sonhos — não, não eu — nós. Sim. "Z dirigirá um Buick e dormirei com minha cabeça recostada em seu ombro. E então ele me matriculará na Collège de France. E pagará para mim o tipo de quarto que aparece com frequência em meus pensamentos." Zyguś pode sonhar em voz alta tão be-

* Avó de Renia.

lamente, como uma criança grande. E, enquanto isso, Z. está preparando uma vingança sangrenta contra mim por aquelas influências de Sanok. Talvez eu tenha alguns arrependimentos, mas ele terá sua vingança. Não posso evitar que ele seja tão tirânico e firme, que azar. Seu caráter é absoluto. Mas prefiro concordar com tudo do que acabar com isso, e é isso aí! Talvez nos vejamos amanhã. Vocês me ajudarão, Bulus e Deus.

25 DE OUTUBRO DE 1941, SÁBADO

Você está bonito agora, belo, encadernado... Comecei a sentir sua falta, de poder escrever. Quero escrever muito, bastante, tenho vários pensamentos confusos na mente. Zygu diz que ele certamente deve ler você, e não quero pensar nisso, porque então não escreveria com honestidade (assim como já existem lugares em que não estou satisfeita com a minha honestidade), eu acabaria escrevendo para ele, e ao mesmo tempo não para ele, pois este diário não seria genuíno. Mesmo assim, suas páginas tristes são as mais doces, pelo menos não são tão banais — a palavra de um contra o outro. Mas assim continuamos, quando se fica satisfeito, feliz com alguma coisa, as palavras se confundem no entusiasmo e há apenas gritos de ó, ah, isso e aquilo!

E agora, agora devo estudar, afinal, não estou mais na escola, afinal, preciso fazer algo pelo futuro, afinal, já tenho 17 anos! E é neste momento em que uma apatia terrível e preguiçosa se apodera de mim, brr, não estou com ânimo de fazer nada agora... Fico na janela e vejo a hera silvestre se molhar, olho várias pessoas se movendo pela rua e penso em suas preocupações e em como se sentem. Ou observo as mulheres e penso em qual delas já teve relações sexuais e como era a sua aparência na época. Sim, essa é velha e enrugada, mas costumava ser jovem e então... e essa, que estranha, e aquela... tudo é motivo para rir... a pobreza dos farrapos é risível, pessoas descarnadas pelo frio e pela fome são risíveis, e agora é risível o homem com medo do soldado, falando com ele, sorrindo, em posição de sentido, concordando...? Um homem velho em frente a um jovem. E prisioneiros? Aqueles cambaleantes esqueletos escurecidos, como é engraçado o jeito com que sacodem em suas pernas espichadas, e o quanto suas vozes são estridentes e calmas — são tão cômicos, hilários — isso faz com que eu me sinta fraca. Então vou até o fogão, me recosto e sonho acordada... Pois o que mais posso fazer? E mesmo se houvesse, não posso me incomodar com nada de qualquer forma... Estranhamente, de algum jeito, não posso me incomodar com absolutamente nada... Ou talvez eu possa, sim! Com sonhos se tornando realidade... Vocês me ajudarão, Buluś e Deus.

29 DE OUTUBRO DE 1941, QUARTA-FEIRA

O dia todo, ontem e hoje, quis falar com você. Ontem me senti muito mal, muito triste e vazia... Tive esse sentimento terrível de "incapacidade de agir". Pensei em aprender matemática e taquigrafia, e um idioma; quis fazer isso com toda a minha alma, mas ao mesmo tempo sabia que não levantaria um dedo, sabia que minhas mãos não obedeceriam e eu mesma acabaria impotente. Mamãe tem razão. Alguém sempre precisa me orientar, dar ordens, me forçar a fazer as coisas, mesmo que eu as queira. E agora Mamãe está novamente longe com Jarosia, e "o meu prometido", nas palavras de Buluś, não pode, pois não tem poder sobre mim, e no geral não é isso... Agora estou afundando em um tipo de torpor e o que é isso? — uma aversão? Acho que não. Ontem, eu estava pensando e falei o seguinte para Nora: "Sabe, Norka, estou cansada da vida." Essa frase saindo da boca de uma menina de 17 anos me diverte, e não é precisa. Não é da vida que estou cansada, porque, afinal de contas, ainda não vivi de verdade; estou cansada da expectativa, da ociosidade e, talvez, precisamente do anseio de viver. Porque, há pouco, houve uma época em que eu estava inebriada por amor sensual, beijos, carícias, toques e tudo isso era o bastante para mim, tanto que me esqueci de que podemos desejar algo a mais. Agora? Não! Coloquei a cabeça no lugar. Rejeitei isso? Não! É tão importante quanto o resto agora.

Não procure apenas nos sentidos uma consolação
eles queimam brilhantes como uma chama, e se apagam da mesma forma
Se buscar seu conforto no aprendizado, é aí, então
que sua sede será saciada, para onde foi sua alma

Sim, essa alma está lá deitada, e não se mexe, embora eu mesma me afaste com frequência. Vou lhe dar um exemplo, uma prova, ou talvez não, não uma prova, bom, julgue por si mesmo. Ontem, às 17h, eu devia ir à casa de Nora para uma aula de inglês. Demorei uma eternidade para sair, fiquei adiando (de qualquer forma, Nora não devia estar em casa ainda). Então fiquei ainda mais imóvel, apenas observando as belas, coloridas e despreocupadas cenas de filme. Meus sonhos criaram esse filme. E qualquer momento interromperia o enredo, então, apesar de os ponteiros do relógio avançarem implacavelmente, não saí de minha cadeira, para quê? Seria como sair do cinema durante uma exibição. Mesmo assim, fui. Fui, mas... não para a casa de Nora. Fui, de todos os lugares possíveis, para Belania, para Helka, para Giza, aquelas meninas que encontro com mais frequência, apenas aquelas meninas completamente normais. Eu queria ouvir suas conversas, seus pensamentos, seus planos; fui "por um pouco de fofoca". O "grupo" todo não estava lá, apenas Belania. Isso me bastou. Afinal de contas, ela é a vida e a alma do grupo, é a mais esperta e inteligente de todas. Cheguei, sentei e ouvi algumas novidades, depois contei a ela o que sabia e perguntei: "Tudo bem, então sobre o que você fala todo dia?" "Comida", respondeu. "Sobre o que você sonha?" "Sobre comer tanto que parece que vou explodir." Bom, então eu sabia de tudo. Fiquei decepcionada? Talvez não, até certo ponto estava preparada para isso. Sabia, e até concordei com Belania de que é melhor ter quatro "amores", um de cada nacionalidade. Então voltei ao meu filme interrompido. Realmente prefiro isso à batata assada. É bom que exista algo que me separe da organização do café da manhã, almoço, jantar e do café novamente. Fico feliz, no fim das contas, de ter meu próprio filme distante e colorido. Nora também sonha, mas diferente, de um jeito mais lógico e real. Minhas fantasias não são relacionadas a nada, exceto, talvez, à minha vívida imaginação, muito vívida. Talvez eu nunca tenha valorizado Nora propriamente. Ela é admirável. Tem vontade de aprender e uma prontidão, mas não apenas prontidão — ela aprende, lê tudo o que pode (mas nunca livros inúteis). Nora é uma pessoa eclética, o tipo de menina que não se conhece mais. Ela diz que amadureceu este ano. Eu diria que agora ela é ainda mais nobre, pois "sofrer enobrece a alma", e ela passou por muita coisa — nem "ousa sonhar". E aqui, novamente, uma diferença entre nossos sonhos. Norka, ela é tão valente, afinal, não tem ninguém, está completamente sozinha (com aquele "menino bonito" distante), e eu, se estivesse sozinha, sem Zygu? Deus me livre, talvez desabasse, e talvez fizesse o que ela faz... Mas não, não quero! Não tenho forças. Teria que caminhar sozinha; caso contrário, posso, no mínimo, imaginar que seria sustentada pelo braço de alguém, pelo braço "Dele". Será que a guerra acabará logo? Que Deus nos conceda isso. Amanhã provavelmente verei Zygu, talvez fale com você também. Vocês me ajudarão, Buluś e Deus.

03 DE NOVEMBRO DE 1941, SEGUNDA-FEIRA

Desde a última vez que nos vimos, tive muita vontade de me sentar com você e chorar. Eu me senti tão mal algumas vezes. Dido e Bimba estão nervosos e descarregam toda sua raiva em mim, sempre me lembrando do quanto foram bondosos em me deixar ficar com eles etc. Pais nunca diriam isso à própria filha, mas não são meus pais no fim das contas. Às vezes (quando acordo de meus devaneios), fico aterrorizada pelo que acontece à minha volta. Mas isso dura apenas um momento e, então, durmo de novo.

Buluś está lá com Jarusia. Elas virão até mim. Gostaria que Mamãe ficasse comigo, quero que saia de Varsóvia (febre tifoide), mas estou com medo dessa estadia. Buluś é sensível demais. Ficaria muito magoada com uma declaração como aquela. Também fico. Estou estranhamente sensível em relação a isso e sinto que um mal muito, muito grande é causado a mim... Na verdade, não choro com frequência — mas sempre choro quando isso acontece. Gostaria de me enrolar em alguma coisa quentinha e agradável, me acomodar em uma cadeira confortável, jogar essas preocupações na lareira e me animar novamente. Minha natureza gatuna é tanta que preciso de calor (sim, Buluś, você sabe), muito, muito calor, ainda mais pelo pouco que experimentei na vida. Porque, fora você e Jarosia, ninguém no mundo pode me dar isso. Talvez você pensará — ele? Não, ele oferece um fogo que explode e se extingue. Sinto, sinto tudo, pois sou sensível.

Adivinha quem me visitou hoje? Ludwik! Na verdade, tenho pensado nele ultimamente. Hoje ele apareceu (por acaso); conversamos animadamente por duas horas. Talvez esteja mais bonito do que da última vez, muito charmoso, respeitoso e elegantemente estiloso, não excepcionalmente culto e orgulhosamente vaidoso. Falou de suas conquistas e popularidade, flertou comigo de vez em quando e ficou com a agradável sensação de ter me impressionado. Fiquei encantada com ele etc. Deve ter notado que corei quando ele entrou, mas não importa, porque é da minha natureza e é isso. Bom, mas Ludwik não sabe. Enfim, foi bom conversar. Eu gostaria de ter uma companhia afim, já nossa.

Estou aprendendo francês agora e lendo livros (muito bons). Eu e Nora estamos estudando história antiga. Fora isso, não faço nada, não escuto o que as pessoas dizem, prefiro escutar o canto dos "pássaros no mato".

Quando Ludwik lançava olhares galanteadores para mim, eu não reagia; não pense que outros olhos me dominaram, só me acostumei. Ah, se ao menos pudessem vir o quanto antes!

Zygu não apareceu na quinta-feira e nem hoje. Fico imaginando o que o impede, mas realmente não. Hoje me esqueci de que ele deveria aparecer. Mas no sábado... acho que veio, sim, usando um casaco de inverno, brr... Ele trouxe uma friagem... Então, Buluś, quando você virá para sua pobre e solitária órfã e não órfã? Vocês me ajudarão, Buluś e Deus. Uma lareira é o ápice dos meus sonhos? E quanto!!!

Lá fora uma nevasca intensa cai ao relento
Uma nuvem branca de neve é tudo o que dá pra ver
Todo o mundo, as pessoas, cada ser
Começaram a ser escondidos pela alvura e pelo vento...

Um xale de sonhos alguém começa a tecer
Ou recorda e dá um sorriso doce e amplo
Por dentro há um fogo crepitando
Fique, não se vá, em contos você pode se envolver

Esta é a minha minúscula casa de sonhos
onde minha alma sempre deseja encontrar descanso
uma casa cheia de memórias pálidas e amareladas
um lar cheio de calor maternal

Uma noite fria, há uma grande nevasca acontecendo
Na minha casa é aconchegante e reluzente
de velhos sonhos, pequenas vidas vão nascendo
Posso colocá-los para dormir, ninando levemente
Alimentar o fogo com lenha para não o ver morrendo
E minhas preocupações sumindo na noite silente

Hoje nossa avó
pela manhã se sentou
lendo um velho caderno volumoso
que não mais largou.
Ela tem lido rabiscos
que preenchem uma página após a outra,
concordando e resmungando:

"que idade imatura e tola"
ela vira as páginas
com rabiscos, escreveduras
com corações apagados — que podiam ser vermelhos
mas já sumiu toda a tintura
de muito tempo atrás,
um tempo tão bom desde então...
Nossa avó esteve sentada,
lendo cada data e anotação.
Às vezes ela sorria,
olhava mais uma vez,
dizia de novo: "ah, a juventude"
e sorria para o livro com nitidez.
Os netos não sabiam, mas o livro não foi terminado
Entre as velhas páginas
Vive uma antiga avó
Eles não saberão que dessa página podem flutuar, fluir ou jorrar
lágrimas que não ficam amargas
mágoas que não causam penar.

4 DE NOVEMBRO DE 1941, TERÇA-FEIRA

Fico feliz por ser assim
Pequena, redonda e forte
porque se fosse magra
Como se em uma nuvem voaria ao norte.
Voaria para longe
Atrás dos sonhos, em perseguição
Então que força existiria
Me puxando de volta ao chão?

Buluś...? Zyguś...? Vida...?

Gosto quando uma estrada ampla sacode
Sob o peso dos caminhões

Quando o silêncio estridente do acostamento
É perfurado pela explosão de uma buzina
Enquanto os choques rítmicos contínuos
Chacoalham uma trilha, uma casa e uma lâmpada
E o murmúrio e a velocidade pairam acima de nós
Como uma corrente passando rápida
Até os caminhões pressionarem o asfalto e empurrar seu
fluxo preguiçoso para cada lado até que se espalhe
E saia da rua e sue
Nessa geada

6 DE NOVEMBRO DE 1941, QUINTA-FEIRA

Tenho tantas dores na consciência, estou tão chateada! E tudo por causa de Bimba, enfim, a culpa é totalmente minha. Na verdade, eu estava apenas cinco minutos atrasada — pouco — e, ainda assim, muito tempo. Já se passou uma semana inteira agora. Deus, por favor, permita-me compensar tudo no sábado. Será que eu, nós vamos nos encontrar? Vou copiar poemas com Nora agora. Vocês me ajudarão, Buluś e Deus.

7 DE NOVEMBRO DE 1941, SEXTA-FEIRA[18]

Mais uma vez chegou o dia em que todas as antigas preocupações sumiram. Gueto! Essa palavra está soando em nossos ouvidos, ela aterroriza, atormenta. Não sabemos o que acontecerá conosco, para onde iremos e o que nos deixarão levar. Deus, creio em Ti, aconteça o que acontecer, Você não nos abandonará. Ontem à noite, todos estavam fazendo as malas, recebemos ordens de sair de nossos apartamentos antes das 14h com 25kg de pertences. Talvez exista um gueto, mas parece que definitivamente teremos que sair das ruas principais de qualquer forma. Deus, sei que me escutou agora pouco, quando eu estava paralisada e meu coração palpitava muito!

Às 22h30 de ontem, a campainha tocou de repente, e quem era? A polícia! Coloquei as mãos no rosto e O chamei, ó Deus, e Você me ouviu.

Era um policial de nossa antiga vila, de Torskie,* e deixou que o subornássemos. Eu o fiz recordar-se dos bons tempos, dos amigos, dos festejos, e de certa forma funcionou. E agora estou Lhe pedindo, Ó Grande, estou pedindo — eu, um grão de poeira, sem pai nem mãe aqui, uma coitada... Se essas vozes solitárias e desoladas tiverem qualquer poder, então, escute também o meu chamado!

Hoje recebi um cartão-postal de Mamãe. Ele me emocionou e comoveu de um jeito estranho. Pois, em toda a confusão do dia, senti que tenho alguém que me ama e se preocupa comigo. Ao mesmo tempo senti a impotência desse amor; minha pobre e distante Mamãe não pode me ajudar de forma alguma. Mamãe, sei pelo que você está passando aí, mas saiba que estou sofrendo aqui também e passando por coisas que podem fazer os cabelos de uma pessoa embranquecerem. Mas acredito em você e em Deus. Ele nos salvou de tantos desastres, guiou você por tantos perigos, porque eu estava orando e implorando a Ele na época: salve-a, salve minha mãe! Ele me ouviu, então me ajudará, nos ajudará agora também. Ah, se ao menos eu soubesse o que é melhor! Você estar conosco ou com Jarosia? Não sei, não sei, não sei! "Estou enviando um pacote para Renusia" — então Deus ainda não me abandonou, se alguém por aí está dizendo isso, pois o mundo é estranho e frio, e isso é sincero, como minhas orações. Minha Amada Mamãe, nunca acho que você está me magoando, mesmo que você me dissesse isso, eu não acreditaria. Porque suas cartas, seus cartões-postais, suas palavras emitem amor e preocupação, e algo tão quente quanto — sei lá. Deus, ouça minha oração, resolva o enigma que destes ao povo. Espero que Zygu venha amanhã, para que eu tenha alguém com quem reclamar. Ajude-nos, Deus, e nos abençoe.

8 DE NOVEMBRO DE 1941

Em primeiro lugar, agradeço a Você e, em segundo lugar, devo ponderar sobre uma questão levantada hoje por Zygu. Preciso considerá-la com cuidado, refletir e compreender. Foi assim que começou! Começou com ele dizendo que sou infantil, que tenho a mentalidade de uma criança, que não amadureci psiquicamente ao nível dos meus 17 anos. Na verdade, primeiro ele disse que geralmente é o menino que não amadurece, não pensa no futuro, em casamento, apenas a menina. E no nosso "relacionamento"

* Uma vila próxima a Zaleszczyki, agora parte da Ucrânia.

é diferente, ou seja, o oposto. Mas discordo totalmente — eu penso, de verdade. Então falei que ele não me conhece nem um pouco. Então Z ficou ofendido e me acusou de ser uma boneca com a qual ele brinca e que reage com o pressionar de um botão; falou que sou passiva, que não sabia disso até nosso primeiro encontro "real". Acrescentou que isso não era uma acusação e que eu não deveria considerar como uma repreensão. Por fim, disse que sou como o Mar do Norte, ou o Oceano Ártico, ou gelo, que não tenho iniciativa, em suma: me falta temperamento! Falou que seus amigos já haviam comentado (ridículo, mas sei disso desde o começo). Ele citou, digamos, Rena K. (que ele aparentemente acha atraente) como exemplo, ou melhor, não a mencionou como exemplo, mas nos comparou, disse que é impossível falar sério comigo sobre isso, que seria mais fácil com Irka. Perguntou se eu tinha alguma coisa contra ele ou se havia algo de que não gostasse. Falei que sim, de fato, mas posso falar isso de qualquer pessoa, mas não dele, e que ele tem razão — há muitas coisas que não sabe, mas a culpa não é minha, pelo menos não por tudo. Por quê? E como explicar que passei por várias fases desde que nos conhecemos? Você sabe bem; você conhece todas elas, querido Diário. Você não concordaria, então, que estive louca de... amor, que às vezes me agarrava à mesa só para não me atirar e envolvê-lo em meus braços, que tive noites insones, torturada, atormentada pelos sentidos? Mas veja, isso passou de algum jeito, primeiro foi difícil segurar, depois ficou mais fácil e, então, nada. E, nessa época, eu não poderia ter lhe contado tudo pelo que você me culpa hoje? Não poderia tê-lo acusado da mesma coisa? Seja justo, Zygu! É possível que, naquele tempo, essas regras antigas me atrapalhassem, essas opiniões obsoletas de bisavó sobre o amor e as atitudes femininas em relação a ele. Mas maio chegou e eu estava, novamente, pronta para... qualquer coisa, e você estava "passivo" de novo. Então esperei impacientemente, em parte desejosa, em parte curiosa. E então (naquela primeira noite de junho — não pode ser chamada assim), quando você me julgou, eu julguei você e... fiquei decepcionada... Saiba que foi você quem me deixou tímida com seu beijo tímido. Mas é verdade que desenterrei essa informação do inconsciente e só agora também. Ou talvez até quando Belania me perguntou: "Mas a questão é se Zygu beija bem", e eu disse: "Não sei." Mas isso não significa que não o amava. Eu amava, amo e sempre amarei, só precisei me livrar daquilo que me esgotou depois que você foi embora, e, enfim, também não estou repreendendo-o, apenas falando a verdade, para esclarecer mal-entendidos, como você mesmo disse. Mas é preciso dizer que você não é um bom psicólogo, se quer ter um bom resultado pelo que falou. Na verdade, a fim de compreendermos um ao outro, precisaríamos conversar sério, sem vergonha de nada, precisaríamos relembrar o passado etc. etc. E não consigo suportar fazer isso agora, talvez daqui a dois ou três anos, como você diz, então talvez tenha razão quando fala que tenho uma mentalidade infantil... Esse aí é o infortúnio todo — você geralmente tem razão e, até quando não tem, acaba estando certo no fim das contas. E, quanto a mim, palavras definitivamente não são o meu forte, no máximo consigo escrever tudo, e isso só acontece depois que você vai embora... Naturalmente, você contará tudo isso a Nora, e como desconfia, ela dirá que tenho razão. Ah, se Buluś estivesse aqui também, ela me entenderia. Eu também poderia mostrar isto... O que foi escrito aqui não representa mais nada, então apaguei. Vou para a casa da menina Teich amanhã com os poemas mais recentes. Um viva aos sentimentos. Vocês me ajudarão, Buluś e Deus.

10 DE NOVEMBRO DE 1941, SEGUNDA-FEIRA

Recebi um pacote de Buluś. Minha querida Buluś e amada Jarosia! Escreverei um cartão de agradecimento. Chegamos a um acordo com Zygu, não foi nada do que interpretei da última vez, no fim das contas. Era para ser um conselho amigável. Portanto, finalmente, estamos no caminho certo, embora Zygu esteja para me dizer muitas outras coisas ainda. Então agora está tudo bem, mas antes — misericórdia! Zygu ficou irritado e suado com o esforço; fiquei à beira das lágrimas. Queria dizer tudo o que havia decidido durante as duas últimas noites e... não consegui. A situação era tão trágica que até a palavra "terminar" foi mencionada. Agora estou sorrindo enquanto escrevo isso (apesar de estar com cólicas menstruais terríveis), mas realmente fiquei preocupada e não sabia como resolver a situação. Estou feliz por tudo ter acabado bem. Eu me sinto estranhamente leve, ah, que bom. Estou com uma sensação muito agradável, como — e realmente devo isso a Zygu. Aliás, ninguém nunca me deu um sermão como esse antes. Bem, ele tinha razão, preciso dar esse crédito a ele. Quando as coisas melhorarem, nos encontraremos.

Deixem as almas e os olhos bem abertos!
Viver é mais fácil com menos fatos encobertos
poucas coisas machucam mais ou dão mais dissabor

do que escolher guardar até amanhã um rancor
até que um pensamento quase esquecido
desperta de novo, e o deixa mais arrependido...

Talvez os sinos devam repentinamente tocar
e uma dor meio curada, meio enterrada, despertar
Deixem as almas e os olhos bem abertos!
Viver é mais fácil com menos fatos encobertos
Para que escolher a culpa, a lamúria, o rancor incerto?
Abram seus corações — para corações bem abertos

14 DE NOVEMBRO DE 1941, SEXTA-FEIRA

Eu deveria ter escrito muito mais, de verdade. Mas, sabe, naquele momento... não consegui, depois não quis, talvez escreva mais amanhã. Saiba apenas que muito tem mudado na vida, na amizade e nisto (não sei como chamar), humores mudaram, e talvez até... eu tenha mudado. Será que mudei mesmo? Ou apenas desabafo meus sentimentos para mim mesma e para você? De qualquer forma, escreverei todos os poemas agora, decidi; o pior que pode acontecer é não os mostrar a ninguém. Fiquei extremamente brava ontem por novamente ser chamada de infantil, então declarei a ela que a essa altura definitivamente amadureci e não quero ouvir isso nunca mais. E amanhã lhe contarei algo interessante, algo realmente interessante, você verá. Eu ia contar hoje, mas não... amanhã. Então, vocês me ajudarão, Buluś e Deus.

16 DE NOVEMBRO DE 1941, DOMINGO

Só nos encontramos depois de amanhã, porque hoje é depois de amanhã. E ainda não encerrei totalmente essa questão. Zygu leu tudo o que escrevi e... é isso. Agora, graças a tudo o que passei, e pelo que Zygu me falou, estou novamente mais próxima desta vida, a real. Era necessário falar. Pois, se todos aqueles problemas não ditos se acumulassem, um dia tudo poderia transbordar e destruir a ponte, sim, a ponte que nos conecta. E nós acabamos de construir represas, e reservatórios, e lagos, exatamente porque fomos francos um com o outro.

O mesmo acontece com Nora. Nossa longa amizade também teve suas fases. Às vezes éramos próximas, gentis e então nos afastávamos por vários meses. E isso foi bom? Aquele silêncio pesado foi certo? Por que ela ou eu não dissemos uma para a outra "Escuta, não gosto disso, não faça isso, isso me magoa"? E haveria uma explicação e tudo ficaria bem. Por que nunca nem nos comportamos francamente? Afinal, éramos amigas! Mas de algum jeito tudo se resolvia e nos reencontrávamos de novo. Como éramos e somos (me parece) feitas uma para a outra, como somos almas gêmeas e duvido, duvido muito encontrar uma terceira pessoa que nos compreenda (Irka — e Irka, nem quero falar dela, isso seria uma blasfêmia contra nossa amizade). Por ora não há ninguém assim em nossos círculos. Estamos, em todos os aspectos, na mesma situação e realmente podemos entender uma à outra. E Nora está crescendo agora, por meu intermédio, por meio do meu crescimento. E eu? Como posso saber? E mesmo que saiba, não consigo escrever, porque existe muito, muito, muito disso tudo.

A questão com Rena K., embora eu estivesse ciente — ou melhor, sentisse — no fim das contas, não sabia o que realmente era. Era 1mm a mais do que eu pensava, ou 1mm a menos. Mas Maciek está para me contar tudo. Eu só estava errada em relação a uma coisa, a primeira.

Sou incapaz de escrever. Meus pensamentos voam longe e não consigo me concentrar nem por um momento. Isso poderia ser chamado de preguiça, sim, uma preguiça extraordinária, por exemplo, pego pessoas do meu ambiente e as transporto para o mundo espiritual, crio milhares de situações contraditórias e pessoas totalmente novas, todas falando, rindo e se movendo, como na vida. Ah, se ao menos um desses sonhos distantes e imaginários se tornasse realidade... Mas é um azar, são esses sonhos vitais, mais reais, os relacionados à vida, que preferem se realizar. Mas, me diga — uma menina com cachos loiros, olhos azuis, sobrancelhas e cílios escuros e lábios vermelhos tão belos e doces como no meu sonho —, ela não pode existir? Vivo escrevendo em partes. De novo. Meus sentidos despertaram, mas não tão fortes quanto antes. Mesmo assim, despertaram e querem se rebelar. Mas não, o mundo é triste demais para que eles decolem completamente — e voem. Apesar de que "tudo" também tem seus limites, assim era em maio.

Foi em maio que tudo aconteceu
deixou aquela primavera e não permaneceu
antes mesmo de começar...

Derreteu e virou um nada
Não houve súplica nem languidez,
mas não é preciso dor sentir
O que já foi pode ressurgir
Quando o lilás desabrochar mais uma vez...
Quando o mundo todo (que Deus permita)
puder ressoar no verde e glorioso maio
Que em uma inundação de flores tudo seja submergido
e que com sangue o coração e o corpo fiquem enrubescidos
e ele tremerá com o recém-descoberto poder
em todas as noites de maio, em cada anoitecer

Não consigo escrever sobre isso agora porque... Porque não! Como posso escrever sobre isso quando o mundo é frio e triste? Não saímos mais de casa, é proibido das 22h até as 5h. Às 5h, as ruas parecem quase estranhas, todos se apressam em sair de casa e as braçadeiras brancas aparecem por todo lado lá fora.

A casa de Nora foi vasculhada.

Não sei quando verei Buluś, talvez pelo menos Jarosia venha. Ó Deus! Permita que sobrevivamos a esta guerra. Mas é verdade que estou despertando novamente, embora não seja mais um tormento para mim — um prazer. Adeus... como? Vocês me ajudarão, Buluś e Deus. Como sempre. Na verdade, não é que eu esteja pensando há muito, muito tempo em escrever um poema, estou apenas assombrada por esse pensamento, é para ser uma descrição de um dos meus sonhos, minha "belezinha". "Você é como um capricho dourado digno da realeza", não consigo de novo, sei que não agora.

Eu sempre fui uma servil e tímida criatura
sempre com fraqueza, nunca com bravura
como se estivesse sempre à procura
de lugares seguros do mundo nocivo...

Adeus... como? Um viva aos sentimentos. Mas vocês me ajudarão, minha única Buluś e Deus.

24 DE NOVEMBRO DE 1941, SEGUNDA-FEIRA[19]

Buluś veio na sexta-feira e foi embora hoje! Jarusia foi com ela (mas voltará amanhã) para levar alguma coisa. Ela ficou por três dias e resta esta sensação:

com um esvoaçar e um guinchado
esfregado gentilmente por um pequeno bico afiado
deixou todo o arbusto balançando

Ela veio, mudou a casa toda e foi embora, e agora não sei quando nos veremos de novo. Sempre que Buluś vem, ela fala comigo e sinto que é a única pessoa no mundo verdadeiramente compreensiva. Buluś na verdade é contra. Não gosta de Zygu, talvez porque preferisse que ele fosse Aryan. Ela me avisou para não levar esse relacionamento muito a sério e disse que não serei feliz, pois... etc. É estranho, mas, depois daqueles sermões, sinto que estou me afastando dele, que não gosto e tenho medo dele. E então outra figura confusa aparece, aquela antiga, indefinida.

Às vezes Buluś está errada, ela não o conhece. Mas às vezes tem razão. Porque, veja, será que a natureza assertiva dele — que acho tão atraente agora — não me atormentará um dia? Não fará o que quiser comigo e com ele mesmo? Será que uma Rena, Halina, Lidka qualquer não arruinará minha vida? Assim tudo estará acabado. Seria impossível ter esperança. Eu só teria mais um lar pelo qual ansiar: o túmulo.

E eu, como me comportaria? Acho que seria ou completamente indiferente a tudo ou extremamente ciumenta, tanto que chegaria a me causar dor física, e então — não, eu não discutiria nem faria escândalo por ciúmes, mas sistematicamente, de um jeito totalmente calculado e com satisfação, retribuiria na mesma moeda. Já fui dominada por esse sentimento algumas vezes, *exatamente* isso. Na verdade, não, ainda devo a ele. E, quando puder, eu o farei com prazer!

Por que estou tão brava, de verdade? Seria por causa do que Buluś falou? Não, ainda quero que ele seja meu marido. E disse: "Talvez não seja o marido que eu queira, mas os filhos, sim, definitivamente, 'você é como um capricho dourado digno da realeza'". Mamãe diz que não devemos querer tanto alguma coisa, porque podemos não a conseguir. Acho que talvez Deus escute esse pedido sincero de menina. Sim, pode acontecer!

Jerschina talvez me dê aulas. Estou tensa. Ticiu e Lila estão morando no gueto.

Deus, que meus sonhos possam continuar se realizando assim. Ficarei muito agradecida... Vocês me ajudarão, Buluś e Deus.

26 DE NOVEMBRO DE 1941, QUARTA-FEIRA

Depois que Buluś foi embora, sonhei que tive uma discussão com Zygu que durou uma noite inteira, de verdade. Nem sei por que estava brava e magoada. Parece que foi por causa daquelas velhas questões e graças à sugestão. Só por isso, só por causa disso. Jara, ela o odeia e fica me provocando, querendo incitar desconfiança e ciúmes, e só acaba causando raiva direcionada a ela mesma. Porque não estou nem um pouco com ciúmes. Quero dizer, estou, mas só pelo que vejo, se não vejo, então não tenho, não fico brava e nem com ciúmes. Feche os olhos; é isso, é isso.

Z foi muito doce e delicado hoje e fiquei incomodada comigo mesma por essas repreensões desagradáveis. Ou talvez seja como Mamãe diz, talvez eu seja infeliz... Isso não seria bom, significaria que não estou aproveitando a vida ao máximo. Mas será que estou pronta para desistir do meu sonho, mesmo a esse preço? Talvez... não sei... veremos... Vocês me ajudarão, Buluś e Deus!

29 DE NOVEMBRO DE 1941, SÁBADO

Quis escrever ontem e hoje pela manhã, mas não consegui arrumar tempo para isso. Eu quis, isto é, planejei dois poemas (sobre meninas e a escola). Mas agora nos vimos e, como sempre, não começarei por onde queria.

Disse a Zygu que sempre o obedeço, que ele é um tirano. Por que fui falar isso para ele? Acho que por causa da sugestão de minha Mãe e daquele sonho (da discussão sobre a roupa de banho). Enfim, contei isso a você e a Nora. Não, não de um jeito negativo, pelo contrário. Você se lembra: "Deixe que sejam arrogantes, até mesmo imperiosos..." Sim, e falei isso para mim mesma apesar de ter pensado muito no assunto. E Z, como sempre, começou a discutir imediatamente e a dizer que na verdade gostava do papel de "ouvinte". É ridículo, não, chega a ser impossível. Ou não percebe ou não quer admitir que é o tipo de pessoa que exerce influência, que se impõe. Mas ele não acha que seja um tirano porque essa palavra é totalmente negativa. Pois um tirano é alguém que impõe sua vontade sobre os outros independentemente de estar certo ou não. É isso, estou mudando minha opinião sobre a palavra tirano. Ela é negativa. Tudo bem... eu a rejeito. Mas, então, como se chama alguém que inconscientemente exerce influência sobre os outros, que — também sem consciência alguma — obedecem? Alguém pode não gostar dessa influência. Há pessoas que, de fato, se afastariam, mas isso me atrai e é exatamente o que gosto, talvez apenas isso! Não é porque, como ele diz: "Gosto, pois não pode ser mudado"; não é verdade. Eu gostava antes de conhecê-lo, e lembro, que desde que tinha 14 anos, os heróis dos livros, filmes e sonhos tinham exatamente essa qualidade imperiosa, não diria tirânica porque agora considero essa palavra negativa! E nós assinamos um contrato, que Z redigiu, para que eu não mudasse nem uma frase depois, que diz: "Costumava gostar e ainda gosto da conduta que chamava de tirânica, mas não a chamo mais assim (devido à mudança na definição da palavra 'tirania')." E? E nada. Isso é típico do Z; ele me deu ordens, que tentarei cumprir e já o fiz em parte, enquanto o que exijo — na verdade, não exijo nada... só falei. Assim, Z continua como era por acordo mútuo. Então para que toda essa discussão, quando me sinto bem nesse papel e ele não mudaria o dele mesmo que eu quisesse? E parece que é isso que estou procurando no excesso de palavras, o que me magoa? Enfim, ele gostaria até que eu impusesse minha vontade. Ou talvez o que me magoa seja isso e não direi mais nada. Não sei, mas existe alguma coisa que machuca. Há certo descontentamento — não sei. Talvez a razão seja não conseguir aceitá-lo, que exista algo atrapalhando. Ou talvez me faltem interesses. Sim, se eu tivesse outros objetivos seria diferente. Assim como as coisas são, penso demais no assunto, pondero, contemplo, é o conteúdo todo da minha vida, e é cedo demais para isso! Hoje, por exemplo, senti um grande anseio pela escola da qual os adultos falam. E tenho mais um ano escolar, de aprendizagem. Adoraria muito ir a uma escola russa como aquela. Eu me senti tão livre e tão bem por lá, e estranhamente percebi isso durante o ano escolar. Gostaria de mais um ano, sim, e depois ir para longe, adquirir vida, aprendizado, prazeres — mas depois retornar. Voltar e fazer o sonho se tornar realidade. Retornar para ele e por ele! Sim, esses são meus sonhos subconscientes mais secretos. Na raiva ou na provocação, se o amo ou odeio, sempre penso nisso e acredito que acontecerá.

Eu acho que seria realmente um primor
Ir para a escola de novo
Voltar para qualquer ano anterior

Não consigo escrever agora, não consigo, estou completamente preocupada com essa questão. Se todos os homens são tiranos egoístas, ele também é — porque, afinal de contas, é um homem. Ó vida, vida, vida idiota.

Como um pássaro libertado de uma gaiola
como um potro enfreado em demasia
eu voaria do meu ninho
pularia cercas e começaria
a cruzar vales, rios e valetas
como o vento, livre e louca correria
para algum lugar distante aonde a vista não chega
em um louco furacão eu dançaria
e como se estivesse atordoada me balançaria
beberia minha alegria
e derrubaria meus costumes
ressoaria e chacoalharia
com a risada, a liberdade e a alegria
e iria de botão em botão
como de uma estrela, de uma explosão, o brilhinho
de aurora
e à noite
voaria de volta para meu ninho

De qualquer forma, deixe que Renuśka pare de chorar agora. Porque, de verdade, ela é uma pobre menina, tão coitadinha e injustiçada. Rena é uma professora, existe uma Rena adorável, e também essa e aquela... mas a dos sonhos, a amorosa é a mais coitada e triste... Mesmo? Não! Nem um pouco a dos sonhos, mas a miserável do Z. O que está acontecendo e o que acontecerá comigo? Vocês me ajudarão, Buluś e Deus.

31 DE NOVEMBRO DE 1941, SEGUNDA-FEIRA*

Uma carta da minha Mãe. Ela chegou a salvo, sem aventuras. A carta mencionou "aquilo" de novo. Mas já perdeu todo o seu poder agora: primeiro, ela

* Novembro tem trinta dias. Na segunda-feira era dia 1º de dezembro de 1941.

não está comigo; em segundo lugar, é bom. Aquilo, e ele, é bom. Então, aparentemente, é assim que deve ser, isso por aquilo (algumas carícias e aconchego), estou comprometida e pronta para me sacrificar, pois, quando está frio e escuro lá fora, há bondade e luz em minha alma... não posso renunciar meu sonho. Pela manhã, achei que estaria infeliz à noite e pensei nisto:

Comecei a construção
De um prédio alto e imponente
Alas e andares formados de suspiros potentes
Em meus sonhos, eu tinha muita qualificação...
À luz do sonho, tudo brilhava assim
O ébano escuro, o branco marfim
Colunas em garra para dar estrutura
A uma cabeça de abóbadas e torres de audaciosa altura
Erguidas tão alto e com suportes muito estáveis
Muito sólidas, muito duráveis.

Se caísse rápido!
Não me causaria tanta dor, não
Mas, olha, as paredes agora se racham com a pressão,
Caem, começam a desmoronar,
da minha alma cada estilhaçar
Se derrete e escorrega, estraga lentamente
isso é o que cansa, é o que deixa descontente.
Comecei a construção
De um prédio alto e imponente
Alas e andares formados de suspiros potentes
cheio de minhas lágrimas, ele foi ao chão...

Deve-se perdoar a primavera
todas as chuvas, tempestades e o vendaval
as pegadinhas que se perdoa e esquece
as nuvens serão perseguidas pela luz do sol
os rouxinóis e o roseiral
e um dia claro aguarda à medida que o crepúsculo se estabelece

Vocês me ajudarão, Buluś e Deus.

8 DE DEZEMBRO DE 1941, TERÇA-FEIRA*[20]

Dia 8 ou qualquer outro que seja de dezembro de 1941, terça-feira. Na verdade, hoje não aconteceu nada que tenha me deixado feliz ou triste ou seja digno de descrição. Apenas um dia normal de dezembro. Mas decidi finalmente lhe contar o que está acontecendo no mundo. Há tiros de canhão, detonações silenciadas vindas do sul e do leste. Os alemães estão lutando contra a Rússia na grande e ampla Frente Oriental, outra batalha ocorre ao mesmo tempo entre a Itália e a Inglaterra na África, na Líbia próximo a Tobruk, onde uma nova frente foi criada. Os húngaros da Frente Oriental estão seguindo em direção à Heimat. Ninguém sabe ao certo o porquê. Os Estados Unidos estão lutando contra o Japão. E… então vivemos para ver a Segunda Guerra Mundial neste século. Para mim é a primeira, mas para outros também é mais assustadora que a anterior. O sangue flui, cidades são destruídas, pessoas estão morrendo. Há uma pobreza impressionante, casos de febre tifoide (Ticiu e Lila no gueto). Deus, faça essa guerra terrível acabar! Faça com que a gente sobreviva e mantenha nossa saúde até ocorrer um tratado de paz! Todos oram agora, todos acreditam que apenas um poder maior pode nos proteger do mal — é Deus!

No tumulto da dança,
em um casamento, um banquete
onde a multidão faz ranger o assoalho
não pedem por ele, não chamam seu nome
o nome de Deus é silencioso e desnecessário.
Bêbados, jorram mais vodca
Bebem e gritam, e então o sangue jorrará
"Vamos, vamos!!", que o mundo todo caia
um brinde a você, se você também beber!
Na diversão embriagada — escolha qualquer um
a vida briga com uma faca.
Que de sangue haja uma golfada
Que as bochechas fiquem coradas
pelo champanhe doce e dourado
que haja novamente um bacanal esganiçado
de humores inflamáveis dos "não agoniados"

---

* 8 de dezembro de 1941 foi segunda-feira.

Deus não é necessário
talvez os tristes orem calados
ele não está conosco
na risada ou no desenfado
nas cenas ou nas lutas
no vinho das taças!
Mas quando as horas infelizes chegam
quando o céu sangra com o fogo e o medo
eles caem e desejam que Deus estivesse por perto!
quando suas vidas desvanecerem com a doença
quando pela pobreza seus corpos deteriorarem
quando a fome cobrar seu preço e o medo os emburrecer
tudo o que podem perguntar é: "Deus não vai nos socorrer?"
Então das janelas com barras de cada prisão
Pode-se ouvir o lamento de um úmido porão
Pode-se ouvir reclamações daqui e de lá
Senhor, você não nos salvará? Senhor, mas você irá!
(Você é o único que pode salvar)
Se ao menos nosso Deus pudesse esquecer e perdoar!
É quando em seus humildes escravos passam a se transformar.
Você está lá de novo. Em uma massa de pão preto,
Nas nuvens que escurecem sobre a cabeça de cada sujeito,
em cada verão de seca pesada,
em cada consciência pela dúvida culpada,
nas lágrimas de conforto, na esperança e necessidade,
Você está lá de novo e é chamado de verdade.
E quando o sol retorna ao céu
E as coisas ficam claras — desse dia em diante
Não mais o chamarão
eles continuarão pecando, você estará distante...
como era então

E é assim. Jerschina apareceu. Na verdade, eu não sabia que me importaria tão pouco. Pode ser porque os odeio. Perdoa-me, Deus! Zyguś é muito bom e adorável, e polêmico. Maciek veio. Conversaremos outro dia, quando houver novidades. Vocês me ajudarão, Buluś e Deus.

11 DE DEZEMBRO DE 1941, QUINTA-FEIRA

Não!... guerra, quem sabe? Talvez daqui a dois anos... Mas Zyguś, tão maravilhoso, delicado, doce e bondoso, e adorável, ele superou meus sonhos. Eu me senti tão bem hoje. Gostaria de contar a alguém sobre os momentos felizes que tenho vivenciado em meio a esse sofrimento. Zyguś foi de um jeito, seria um pecado não o amar como amo... tenho muitos poemas na cabeça, mas não consigo escrever. Vejo você mais tarde... Buluś e Deus me ajudarão até que os sonhos se tornem realidade.

15 DE DEZEMBRO DE 1941, MANHÃ DE SEGUNDA-FEIRA

Hoje gostaria de falar e escrever, e falar, e falar, e nem sei por onde começar... acho que pelo fato de que Nora não me entende. Sim, ela mesma sabe disso e me falou que estou um passo à frente. Ela está atrasada, onde eu estava, bem... um ano atrás ou mais. E a procuraria de bom grado, mas ela... por quê? Ela está se atrapalhando. Eu acharia bom se você já conseguisse me entender completamente. Por que, Noruś? Quando lhe conto alguma coisa não estou reclamando, estou apenas comentando, e você não me entende e transforma tudo em acusação. No entanto, nos entendemos em outras questões, algo sempre permanece.

Se ao menos você soubesse, querido Diário, quantos poemas vivem em mim, mas nem eu sei se e quando passarei esses pensamentos para o papel. E nem mesmo Nora me entende mais. Ó, devo ter mudado muito. Bem, talvez eu realmente não seja mais eu mesma, talvez seja uma camada da alma de Zygmunt. Eu me transformei demais, mas depois de tudo meu antigo eu ainda existe! E a vida agora é expectativa. Pois, você sabe, há momentos na vida sem experiências tristes ou felizes, sem tempestades, sem ondas de felicidade, os quais não são considerados mais tarde. E, enquanto duram, mergulham a pessoa em um maravilhoso estado de calma e indolência.

Não, não me tornei desconhecida para Nora porque usei um chapéu, não mesmo — mas por alguma outra razão, por quê? Por que minha sensualidade sumiu? Porque foi substituída por um carinho monótono, quase "marital". No entanto, percebo agora que preciso muito disso; preciso dessa ternura gentil e delicada tanto quanto das explosões de raiva. Entende agora, Noruś? E talvez seja: "Apenas quem o perdeu pode dizer o quanto você vale",* mas nós somos parecidas, então não sei... mas talvez você também precise disso.

Escrevi algo idiota, talvez não envie a ela. E esses poemas se acumulam tanto, mas também não os escreverei. Tchau, querido Diário, até... não sei quando. Vocês me ajudarão, Buluś e Deus.

16 DE DEZEMBRO DE 1941, TERÇA-FEIRA

O aniversário de Bulczyk está chegando e é a data de escrever a carta tradicional, a carta de aniversário. Porque sempre envio uma carta, e apenas muito, muito raramente consigo parabenizá-la pessoalmente. E agora o que cargas d'água posso enviar a ela? Não, não posso enviar meus votos, parabéns — não. Buluś, o que posso lhe dar? Pensei nisso o dia todo. Vou lhe enviar então uma lembrança brilhante e prateada de inverno, uma memória de uma época em que não sabíamos que éramos felizes. Só não sei se conseguirei recriá-la tão vividamente como aconteceu. Não, não consigo fazer isso de jeito nenhum agora. É esse o mal que tenho sofrido. Vocês me ajudarão, Buluś e Deus.

20 DE DEZEMBRO DE 1941, SÁBADO

Para o aniversário de Bulczyk. Você lembra?

Em um ritmo contínuo cavalos galopavam
Um trenó como um raio deslizava
Neve e gelo nossos rostos beijavam
Pela neve, cabelo congelado e bochecha corada
Bem em nossos olhos, o vento soprava ofegante
Cascos erguiam jatos de neve do chão
Andar de trenó era tão deleitante
Com o badalar do sino em risonha gozação!
Neve e pinhas caíam em nossas cabeças
Pois nosso passar causava tremor e burburinho
Ambas continuamos, profundamente em nosso trenó,

---

* Uma paráfrase [em tradução livre] da obra de Adam Mickiewicz: *Pan Tadeusz*.

Envolvidas em um agradável casaco de pele quentinho.
Árvores silenciosas ao redor ostentavam sua fascinação
O silêncio da manhã sacudido de seus pensamentos
Nós seguimos nos trenós, como um risonho trovão
Com o badalar do sino em risonha gozação!
Por neve fresca nossos rastros são ocultados
As silhuetas dos cavalos sumiam na neblina
o motorista e o trenó, o bosque, o prado
tudo o que escutávamos ainda era o doce badalar do sino...

Saiba que quando o crepúsculo começar
e o sino da torre tocar para as orações noturnas
e o dia de dezembro tiver gastado
todo o seu poder — enrolado e enrugado
em uma hora pesada — eu irei até você
Irei em um desejo a fluir
ou em uma estrela brilhante a reluzir
ou, de fim de ano, em um silencioso respiro
ou talvez em um suspiro?
Eu irei...
Em uma hora cinzenta de inverno,
quando as janelas refletirem com o gelo,
Direi uma palavra, apenas uma,
honesta como lágrimas, mas tranquilizante e afetuosa...

Sim, estaremos com ela, para que não fique sozinha naquela capital lotada, barulhenta e vã. Tchau, querido Diário, iremos juntos até ela... Vocês me ajudarão, Buluś e Deus.

23 DE DEZEMBRO DE 1941, QUARTA-FEIRA*

Nada, os dias passam. São todos parecidos. Oprimida pelos pensamentos, pela espera, pelo ócio... Eles passam e fico sentada em casa e penso, pen-

* 23 de dezembro de 1941 foi terça-feira.

so, enlouqueço de tanto pensar. Estou engordando. Estou do tamanho de um barril. Horrível. Escrevi uma carta de aniversário para minha Mãe. Vi Jerschina; ele tem dois filhos. Bom, isso é mesmo concebível? Estamos fazendo um álbum com Norka, isto é, Norka o está fazendo, eu estou ajudando e isso me dá muita satisfação, muito prazer, poderia passar dias inteiros fazendo isso. Nem ia querer ver Z. Só fazer esse belo álbum. E então... quem sabe, talvez possa ser publicado?

Tem uma coisa que gostaria de dizer sobre Zygmunt. Algo que me preocupa. A saber: não o odeio, mas também não o amo. Talvez não seja verdade, talvez seja apenas temporário, e jurei, fiz promessas solenes. E prometi que sobreviveria à guerra, mas não sei como aconteceu e de onde veio, mas aqui está. Posso negar? Também não posso contar isso a ele, que — o quê? Não sinto atração por ele, estou farta de tudo "aquilo" e novamente fico com meus poemas, você, Mãe, Nora, seres tão etéreos. E você sabe que às vezes existe alguma coisa e, então, todos os defeitos aparecem e criam algo como uma aversão — um cansaço. Por quê? De onde? Não sei. Ó! Se eu odiasse, mas não, não odeio, sou indiferente. Então por quê? Por que rezo todas as noites pelo sonho? Também não sei. Só sei de uma coisa: preciso de trabalho, físico ou intelectual, trabalhar longe de casa — uma ocupação! Tenho muitos pensamentos "poéticos" na cabeça. Você não sabe que essa questão se transformou acidentalmente no elogio mais genuíno.

Posso despertar o dia
e, da noite, distribuir a escuridão
Posso dispersar as nuvens mais escuras
com raios de luz dourada e cintilação

Posso passar o tempo na neve mais profunda
e a primavera chamar
e eu sei onde estão os tesouros escondidos
e onde as fadas estão a cantar e dançar

Posso encontrar meu caminho nas ruas da cidade
em táxis, em bondes que possa usar
Lâmpadas — a centelha interna posso inflamar

Em neve abafadora profundamente uma vila envolver
Aliviar a dor — consigo reconhecer
pessoas que em cidades e povoados estão a viver

Posso espalhar uma alegria prateada
envolver árvores em musgo aconchegante, de perto e afastada
Sei onde vivem minúsculos anões
e soprar sonhos dentro de balões
Posso fazer aparecer noites estreladas
bem no meio do dia
E conheço um mundo mágico
de elfos e princesas, castelos no ar
Conheço todo um mundo que não há

Mas eu nunca soube dessa questão
e, antes, nunca pensara nisso
"E você", alguém me perguntou com repreensão,
"escreve poemas, mas sabe fazer mais do que isso?"

O álbum está ficando lindo, ah, vem a calhar, do jeito que ele é… não, não, não vou falar. Vocês me ajudarão, Buluś e Deus.

24 DE DEZEMBRO DE 1941

Ah, sinto tanta vontade de escrever poemas, quero escrever e escrever para sempre.

Frio, gelo e ventania
O vento está de antipatia,
ele sopra desde o amanhecer
Rajadas e vendavais, eles desviam e balançam
Com o vento as pessoas se questionam
e elas não sabem o que está acontecendo
Por que o vento está tão horroroso
Foi atravessado por algum rapaz corajoso

ao por aí soprar?
Talvez gnomos e anões o tenham acordado
com um silvestre bradar?
ou teve um sonho no qual
passou soprando um vento rival,
e cada folha na floresta foi soprada!
Ele sopra, compassa e lamenta
titubeia, corre e aumenta
com neve ou sem branquidão,
com areia ou não,
os telhados soprados são,
galhos começam a se prender
Levanta poeira queimada
faz bagunça e não tem como interromper
pela depressão e pelo atoleiro
deve seguir por onde flui o ribeiro
Fica nas pás do moinho de vento
e lança nuvens pelo céu
depois pulou e para longe balançou
uma pilha de feno chacoalhou
Com um graveto brincou
e, para fora, direto voou.

28 DE DEZEMBRO DE 1941, DOMINGO[21]

Ou talvez porque não tenha me submetido à Sua proteção. Pense e acredite, embora seja difícil de acreditar. Ontem, casacos, peles, golas, sobremangas, chapéus e botas estavam sendo tomados nas ruas. E agora há um novo regulamento que, sob pena de morte, é proibido ter qualquer pedaço de pele em casa. Sinto pena, especialmente de Dido. Mas o que há para sentir pena — as peles ou o calor, o relacionamento cordial que se dissipou e sumiu.

Não vi Zygu por uma semana e admito que fiquei satisfeita com isso, me curei um pouco de minha mania de perseguição. Mas… mas ele apareceu depois de uma semana, ou seja, me visitou oficialmente (usando um casaco) e, no geral, deu a impressão de ser escravo de uma obrigação. Mas essa não é a parte horrível, ele veio porque tinha que vir, mas preferia não ter vindo e teria sido mil vezes melhor se não viesse. Não vou entrar em detalhes, mas é apenas meu instinto me dizendo que... bom, você provavelmente sabe.

Outra coisa, que me humilha um pouco, é que ele mente. Nunca imaginei que uma pessoa que respeito mentiria. É nojento e realmente não entendo. Eram todas mentirinhas insignificantes, e daí? E daí nada. Mas esta manhã eu me afoguei em lágrimas de raiva. Só conheço um remédio para esses sofrimentos; e talvez o aplique! Sim, sim, mas espera um pouco. Ó, como dói — então amo. Vocês me ajudarão, Buluś e Deus.

30 DE DEZEMBRO DE 1941, TERÇA-FEIRA

Passou-se um ano desde que escrevi: "Preocupações, lágrimas e revoltas, adeus." E hoje, hoje está tudo completamente diferente, hoje estou um ano mais velha, tenho um ano a mais de experiência, talvez esteja um pouco mais madura, mas não tenho muito mais valor. Não há muito mais que eu possa fazer.

Lembro que era um show de talentos, foi divertido, Rysiek estava de ótimo humor. Hoje também encontrei Rysiek, que diferença do ano passado. Ele encolheu, teve seus artigos de pele arrancados, está desinfetando algumas pessoas doentes com febre tifoide, mas ainda conversa e conta suas histórias absurdas.

Vi Poldek, ele estava transportando alguns cadáveres.

Recebi uma carta de Nora, tão cordial e afetuosa. Ah sim! Tudo foi reavivado nessa área, tudo se encaixou, estamos mais próximas e entendemos uma à outra, nos unimos pela amizade. Um ano, como as coisas mudaram! Não sei o que o próximo ano trará. E como poderia saber o que escreverei no ano que vem? Ano que vem e ano passado... E agora estou no limiar e... ao que passou, sou grata por ouvir minhas súplicas e peço ao novo que seja favorável. Ó, Deus, permita que todos os meus sonhos se realizem assim! Vi Mamãe, houve alguma coisa com Zygu e algo começou na política.

Então, este ano, que acabará em uma hora e meia,* desaparecerá e arrancará uma flor da minha vida. Foi um ano inundado de amor. Tudo, lágrimas, suspiros, explosões de raiva, ciúmes, tudo isso veio de uma emoção. E você, Ano Novo que está para nascer, será solidário com os corações do Cupido? Afinal de contas, você é novo. Também sabe amar. E se também quiser ser amado, para que as pessoas se despeçam de você com lamentos e não com um suspiro de alívio, se quiser que sua data entre nos números áureos da história mundial e em uma guirlanda de flores nos corações das pessoas, seja merecedor. Traga um pouco de paz para este mundo que lamenta e luta e, com uma varinha mágica, sossegue-o como um mar bravio. E permita-me amar ainda aquele por quem me apaixonei e ser amada. Faça com que as pessoas que foram separadas pela guerra sejam reunidas em uma feliz tranquilidade. E devolva pais a seus filhos e minha Mamãe a mim. Na verdade, esta é uma continuação dos meus sonhos. Que eles continuem; cada um deles é uma pequena parte de uma lareira, do "capricho digno da realeza". Você entenderá e eu também. E amanhã o saudarei em uma nova página, embora talvez apenas coisas ruins aconteçam amanhã, mas o Ano será Novo e cheio de esperança pelos próximos doze meses. Então adeus, ano velho, com agradecimentos e gratidão por aqueles beijos do primeiro amor, pelos carinhos maternais, pela amizade, por tudo de bom e de ruim. Vocês me ajudarão, Buluś e Deus.

1º DE JANEIRO DE 1942, QUINTA-FEIRA

Prometi, então estou escrevendo. Foi um dia como qualquer outro, pela manhã fui à casa de Norka, depois fiquei em casa, depois comecei a escolher um presente de aniversário para Zygu. E, quando voltei para casa, ele estava aqui. Estava muito afável e bonito. Desejou que eu persistisse e sobrevivesse. Foi muito trivial; nós nos sentamos à mesa e conversamos.

Z não demorou para ir embora (com raiva porque eu não quis mostrar a ele a Véspera de Ano Novo anterior no diário). Mas não é verdade! Sei que, embora pareça que tudo estava certo, as coisas estavam desanimadas de certa forma. Parece que Z tinha as melhores intenções, mas elas esfriaram lentamente, e... não sei, mas acho que tem alguma coisa acontecendo. Não pode continuar assim! Se decidimos agir abertamente, isso deve ser feito.

---

* Provavelmente: um dia e meio.

A verdade deve ser revelada! Porque sei que todas as aversões, considerações, investigações e suspeitas são apenas outra forma de amar. Pois não há sonhos em que ele não apareça. E agora estou animada, porque talvez tenha conseguido me convencer. E me senti tão triste, ó tão triste. Chorei e pensei em Bulczyk. Queria escrever uma carta, que seria um choro de saudade! Eu me sinto tão sozinha, como se não tivesse ninguém, ninguém. Há apenas Buluś, mas tão distante. Percebi que mães e filhos são os seres mais próximos no fim das contas. Entendo que sou para minha Mãe o que meu filho seria para mim. Sinto vontade de chorar, estou indiscutivelmente triste. Deus, faça com que as coisas melhorem agora. Desejo um pouco de afeto... Vocês me ajudarão, Buluś e Deus.

5 DE JANEIRO DE 1942, SEGUNDA-FEIRA

A carta de minha Mãe foi afetuosa. Mas não escrevi nada, fiquei esperando, sempre esperando um abraço carinhoso, um olhar, mas somente um vento frio e congelante soprou. Ele esfriou meu coração, trouxe lágrimas aos meus olhos. Eu quis escrever uma carta para Mamãe, mas mudei de ideia. Essa carta seria um choro dolorido demais, machucaria o coração de uma mãe. Não, estou mentindo para o mundo dizendo que sou indiferente a isso; não é verdade! Estou magoada, simplesmente me contorço de dor. Não sei, seria aquela menina desconhecida que o ganhou com o cargo e a nacionalidade de seu pai? Ou por ele nunca ter falado nada sobre isso, ou por estar longe há praticamente duas semanas? O quê? — Tudo!

Falei sobre isso com Jaróska. Conversamos como duas amigas. Mas há uma diferença entre nós (não só na idade), mas emocional, eu amo apesar de tudo, e ela odeia. Mas concordamos em um aspecto: preciso me divertir, preciso de alguém, urgentemente; já escrevi sobre isso para Norka. Se isso não curar a ferida, deixará uma cicatriz. E então... Quem sabe o que acontecerá depois? Nos tempos em que estamos, eu deveria pensar em outra coisa, nas preocupações da vida, mas enfim, não consigo. Talvez esteja pecando. E você sabe o desgosto com que estou fazendo um álbum de poemas para o aniversário dele? Porque Maciek me contou que ele está pedindo um. Bem, mas devo ser magnânima ao me despedir. Da próxima vez, tentarei não me apaixonar tanto, tratar tudo com leveza, dar o suficiente e nada mais, não mergulhar tão fundo. Mas esse me afetou profundamente o ano inteiro. Pense bem, 365 dias e não teve um em que eu não pensasse nele, tão poucas noites em que não sonhei. E agora tudo isso se dissipará de um jeito tão banal? Na verdade, já deveria ter ruído por causa disso há muito tempo, afinal de contas, ele sempre esteve de olho em qualquer rabo de saia, perdão, não qualquer um — aqueles que o olhavam nos olhos. É normal para ele ficar atraído por meninas que são atraídas por ele. Na verdade, um dia ele me disse que retribui excessivamente os sentimentos, e aparentemente retribui flertes também. Isso não sei, mas, com certeza, não experimentei isso em primeira mão? Porém neste álbum escreverei o que sinto. Preciso fazer isso. Talvez ele me entenda.

COMO

Uma borboleta ama todas as flores, as que são
do prado, da planície e da colina
lírio e camomila
as flores simples e o caramanchão
Quando não corre atrás dos aromas
Mas o néctar ainda aspira

FOLHAS

As folhas de maio, elas tremem
brincam impacientemente com o vento
É estranho?
Para mim nem vagamente
Pelas noites de agosto
elas queimam
com um poder maravilhoso
de amor, talvez
no outono ficam amareladas
murchas e pálidas
isso deve ser inveja
No inverno, estão mortas
e congelam totalmente
em um chão nevado de floresta
elas caem abruptamente
farfalham e não cantam
e, em vez de acariciar, elas queimam
É estranho? Para mim nem vagamente

E não sei, ele vale a pena ou não? É provável que sim. Tive mais alegrias do que tristezas no fim das contas. Adeus…

Um sonho, sonhei
maravilhoso, de agradável sensação
meus pés movimentei
em nuvens, foi essa a impressão
uma terra de cores e aromas
e sinos
e sinos
de risos
que ecoavam além disso
se repetiam
até serem espalhados
distantes
até um suspiro
de um riso de sol dourado
que dia marcante
depois em uma névoa transluzente
uma nuvem de borboletas entrou a voar
com um nome pelo céu, tão brilhante
um nome tão agradável quanto o meu sonhar
e igualmente maravilhoso…
depois o despertar
não tão buliçoso
na lateral com um cutucão
meus olhos se arregalaram
está escuro, o dia chega
a sombra está prestes a acabar
um sonho gentil
um sonho primaveril
mas do qual não vale a pena acordar

Um dia muito triste e choroso. Noruś, quis escrever para você hoje. Não — apesar de saber que isso pertence ao passado — "por ser sua amiga para chorar", mas veja, estranhamente, é assim que funciona. Mas você algum dia já pensou no significado dessas palavras? Quando alguém está passando por momentos difíceis, sim, momentos difíceis e tristes, quando precisa de consolo, recorre à pessoa mais próxima, a mãe — e eu não tinha uma mãe aqui. Quis escrever sobre amizade, mas sei que meu humor mudou desde hoje cedo. E? E é minha sina chorar de novo. Ó Deus, mas meu coração está pesado! Palavras são apenas palavras e não dizem nada. Esse fardo também não será aliviado com uma carta para minha Mãe ou para você, queridíssima Noreńka, nem por poemas; esse fardo foi imposto pelas palavras dele. Tão humilhante! Por que perguntei aquilo? Noruś, pensa bem, tenho uma espada no coração, quando está lá, dói, dói muito, porém, quando tento removê-la, dói ainda mais. E pensar em nossa amizade me parece um refúgio tranquilo que considero sagrado. Você consegue acreditar que ele sentiu isso naquela época? Mas, ainda assim, estou melhor. Pode-se dizer que tenho duas caras? Vocês me ajudarão, Buluś e Deus.

19 DE JANEIRO DE 1942, SEGUNDA-FEIRA

Aniversário! Querido Diário! Mamãe! Noreńka! Eu me sinto tão bem! Tão leve. Foi aniversário dele hoje. Dei-lhe uma coleção de poemas (tudo bem que é muito bonita e quase me apaixonei por ela ao montá-la) e ele ficou muito feliz! Eu não sabia que gostaria tanto. Ficou emocionado. Perguntei o que gostaria que eu desejasse a ele. Respondeu que queria que sobrevivêssemos a esta guerra sem nos separarmos. E quero isso também? Que pergunta, será que quero? Desejo que não nos separemos nunca. Como Z disse, os poemas nos conectam. Que bom que entende isso. Poemas são coisas extraordinárias e únicas, eles conectam almas e elevam e enobrecem o amor. Deus, muito obrigada, e que meus sonhos possam se realizar... Vocês me ajudarão, Buluś e Deus.

24 DE JANEIRO DE 1942, QUINTA-FEIRA*

Eu me sinto tão bem! Percebemos que nos entendemos completamente. E abri suas profundezas, querido Diário! Você está bravo? Eu as abri para al-

* 24 de janeiro de 1942 foi sábado.

guém próximo e muito amado! Dei tudo o que há de mais profundo, mais precioso, mais honesto — todas as preocupações e pensamentos contidos em poemas. "Quando nos parecermos com lírios d'água", Zygunio. Honestamente, o seu jeito me faz ficar sem palavras, é melhor deitar, fechar os olhos e sonhar. Só Jaroška estraga a imagem para mim com seus comentários: "Ele parece um verdadeiro 'judiado' com aquele chapéu." Ela que fale, talvez tenha razão, não consigo ver, e mesmo que visse

O coração não receberá ordens de bom grado,
*ele é mais inteligente que você**

De modo geral, tenho esperado para escrever alguma coisa, mas passei o dia todo sem saber o quê.

Primeiro, "ele" estava sentado
em um trono dourado
um castelo, cavalos, cavaleiros
como um fantasma alado
como a maioria — um verdadeiro príncipe coroado
as noites mais doces de meus doces devaneios
Ele pula, voa, corre
o dragão morre
e brilham as ferraduras douradas
e de tanto brilhar
ele pulou para irradiar
na tela prateada
Era "ele" novamente
de uma menina o sonho evidente
Ele conquistou cidades e corações
tão adorável e único
Muros ele derrubou
e no hóquei gols marcou
O terno exibiu seu físico

---

* Uma alusão ao verso de uma canção de Julian Tuwim (letra) e Henryk Wars (música) executada por Hanka Ordonówna no filme *Szpieg w masce* (1933), de Mieczysław Krawicz.

Depois novos começaram
heróis de livros
o soldado e o guardião
com patentes e avião
E foi devido a eles
que afundou seu coração
E então, um — quem?
Na rua uma criatura
Alguém com lábios de ternura
Alguém com as vistas de luz e intensidade pura
Alguém a quem protegeria e com quem sonha com doçura
Em maio, alguém como uma fantasia
que não sumiria ou desapareceria
Era "ele" novamente
de uma menina o sonho evidente
uma estrela de certa reputação
Muros ele derrubou
e no hóquei gols marcou

Sem dúvida, com muita vocação
Sua roupa era limpa e bem ajustada
e ele sumiu em uma brilhante tela prateada

E às vezes é exatamente como foi com esse poema. Primeiro ganhou velocidade, criou asas e parou, estou lutando, lutando, lutando e não consigo terminá-lo. Mas talvez o termine...

Ele emburrou e deitou para esperar
depois com um salto
fez jorrar um fluxo profundo e afiado
Abriu asas escuras
e rapidamente
rabiscou uma série de poemas
por uma página apressadamente
Cada sentimento e cada pensamento

por sinais em preto a imprimir
Ele se moveu em rabiscos estreitos
que brilharam por trás de si
Cuspiu verso após verso
tossiu uma rima, e assim
fez surgir lágrimas de tinta
de uma pobre e velha caneta nanquim
Depois parou
com as costas contra o texto
em uma página em branco
tão escura quanto uma teimosa cabra da montanha
quanto uma flecha atravessada em um tronco
ele se calou com uma careta
e olhou ao redor boquiaberto
e o fim deste poema
nunca chegará perto

Talvez eu o termine no fim das contas. Vocês me ajudarão, Buluś e Deus.

26 DE JANEIRO DE 1942, SEGUNDA-FEIRA

Hoje foi um dia tão estranho. Minha pobre e querida Noruśka. Esta manhã, ela apareceu apressada, chorando e dizendo: "Meu avô morreu." E foi embora correndo. Meu coração ficou tão apertado e doeu tanto. Mais tarde, fiquei ansiosa por causa dela, achei que tinham a escolhido para varrer neve. Sei o quanto é sensível e o que isso significa para ela. E quando imaginava se a pobrezinha não estava congelando em algum lugar e o que estava fazendo, senti o quanto essa minha pequena amiga me é querida. Seu diário é uma história de nossa amizade. Poderia ser intitulado: "Como uma amizade se fortaleceu." Ó, mas é preciso dizer que ela deve ganhar a posição mais nobre, de mais respeito. E agora estamos tão próximas que sinto sua dor como se fosse minha. Gostaria que ela viesse até aqui. Sua carta mais recente era tão afetuosa que é preciso ser muito cordial para conseguir escrevê-la. É tão horrível, Irka perdeu sua avó, Norka — o avô. Ó, Deus, preserve a vida de todas as outras pessoas e acabe com essa guerra. Buluś não escreveu. Ticiu não escreveu. Ó, toda essa nossa família também é um corpo esquartejado. Será que ganhará vida? Será que algum dia se reunirá? Passei a duvidar do termo "casa familiar" — só posso ter uma minha agora. Ó, faça com que aconteça, Deus. Os avós representam para nós tudo o que se relaciona a proteção e cuidado, e tudo. Ó bondosa, querida e santa Bimba! De certa forma, é acolhedor e ensolarado com eles nesse clima congelante. Estou passando por momentos raros na vida. Tenho 17 anos e, quando olho em seus olhos, esqueço toda a tristeza do mundo. Eu os gravaria no meu coração com letras douradas. Porque estou na idade e no estado em que as palavras, os olhares, os carinhos dão felicidade. Em que fico feliz apenas com a visão do meu amor. E agora talvez os poemas tenham introduzido essa clareza. Mamãe, escreva para dizer como está! Seu silêncio é um fardo tão grande. Digo "boa noite" para o jovem e feliz, "boa noite" para o triste e preocupado, "boa noite" para você, minha distante Mamãe, e para você, minha triste e querida amiga. Boa noite... Vocês me ajudarão, Buluś e Deus.

Que esta noite traga abrandamento
um doce repouso
para aqueles de luto
e em sofrimento
um espírito alegre
e esperançoso
para aqueles em um amor contente
Que suas mãos frias encostem
nas têmporas queimando
com o calor do dia
Para o mundo
que traga toda a ajuda
que puder
e que bata em portas
de corações trancados
boa noite...

29 DE JANEIRO DE 1942, QUINTA-FEIRA

Bom... Ela não escreveu, não. Isso pesa tanto em mim. E, como de costume, começo imediatamente a imaginar coisas — e não quero pensar. Estou tão triste. Z também me causou muita preocupação. Ele diz que eu gostaria de viver mais leve, que não ligo muito para nada. Será que ele nota essa máscara que uso (com dificuldade), ou talvez, talvez seja verdade, talvez, ao tentar sempre "debochar do mundo", agora eu zombe involuntariamente? Mas não posso dizer que penso dessa forma sobre minha única Mamãe, a mais querida, e sobre nossos assuntos, que são uma experiência difícil e opressora para mim. Toda a minha juventude tem sido assim. Você sabe. Nunca careci de nada material — mas, de algo moral, às vezes. E não podia transparecer, e não queria me importar muito com nada, e fiquei assim. Agora, Buluś, escreva e visite. Esses são meus maiores desejos. Vocês me ajudarão, Buluś e Deus.

30 DE JANEIRO DE 1942, SEXTA-FEIRA

Não, nenhuma carta, nem sinal... apenas minha cabeça latejando, por quê? E estou pensando em escrever um conto. Sem conteúdo, sem humores mais ou menos, chega. E em resposta a você, Buluś.

Se eu fosse exatamente como você é agora
Teria todos os meninos da cidade afora
Estaria cercada por muitos moços
e os deixaria beijar!
os deixaria ficar em alvoroço!
Não ligaria, não me importaria
a vergonha da jovem menina não existiria
Os braços eu abriria bem
e depois negaria tudo de novo também
Os enfadonhos eu devolveria
Depois as pernas exibiria
E levantaria meu vestido o suficiente
Para deixar brilhar a luz ebuliente
Com tanta elegância

quem conseguiria ter tolerância
e resistir a tanta tentação?
Os íntegros não fariam falta, não
Velhas almas castas poderiam deixar as línguas voarem
pelo meu corpo, até findarem
pelos meus lábios, e todo o cabelame
Manteria lá mesmo todos os meninos doces do enxame
Os faria se afogar em alegria — e como, oras!
se eu fosse exatamente como você é agora...
Mas não sou, e consequentemente
Nunca amarei outro, mesmo que tente
meu amor é jovem, ciente, envergonhado
e tão infeliz, tão cheio de cuidado...

Estou feliz com o que escrevi sobre mim mesma — vou renovar um pouco. Vocês me ajudarão, Buluś e Deus.

6 DE FEVEREIRO DE 1942, SEXTA-FEIRA

Uma sexta-feira bem comum. Porque você não sabe que sextas-feiras são assim, e, bem, geralmente sempre, todos os dias. Recebi uma carta de Buluś, Jerschina a trouxe. Não estudei nada para ele. Sinto muito, estou tão envergonhada — terrivelmente. E quero realmente aprender agora. Quero, muito, penso nisso. Mamãe, me perdoe, por favor, me perdoe, você também passou por isso um dia, afinal — eu... não consigo.

Zygmunt queria vir com mais frequência e concordei. Mas isso é algo que senti desde os primeiros estágios do amor — não gosto de vê-lo com tanta frequência. É como se eu estivesse preocupada que tudo se torne banal, que fique entediada, sem energia (mas não é assim, certo, Noruś?). Então para que abrir o berreiro? Pois foi como hoje? Afinal, ontem e mais cedo, e antes disso, era diferente. Então é preciso dizer como era. Era ou não era. Isso me deixou muito agitada e me causou tremores prazerosos e perturbadores. Tudo era doce: os beijos, os olhares e as palavras, e tudo o que não era tão etéreo, sim, isso também. E hoje foi assim no início também — não no fim. Porque, de verdade, quem posso culpar por começar a pensar no modo honesto e claro que Z tem de contar as coisas? Também lhe disse algumas coisas e talvez tenha sido isso que me fez sentir tão humilhada internamente. "Renuśka! Você é boba!", Mamãe diria. Pois você não teve outro amor antes desse? Pois seu sonho era tão inimaginável? Pois aquele primeiro beijo, como Z diz, foi como uma cereja recém-colhida? Sim, por causa disso! Porque quando ele (afinal, muito honestamente e de boa fé) me contou sobre todos aqueles seus casos, os flertes casuais e pequenos romances, não consegui impressioná-lo com nada parecido, se é que poderia impressioná-lo de alguma forma. Ou talvez não seja isso... Devo tocar meu coração assim, pouco a pouco, para ver onde dói. Talvez o discurso apaixonado sobre aquela primeira Jadzia, não, não é isso também, e não é o fato de todas essas experiências terem sido muito mais românticas que a nossa, ou talvez a comparação? Sim, sim... comparou o meu amor por você com o seu amor por ela. Eu não era nada, absolutamente nada na sua vida; e você nem prestava atenção em mim. Mas o que realmente quero? Sempre soube disso, afinal, nem exigi reciprocidade (às vezes). Ainda assim, por que está surpreso por eu ter sido "consumida pelo silêncio"? Oras, fiquei envergonhada, a humilhação devastava meus olhos, de qualquer forma. Tudo o que eu disse e fiz sempre me pareceu exagerado. Você era livre para fazer qualquer coisa, mas as meninas têm suas próprias regras "sagradas". E por que, Z, por que "isso" aconteceu? Não foi porque você me achou atraente ("Pois nem tentei ter uma conversa interessante"), não porque eu o achei atraente, é isso? Ou talvez a disputa do show de talentos e do concurso? Talvez isso não tenha sido importante — nada importante? Essas rivais que venci, isso não me deixou feliz (ou deixou?) (agora sei — o show de talentos). Afinal de contas, cada uma delas poderia ter conseguido. Eu sabia de tudo isso, mas nunca, nunca suspeitei que ouvir isso dessa "forma acessível" me causaria tanta dor, bem, não tanta dor quanto um espasmo. Você só podia amá-la, embora não mais posteriormente. E não houve um rótulo para o nosso relacionamento — foi algo entre uma amizade e exatamente isso — e então tomou uma natureza mais distinta. Mas posso falar isso de outra forma. Para mim, você foi imediatamente mais que um amigo (apesar de tê-lo odiado de vez em quando), talvez precisamente por causa disso. Talvez eu tivesse me retirado e encerrado a luta se...? Ah, sempre existiu um "se", e é por isso que fiquei e ficaria. Mas, mesmo hoje, sinto muito por ser jovem e inexperiente, uma novata, uma pateta; sinto muito por não poder dizer: "Pelo menos sei que não vivi de forma enfadonha." Mas uma promessa será mantida, mesmo que eu tenha amado muito ardentemente — como hoje. Agora está melhor, está bem, agora folhearei aquelas páginas antigas e desconcertantemente ingênuas. Vocês me ajudarão, Buluś e Deus.

Vamos cantar então
Vamos cantar então
até que a ilusão
da juventude sobreviva
até que possa emocionar, prosperar e brotar do chão
Vamos então encher
o céu com música festiva!

8 DE FEVEREIRO DE 1942, DOMINGO

Eu gostaria de começar uma história. Uma história do nosso amor. Escrita de forma completamente independente. Mas é preciso, talvez seja difícil, quando... não sei. Vocês me ajudarão, Buluś e Deus.

16 DE FEVEREIRO DE 1942, SEGUNDA-FEIRA

Amanhã vou à casa da Noruśka. Passar o dia todo lá. Conversaremos até nossos corações ficarem satisfeitos. Resolveremos tudo e criaremos, pelo menos na teoria, nossa futura empresa. Temos que fazer isso. A qualquer custo, precisamos. Fui à casa de Irka, ela também me visitou. E novamente uma teia de relacionamentos está começando a ser fiada. Mas não quero que essa teia se entrelace tanto a ponto das aranhas me sufocarem. Preciso ver a minha própria, precisamos nos encontrar.

É nojenta, essa vida, que começa encarando os lábios dele e acaba com a observação de suas unhas. Tento, com toda a força, me afastar dessa influência. Mas é muito difícil, porque sonho em abraçá-lo. Se eu tivesse alguma ocupação ou outro alguém, não pensaria tanto nisso. É estranhamente divertido sempre saber com antecedência.

Ontem contei a Jarośka a história da minha vingança. Ela disse: "Ridícula, você está inventando histórias!" E hoje, hoje há certa verdade nela, no fim das contas.

Às vezes temos rivais; é assim mesmo. Em alguns casos, só o nome delas pode me fazer ficar com raiva. O que sou se ela é minha rival?! Nunca pensei nisso, mas, aparentemente, ele pensou. Não. Não é nada. Vai passar, isso é certo. Ou passará ou estará para sempre arruinado! Talvez apenas por um tempo. Porque acho difícil renunciar ao sonho. O sonho que aperfeiçoei, cultivei em meus pensamentos mais secretos. Humores persistentes — já? Não, dei o nome errado. Era um bom humor, mas soube imediatamente, senti tudo de uma vez e mudei, ah, me ajustei. E estou com raiva! Mas é melhor esconder um mau humor no melhor humor.

Escrevemos retratos um do outro. Zygu foi mais aberto, então escrevi uma adição ainda mais "adoradora". Não é estranho eu sempre preferir dizer mais, gostar de dar o tanto que recebo? Sei que uma moldura muda bastante, é como um cenário no teatro. Tchau, boa noite. Vocês me ajudarão, Buluś e Deus.

18 DE FEVEREIRO DE 1942, QUARTA-FEIRA

Por que um dia tão bom acaba assim? Por que esse dia em particular, cheio de conversas amigáveis com Norka e planos radiantes e leves do nosso mundo, se fecha e se curva, como eu? Por que não fico animada por aquele dia 16 de março e o lindo sonho de ficarmos jutos, nas montanhas, apenas um para o outro? Por que meu único, meu amado, é pior do que todos os outros? Por que é tão odioso!? Odioso, sim! Isso não é um lamento de uma menina explosiva, não! Percebo totalmente que todas as letras daquela palavra são pequenos vermes odiosos que constituem um todo odioso. Como tudo isso é superficial, baixo e mundano: círculos, fofoca, círculos, fofoca, círculos... infinitamente. Mamãe, minha única, minha querida, leve-me desse clima nojento e reprimido no qual estou sufocando. E Jarośka, ela também está tornando minha vida impossível! Veja bem, eu queria dar asas ao amor. Coloquei toda a minha alma nisso, mas as asas quebraram e ele caiu, aterrou, ficou cinza. Bem, por que estou surpresa? Tudo se resume a isso. Ou talvez nunca, nunca tenhamos compreendido um ao outro? Estou precisando tanto de palavras carinhosas. Ah, Mamãe. Estou lendo um livro sobre o amor. Ótimo, puro, mas "mundano", e acho que esse amor só pode existir nos livros ou talvez... Talvez o grande e belo amor exista lá fora? Talvez a pessoa possa receber o que dá? Mas não aqui; bati no coração errado, estava errada, ah, estive muito, terrivelmente errada... Vocês me ajudarão, Buluś e Deus.

24 DE FEVEREIRO DE 1942, TERÇA-FEIRA

Eu. Eu me faço rir. Engordei como uma tia velha, gorducha e rechonchuda. Tenho um queixo triplo. O que tenho para escrever? Estou viva novamente. Muitas tarefas para cumprir. Várias coisas compartilhadas com Noruśka. E sabe o que mais? Talvez tenhamos uma celebração oficial do nosso aniversário de amizade. Dia 16 de fevereiro de 1942.*

O dia hoje começou como qualquer outro mais recente. Ele me disse que ultimamente tenho sido malvada e isso e aquilo. E tudo era tratado a distância etc. etc. Até que analisamos nossa aposta (e contamos os poemas). Zygmunt me tomou a foto, aquela que entrou na arena de nossas vidas tantas vezes antes. Ele queria ficar com ela, implorei, pedi, comecei a chorar. Nada. Zygmunt estava determinado, embora eu não possa dizer que tenha sido indiferente, pelo contrário. Jarośka me deixa muito constrangida. Como gesto de paz, deixarei Zyguś ficar com uma cópia. Mas resisti com todas as minhas forças, nem mesmo suas carícias e olhares me tentaram — não! E por quê? Zygmunt me pediu uma coisa e não pude, não sabia como explicar. Afinal de contas, essa foto faz parte de um sonho. O grande sonho dourado que carrego comigo na vida, um sonho preso a mim, que vive, pulsa. Então falei: o que for preciso. O preço é a paz e o sossego, uma entrada incompleta no álbum, talvez até tensão em nosso relacionamento ou mesmo um término...

Mas esse sonho é inacreditável, nada me fará desistir, ninguém me despertará para a realidade. Acho que um dia ele estará no álbum e contarei a um amorzinho: "Quer saber... não são minhas lágrimas caindo. Um sonho não pode ser evocado antes de ser realizado." Então Zygu pode ficar com raiva, mesmo eu tendo achado que ele tentou se aproximar. Zyguś, o amo tanto; você deveria me perdoar independentemente do que eu tenha feito. Mas quando achei que talvez não acontecesse na quinta-feira ou no sábado ou... nunca, fiquei de coração partido, senti tanta saudade... de novo. Vocês me ajudarão, Buluś e Deus.

* Deve ser dia 16 de março de 1942.

28 DE FEVEREIRO DE 1942, SÁBADO

Estava bom, ficou ruim e depois voltou a ser bom. Esses sentimentos transbordam em mim. Mas escrevi uma carta para Mamãe, uma carta longa, que me deixou um pouco aliviada. Ah, se eu pudesse ao menos fugir daqui. Parece que cada pessoa que conheço é minha inimiga. Talvez sejam essas histórias.

Zyguś é muito doce, mas não consigo dançar, estou letárgica, nojenta, terrível. Não quero mais nada a não ser... encontrar Mamãe. Ir até lá e ter um pouco de trégua. Sou muito horrível por dizer essas coisas sobre ele em um momento de fraqueza. É errado, é baixo e é verdade. Mamãe, estou tão infeliz... Vocês me ajudarão, Buluś e Deus.

6 DE MARÇO DE 1942, SEXTA-FEIRA

Essa semana foi muito agitada. Irka fez aniversário. Passamos o dia com Nora; foi muito agradável. Tiramos algumas fotos com Nora e Jarośka (aliás, provavelmente ficarão péssimas). Talvez tiremos mais algumas no domingo. Mamãe escreveu e enviou dois pacotes e isso e aquilo.

Não vi Zygmunt a semana toda. Sim, e agora terei um ataque nervoso, descarregarei minha raiva, vou explodir! Sim, porque não me importo com suas visitinhas. Entendo — e até ele mesmo me disse isso — que gosta de companhia. Mas fica encabulado demais de ir comigo; simplesmente fica envergonhado e sem graça com facilidade. Ele me falou isso, ou seja, que não queria ir comigo e disse que iria sozinho. Enfim, vou poupá-lo do desprazer da minha companhia, ele talvez fique com vergonha na rua também. Que pena. É difícil descrever o quanto estou amarga, consigo sentir o gosto de bile na boca. E pensa bem, pensa como me senti quando Lidzia perguntou gentilmente: "Por que você não vem com Zygu?" Novas decepções surgindo o tempo todo.

Cartas para Mamãe são as únicas coisas que mais me acalmam. Não falo nada sobre "o problema", mas digo, abertamente, que gostaria de ir embora daqui, de encontrar um mundo diferente — sei que não seria melhor, mas isso me atrai porque seria novo. Já estou farta desse tête-à-tête. E é só porque está tudo insosso. "Estou com raiva, pois virei meu coração do avesso como um bolso velho e chacoalhei para tirar todas as migalhas. Eu sei, sei que sou uma vaca estúpida, você não precisa me dizer isso." Foi isso que escrevi para Binka. Você se lembra do "abrir nossos corações"? Estou com raiva desse poema agora, o contradigo; só me convenceu por um tempo e agora o nego com todas as minhas forças. Fui parcial. De fato: "Abram seus corações — para corações bem abertos" é a coisa certa. Mas só aqueles que forem bem abertos. E, se não houver nenhum doce segredo lá, estará vazio.

A luz roxa se torna amena
iluminando uma urna de tom avermelhado
exibindo algumas visões que armazena
os agitados espectros encantados
Você pode ver transes consideráveis
escondidos no tom rubi
testas paradas, enviando olhares
A coroa de brilhos você vislumbra
A rainha misteriosa mergulhada em fantasias
em seu trono de penumbra...
Então alguém abriu os dosséis
Deixando a luz entrar onde
no segredo obscuro
procura algo que esconde
Verificando armários, cantos na sequência
Olhando dentro de um vaso
Procurando, vasculhando com ambas as mãos
Para concluir: "Vazio, ela é um lugar vago."

Um segredo deixa de ser segredo quando alguém o descobre. Meu coração está vazio, porque falei tudo.

Nunca ficarei com raiva, meu amor
quando sua bochecha enrubescer
quando você descobrir um assunto estarrecedor
quando disser docemente: "É um segredo a se manter."
Você colocará um dedo nos lábios
Na sua testa seus cabelos cairão

Seus olhos olharão para cima e serão eclipsados
Cheios de mistério, repúdio e admiração.
Você gostaria de falar, eu sei
Sei que gostaria de chamar
é difícil, tão difícil, mas ei
Você quer tudo dominar?
É infrutífero e aborrecido
Sim, sobre isso eu gostaria de ter ciência
mas não ficarei com raiva, meu querido
porque então seria uma insolência
não seria sua doce confidência...

Então ele fica com vergonha. Bem, até amanhã. Vocês me ajudarão, Buluś e Deus.

(NO SÁBADO)

A dor ainda não passou, e como poderia? Irka estava lá e Waldek e Zygmunt. E foi bom. Bem agradável. Mando beijos... Vocês me ajudarão, Buluś e Deus.

11 DE MARÇO DE 1942, TERÇA-FEIRA*

Mais uma vez ele me procurou e foi como costumava ser. E mais uma vez o rejeitei. Não posso afirmar que não fiquei tentada. De fato fiquei, mas a dor ainda não passou e acho que nunca passará. Essa raiva reaparecerá em outro lugar, enquanto sou só eu tentando reaver a outra parte do retrato. Por quê? Porque agora as questões mais íntimas — não do coração, mas da alma — se exibem descaradamente no papel e mostram os dentes; estão nas mãos de outra pessoa. E não é uma questão de ele possivelmente mostrar para outra pessoa, agora ou mais tarde, quando "isso" não existir mais, ou de ele mesmo ler ou não. É uma questão de que outro "eu" exista, viva. De que estou dividida em duas, de que liberei alguma coisa e que agora isso existe. Não significa que sou idiota. Mas, sim, que amo esse

* 11 de março de 1942 foi quarta-feira.

idiota que não me ama, que acredito, fortemente, em um sonho que nunca se realizará, que é apenas um fantasma. E sinto tanta pena de mim mesma que gostaria de me enfiar em um canto e chorar. Sinto pena de você, menina idiota, pois vejo quanto sofrimento você tem pela frente — isso não acabará logo.

Então, muitas preocupações se acumulam à minha frente. Estou feliz que Mamãe esteja vindo, vou contar a ela. Mas tenho medo que não me entenda, ela talvez me fale para levar na brincadeira, parar de me preocupar, enquanto ainda sinto o amor, amo muito. O cheiro mais suave basta para me doer o coração e isso não para, até contar a Nora ou você. Mas... Nada... Será verdade que...

Sim, exatamente!
Não acho que a primavera seja deleite somente
Ela não combina com meu humor
Serei vaiada, vou me opor
Desafiarei aquelas fortes limitações
pegarei meu velho guarda-chuva furado
colocarei galochas pretas, sem reclamações
meu cachecol e minha jaqueta de outono.
Ficarei fungando, eca! Que nojento!
E com todo esse aparato
Toda espurca caminharei pelo pavimento
falando para todos os interessados:
"Que clima outonal repugnante."
Esbarrarei em algum idiota lá fora.
No fim de sua coleira, o itinerante
ficará encarando esse fantasma de borracha
falando do outono agora.
"É outono onde estou, efetivamente,
dou minha palavra, juro, verdade,
trarei o outono para a dianteira bem livremente
já que a primavera e meu humor não têm reciprocidade!"
Ninguém parece entender.
Ninguém diz que tenho razão.

Tão entediada, cansada, infeliz
Fico em casa e me escondo então.
Fecho as cortinas, fecho as portas
No fogão a lenha vou colocando
me protegendo da primavera
Na alcova as mãos esfregando
até que os ventos glaciais voltem.
Retornarei ao outono, exceto
se mudar do início de modo concreto!

Eu realmente não queria que estivesse um clima agradável e que milhares de "casais" saíssem às ruas. Sou egoísta, extremamente egoísta, mas, de verdade, para quê? Não preciso disso; isso só machuca meu coração. Às vezes me rebelo. Quero levantar a cabeça (afinal, a primavera está chegando) e lutar. Sim, lutar contra o meu amor, contra ele e contra minha própria impotência e estupidez. Quero esquecer tudo e escrever um romance. Começarei logo, pois sinto que tudo precisa de uma válvula de escape. Tchau, boa noite... Vocês me ajudarão, Buluś e Deus.

12 DE MARÇO DE 1942

Não há como expressar isso. De jeito nenhum. Só penso nos meus pais que, apesar de estarem vivos, me deixaram órfã. Por que não tenho minha própria casa hoje, por que estou à mercê de pessoas que, a qualquer momento, podem dizer "Vá embora! Não somos obrigados a alimentar você"? Foi isso que Vovó me disse hoje. "Vá embora!" Por que não disse isso antes? Por que me deixou morar com eles? Por que meus pais não me mandaram servir em algum lugar ou, ainda melhor, por que não mataram nós duas quando se separaram? E agora preciso pensar nisso. Preciso pensar em um jeito de sair dessa vida de um jeito discreto e imperceptível. Retirar-me. Assim todos ficariam felizes, meus pais não precisariam pensar no que fazer comigo, Vovó e Vovô teriam comida suficiente para si, não precisariam cuidar das filhas bastardas de outra pessoa e eu... eu seria a mais feliz de todos. Mas sei que isso não acontecerá. Não tenho coragem. Por quê? Por que falo isso para mim mesma? Não sei. Só sei que a esperança de um amanhã me mantém sã. Mas se amanhã for... vou tentar.

Tchau, querido Diário, amo todo mundo, mas meu ponto fraco, meu único objetivo na vida era um lar. Não é culpa minha não ter um lar; é culpa de todo mundo, menos minha, mas não são eles que sofrem por isso, mas eu, somente eu. Então sofro sem qualquer culpa. Tchau. Vocês me ajudarão, Buluś e Deus.

Escreveremos um poema vivente
o preencheremos com lindas nuvens
por todos será declamado suavemente
na primavera, por todos os jovens
de declarações ardentes será formado
com lamentos sangrentos de afeição
com nossas doces carícias enfeitado
ligado e emoldurado por nossos lábios e sua atenção
Pulsará com nosso sangue
o gosto de nosso beijo, e nossas lágrimas terá
terá o cheiro de jasmim ou lilás
doce como uma velha canção para nossos ouvidos será
será fresco como um rio feroz
quem quer que leia, dirá
"Eu sei, poderiam ser meus versos..."

16 DE MARÇO DE 1942*

O terceiro ano da guerra. Mas Renia! Por que nos preocupar com a guerra hoje? Celebramos o segundo aniversário de nossa amizade, assim como planejamos.

Você não me deixou terminar no seu, então preciso começar de novo. Os ponteiros do velho relógio avançaram apenas algumas horas, mas tanto mudou nesse tempo. A manhã foi maravilhosa, tão boa quanto se poderia imaginar, familiar, agradável e, ao mesmo tempo, incomum. Vencemos Irka, sentimos que seguíamos em uma direção melhor, que tínhamos um ótimo dia para celebrar! Faz um tempo que não fico de tão bom humor... E

* Este registro foi escrito por Nora, a amiga de Renia.

tudo acabou no momento em que Zygu apareceu. Ele trouxe com ele algo estranho, algo frio, que me fez ficar como estou agora.

Queria escrever algo alegre, para agradecer a você, Renia, por todos os seus esforços de tornar este dia agradável, mas não consigo. Pela manhã, eu irradiava alegria, agora me sento aqui, fria, debruçada sobre uma página do seu diário, completamente arrasada, e não consigo pensar em mais nada. É tudo culpa de Zygo. Ele fez com que eu me sentisse uma pessoa pequena, estúpida e insignificante que, no máximo, consegue sorrir de um jeito idiota, ou melhor, rir, e mais nada. Renia, não fique com raiva de mim por eu ter estragado este dia cheio de carinho, doçura e prazer. Precisamos nos lembrar de uma coisa: a satisfação nunca é criativa. Sou grata por Zygu ter me trazido de volta à realidade (tenho certeza de que foi algo totalmente involuntário). Coloquei os pés no chão, não sei por quanto tempo, pois existe alguém que pode afetar meu estado mental novamente.

Poderíamos realmente começar a escrever nosso romance agora, o clima não poderia ser mais adequado, mas há um problema, Renia, simplesmente não consigo. Não tenho nem o menor resquício de talento para escrever. Você tem muito mais imaginação. Para você, que é ousada, escrever é natural. E meu conhecimento é limitado demais para tentar escrever até mesmo o menor dos romances. Renia, comece a escrever sozinha, eu talvez me junte a você ou não, isso ainda veremos.

Mas agora estou pensando em algo novo, na ideia da Mila. "Organize um dia da verdade", ela nos disse e "Exponha tudo." Sim! Precisamos realizar isso. Talvez mude minha atitude em relação a Zygu, talvez até me aproxime de vocês dois.

É estranho, afinal, não precisamos de nenhuma circunstância nova, pois não acho que poderíamos estar mais próximas uma da outra quanto estamos agora. Porque, Renia, somos muito íntimas, mas estou distante de você e de Zygu. Sempre sinto isso quando vocês estão juntos, e realmente gostaria que fosse diferente. Então, cabeça erguida, tudo deve acabar bem. Conquistamos tanta coisa, Renia, devemos conseguir isso também. *Vivat* o dia 16 de março! *Vivat* a nossa querida amizade! "Preocupações, lágrimas e revoltas, adeus..."

17 DE MARÇO DE 1942, TERÇA-FEIRA

Não escrevi ontem porque você estava na casa da Norka. É uma pena. Eu estava tão bem. E toda aquela alegria, essa calma maravilhosa, transferi para as páginas do diário de Nora. Eu me senti assim até mesmo à tarde. Estávamos juntos, nós quatro, e achei que estávamos tão próximos. Uma pena que você, Nora, não sentiu o mesmo... (ah, você não sabe nada do Julek). Estranho que eu tenha escrito tão pouco sobre o Julek. Escreverei mais agora, já que ele se tornou meu... digamos... meu "cunhado".

Na verdade, gosto muito de Julek, especialmente por ter me decepcionado de uma forma tão boa. Esperava que ele tivesse experiência, que gostasse de meninas, que ficasse à toa, um hedonista, superficial, talentoso e muito esperto. E agora vejo que há algo de muito franco nele, não há nada de artificial, nada incomum. É muito bondoso e nada convencido. Então estou feliz por Norka ter dito: "Eu amo." Admito que ela disse isso como uma pergunta: "Será?", mas o ama inconscientemente há algum tempo. E desejo tudo de melhor a ela no amor. Espero impacientemente que isso aconteça.

Ontem senti que tudo o que sonhei se realizou. Nós a vencemos, essa vaca horrorosa, temos nosso "filho" (o álbum), temos nossa amizade e... tiramos fotos. Sim, isso (para aqueles que sabem) também é muito significativo. E então, digo, ontem, quando finalmente estávamos sozinhos, foi doce e tinha cheiro de primavera. Zygmunt disse que nunca mais discutiríamos. Mas respondi que isso era impossível. Verdade, eu sabia e admiti que fiquei brava e, quando fico com raiva, invento coisas ultrajantes sobre ele e até já me esqueci o que era e me sinto mal por isso, até essa ferida ser novamente cutucada. Até eu me lembrar de que ele ficou com vergonha de ir comigo à casa de Irka. E hoje essa história com a foto me irritou de novo.

E sabe o que mais, hoje olhei para ele de um jeito extremamente desfavorável. Krela realmente tinha razão quando disse que ele era vulgar — eu poderia morrer de vergonha. Mas Norka fez essa sensação sumir, apresentou tudo de um jeito cômico e gentil a ponto de eu conseguir ser compreensiva. Boa e querida Nora, é muito legal da parte dela. Estou curiosa para ver a foto e o que ele diz. Tenho certeza que parecemos Antek e Margośka.* Vocês me ajudarão, Buluś e Deus.

* Pode ser uma referência a Antek da obra *Camponeses*, de Władysław Stanisław Reymont, e ao personagem principal de *Opowiadania Margośki* ["Histórias de Margośki", em tradução livre], de Józef Birkenmajer.

19 DE MARÇO DE 1942, QUINTA-FEIRA

Doce quinta-feira, com gosto de beijos e lágrimas! Tenho exprimido minhas preocupações e me sinto muito melhor. E Zyguś também foi muito bondoso e carinhoso. Mas às vezes ainda me incomoda. Não sei o quê. Algumas conversas me deixam com uma sensação desagradável. Mas ainda o amo muito, muito mesmo, apesar de não o achar tão bonito quanto antes. Gosto desse clima delicado, cheio de carícias, aconchego — daria tudo por isso. Sim, minha Querida Mamãe, anseio, desejo o que não tive, porque você esteve distante. Vocês me ajudarão, Buluś e Deus. Boa noite…

21 DE MARÇO DE 1942, SÁBADO

Irka deveria ter aparecido. É tudo muito superficial; ela é a maldade encarnada. Mila a descreveu exatamente como é…

Mas hoje é um dia especial para mim, pois Norka… tremo de curiosidade e satisfação. Finalmente, ufa! Posso respirar agora.

Eu sinto muito
pela primavera, pelo amor, por mim
gostaria de, na amplitude do céu, me afogar
no azul, seguindo meu olhar
ou no desconhecido me arriscar
Me sinto tão sozinha, ó, tão insuficiente
Sei que por todos sou negligenciada agora
Luto em minha impotência, sinceramente
meu coração ficará aqui mesmo quando eu for embora

Não farei nada, minha querida madame
pois não posso lutar contra mim mesma
embora eu saiba, embora eu queira
embora eu pressione, digo eu mesma
Fique, estou morrendo com você
Eu sei que não é verdade
Pode me zombar, estou à sua mercê
Não será meu falecimento, não é o meu momento
Continuarei vivendo, minha validade não vai vencer.

Terminarei mais tarde.

Vencemos. Ou melhor, Nora venceu. Ela pressionou e hoje não aconteceu, mas se manifestou. Sentimos que temos uma à outra e temos eles.

Julek acompanhou Nora, Zygmunt permaneceu comigo. Ela ficou um pouco desalentada, decepcionada e solitária. Pude ver que ela queria me deixar com ciúmes e depois me demonstrar pena (como já fez outra vez), mas se enganou. Em grande parte, isso foi coisa do Zygmunt. Fiquei tão grata a ele por isso. Podia beijá-lo até morrer. Zyguśka, sinto um desejo que não sentia há muito tempo. Aliás, você estava de mau humor.

A melhor coisa é que agora sinto pena de Irka, sofro de arrependimento ao pensar nela quase chorando quando estava indo embora. Sinto muito, muito mesmo, mas tinha que ser assim, é a vida. Se ela fosse embora sorrindo, eu é que estaria chorando agora. Buluś, pode sorrir. Tchau, mando beijos para você... e não para você. Vocês me ajudarão, Buluś e Deus.

23 DE MARÇO DE 1942, SEGUNDA-FEIRA

Muito obrigada, Senhor! Muito obrigada por eu não estar sozinha agora, com fome e trancafiada em uma prisão, mas em casa com meus entes queridos — consigo valorizar isso. Ainda me lembro do rosto no capacete e, de novo, fico extremamente assustada, tão assustada quanto fiquei na hora, e com muita vontade de chorar. Foi um verdadeiro milagre, um milagre extraordinário — muito obrigada, Deus Todo-poderoso e minha Querida Mamãe, que reza por mim em algum lugar muito distante. Comparado a isso, tudo o mais é trivial e inferior, uma caminhada, beijos, fotos. E daí aquele Z, e daí que fiquei preocupada por não gostar mais dele, que pareceu ridículo, que em meus pensamentos eu esmagava seu rosto com as mãos. Mas isso nem é engraçado, como posso dizer isso, que vaca horrorosa! Diante de sua ternura, me obriguei a esquecer tudo de alguma forma e depois nem precisei me forçar, o que foi melhor. Fico feliz que o dia tenha acabado... e também é uma pena. Porque desejo alguma coisa de novo. Vocês me ajudarão, Buluś e Deus.

25 DE MARÇO DE 1942, QUARTA-FEIRA

É tão irônico. Estão fechando nosso bairro (não conseguirei ver Norka); estão tirando as pessoas da cidade; há perseguições, ilicitudes. E além disso há a primavera, beijos, carinhos doces, que me fazem esquecer o mundo todo. Tchau. Vocês me ajudarão, Buluś e Deus.

28 DE MARÇO DE 1942

Alguém fica em casa porque precisa. Alguém tem um espelho na mesa, olha para ele e vê que engordou. Pensamentos passam por sua cabeça como a água em um moinho. Fui interrompida e não terminei, tchau. Vocês me ajudarão, Buluś e Deus.

NO DIA SEGUINTE

É uma pena eu não ter escrito ontem. O anseio primaveril me engoliu. Zyguś é bondoso comigo, muito gentil, muito carinhoso — como nunca foi antes. Até acompanhada me sinto bem, ou seja, me senti bem com isso, não é mais o caso, não, não é. Simplesmente não aguento mais todos aqueles "caçadores". Há muitos deles; estou cercada como se estivesse em uma jaula. Alguns tentam ser abertos e honestos, outros me xingam pelas costas, outros ainda tentam por meio de um irmão ou primo, e outros... ah, não vale a pena escrever sobre isso.

Uma pena não termos tirado fotos. Você sabia? E o que achou? Mundo nojento. Não, não o mundo, apenas nosso pequeno mundo. E, de qualquer forma, por que Z. está me dizendo tudo isso? Isso realmente me desanima do nosso relacionamento e ao mesmo tempo me acorda, começo a "sentir" que estou na Terra. "Se o sol brilha apenas para a burguesia, nós apagaremos o sol."* É isso mesmo! Sim, sim, foi isso o que aprendi.

Julek me dá nojo. Eu me sinto mal por não contar a Nora, mas não posso. Ela parece tão feliz, tão satisfeita. Como poderia destruir isso com uma palavra?! Não, não farei isso, não posso. E, de qualquer forma, ninguém é perfeito. Ninguém. Nem sei o que é melhor. Mas quando Z me contou, fiquei feliz; fiquei satisfeita por ele existir, por nós existirmos e por nossa

* Palavras de Leon Trotsky.

senhorita.* Senti que o que tivemos foi de certa forma maior do que o que ela teve. Que Z é mais permanente. Mas nada é certo. Nada mesmo. Estou passando por uma fase estranha, quero escrever poemas e não consigo — realmente estou sem energia.

Olá, oi, preste atenção
seu transeunte brincalhão
seus sonhadores, rimadores
e incuráveis fantasiadores
caminhando pela Terra
olhando para cima a todo momento
o que vocês procuram
entre as estrelas no firmamento?
Para quem suspiram
em uma noite de prateado luar?
Há vida aqui embaixo
Ela avança com potência a retumbar
borbulha, fermenta, está sempre a ebulir
Primeiro é preciso acalmar a exaltação
Você não deve falsos caminhos seguir
no mapa do céu infinito, sua orientação
Pare de as distâncias encarar
com seus olhos sonhadores
a não ser que queira arriscar
sofrer castigos e terrores
Reúna suas forças, não ouse hesitar
veja o que há aqui, ao seu redor dê uma olhada
ou o preço vai pagar
e sairá bem machucada!

Sim, isso é verdade, mas é tão bom entre as nuvens e tão ruim na Terra — não há sentido. Agora algo para o clube, uma pequena fofoca.

* Este termo aparece diversas vezes ao longo do diário, mas seu significado nunca é claro. Pode ser uma piada interna de Renia e Zygmunt, uma metáfora de seu amor/relacionamento.

Você quer?
Escalaremos as montanhas
Eu costumava dizer: "Quero"
Mas agora lhe pergunto
Você quer? Você pode?
Deseja? Sabe?
Essa é toda minha afeição
É apenas uma grande questão.
Você sabia...
Sim, sim, nossa afeição
é outra questão
O que você quer?
Sim, sim, nossa afeição
é realmente uma questão.
Como ousa!

Vou refletir sobre tudo na cama. Vocês me ajudarão, Buluś e Deus.

7 DE ABRIL DE 1942, TERÇA-FEIRA

É isso... Nós nos desentendemos e... Decidi ficar brava. Mas Norka apareceu para me convencer. E o fez. Sou facilmente persuadida. E, na verdade, fico feliz que Norka falou com Zygu. Desejei isso durante muito tempo. Também estou feliz de ela ir ao piquenique amanhã e que ama seu Julek, que esteja "floreando" tanto nesta primavera. Não paro de pensar na primavera do ano passado. Que Noreńka seja feliz, ela merece. Todo mundo precisa viver a primeira primavera. Nossas "primaveras" são tão parecidas, assim como nós duas. Mas também há "alguma coisa" diferente, como você sabe.

Combaterei Irka com... todas as armas disponíveis. Tive uma sensação boba e indiferente e agora — não importa... Vocês me ajudarão, Buluś e Deus.

9 DE ABRIL DE 1942, QUINTA-FEIRA[22]

Está tudo bem, está tudo bem. As coisas vão bem... e isso é bom. Meu adorável, adorável Zyguś! Minha querida, querida Nora! Estou tão feliz que tenham conhecido um ao outro. Zyguś, sua alma é tão delicada quanto um botão de mimosa. Ele definha com cada lufada de vento. Morre. Nunca serei diferente. Sempre serei sonhadora e é isso. Ainda pairo alto, ainda vivo no reino dos sonhos. Buluś, hoje, embora não a ame nem um pouco menos, tenho uma queixa, e não é a primeira vez. Eu me sinto tão bem com ele agora, gostaria de me agarrar a ele, segurá-lo com força e... já. Meu, meu, só meu! Bom, melhor do que eu. Tchau, Zyguś... Vocês me ajudarão, Buluś e Deus.

10 DE ABRIL DE 1942, SEXTA-FEIRA

Esta manhã, pensei bastante na nossa conversa de ontem. O sol estava muito brilhante e (parecia) gracioso. Senti a primavera e posso dizer que foi meu primeiro dia real da estação. Hoje não fiquei incomodada com os "casais"; na verdade tem sido assim há alguns dias. Hoje até os casais se beijando evocavam apenas sensações amigáveis e acolhedoras. Mas mesmo hoje, sim, ainda, pela manhã, eu estava planejando ir para longe, para o alto, para profundezas internas, como venho fazendo há algum tempo, queria levar Zygmunt comigo. Acho que o começo era assim:

O que você acha? Me dê sua mão
Vamos embora desta terra, vamos sair deste chão

Sim, esse era o começo, com certeza, escrevi exatamente como era, mas depois desisti, queria viajar sozinha, mas então achei que estávamos caminhando juntos. Alguma coisa do tipo saiu dessa confusão de pensamentos:

Monto em cada libélula a voar
Nos raios de sol brilhantes galopo
Subo em todas as nuvens a passar
Faço círculos o dia todo como posso.
O velho vento assaz me conhece
Minha mão aperta calorosamente

E pergunta: "Estamos indo, diabos, confesse,
minha clandestina, ó tão proeminente?
Uma campânula-branca quer saber: "Para onde?"
perto do grande abrunheiro ela cresce
"Para tão longe quanto eu quiser, minha amiga, bem longe,
para onde o sol beija a terra quando amanhece."
Notícias mundanas não me alcançarão lá
Mesmo que corram como grande aceleração
Mas se quiser rastrear minha peregrinação
Procure por mim, mas lá, não aqui!

Sim, mas não foi só isso. Pela manhã senti uma afobação, queria escrever um poema de puros absurdos.

Está tudo deturpado
Está tudo errado!
A terra é lenta demais sem amparo
Dando luz a dias muito minguados
O sol rapidamente se encaminha
Para a mortalidade ao se pôr
A lua parece doentia
Comparada às estrelas com fulgor
O silêncio está alto demais
A distância muito aproximada
A primavera geralmente desleixada
a dor é assaz desanimada…
Mas se você quiser…
faremos o mundo girar
para a crosta do céu, o sol vamos mover
a lua vai brilhar
Se você quiser, então deve fazer!
O murmúrio do silêncio deve ser reprimido
Distanciamentos próximos — afastados ao extremo
A primavera deve ser menos desleixada, os pesares reduzidos
Não, vamos nos livrar dos pesares, se pudermos o faremos!

Terminei e me sinto bem! Hoje Z me resolveu como um enigma. É verdade que fujo deste mundo só porque não estou bem mentalmente. Ele disse que isso não é um romantismo normal, mas algo como um simbolismo. É a fuga da vida opressiva, que não sei como aproveitar, que não amo. Ficou assustado que isso possa ser muito anormal e que eu o leve comigo. Sim, ele tem razão, 100% de razão (como sempre), pois quero fazer isso mesmo. Mas agora vejo que não tinha direito, que não devo fazê-lo! Não posso sequestrar alguém apaixonado pela vida, que sabe como aproveitá-la e se deixa conquistar por ela, só porque me sinto mal aqui. Não, não me sinto mal, me sinto indisposta. Sim, ele precisa ficar aqui, brincar, se divertir e... nada. E eu? Tentarei me apaixonar pela vida, pela primavera "mundana" e pelo povo. Apaixonar-me pela vida é minha nova tarefa. Adaptar-me a suas exigências, me tornar uma romântica normal (se for preciso) de alto nível. A outra opção é o que pensei muitas vezes antes, acabar com todos aqueles sonhos, nunca mais escrever poemas, nunca analisar nada — e me tornar uma menina "mundana" normal de 17 anos, aprender a dançar, ir a festas, aproveitá-las e tudo o mais. Tornar-me como, você sabe... como Rena, mas essa outra, como escrevi. Então não haveria possibilidade de desenvolver um complexo; eu nem saberia que algo assim existe e perguntaria: "O que é isso?" Sei que seria bom, mas isso significa morrer e renascer. Talvez eu possa me transformar na primeira. De qualquer forma, vou tentar.

Afinal, estou cheia de boas intenções e gentilezas, tento me comunicar. Vejamos como o mundo me recebe, não, não o mundo, nosso pequeno mundo. Mas deixe-me admitir que estou fazendo isso sob influência de Zygmunt e por causa dele; caso contrário, nunca o faria. Arrá! Apenas no caso de querer fugir (pode acontecer), olhe bem para mim, Zygu, como fez hoje e... tudo ficará bem. Logo nos veremos.

Até a primavera o enganar
até que lhe cause aflição
até o falso pensamento o machucar
abrace enquanto tiver condição.
Até que se dê por vencido
pelo enorme peso dos momentos e anos
ria alto, não fique refletindo
ame o mundo, faça planos.

7h30

Vocês me ajudarão, Buluś e Deus.

11 DE ABRIL DE 1942, SÁBADO

Senti falta de Zygu, senti muitas saudades. Passei a noite toda pensando nisso e o dia pareceu não acabar nunca. Esperei o dia inteiro para vê-lo. Fiquei animada como há tempos não me sentia. E tive tanto azar! Mal o tive para mim por um momento. Mas estou muito satisfeita, muito feliz! Zyguś, querido, você foi muito, muito doce e bondoso, fiquei muito emocionada. Consigo valorizar seu comportamento. Meu querido, bondoso, maravilhoso menino! Gostaria que você fosse sempre assim. Isso me faria feliz. E o que mais quero no mundo é tê-lo ao meu lado agora. Gostaria de estar com você, porque isso não é relaxante, é um tormento esperar e ansiar, mas! Vou apenas imaginar com detalhes que estamos juntos! Sim! Ajudem-me, Buluś e Deus.

13 DE ABRIL DE 1942, SEGUNDA-FEIRA

Um dia doce. Mamãe enviou pacotes com doces, deliciosos doces. Mas... não foi a única razão de o dia ter sido doce. Os lábios de alguém eram muito mais doces. De quem? Você consegue adivinhar. Não estou com vontade de escrever, para quê? Só estragaria "tudo" com palavras. "Tudo" precisa ser vivenciado para ser compreendido. Você pode me invejar, todos vocês que nunca experienciaram a primavera, a segunda com uma fragrância suave de campos de abril ou o amor tão ardente, embora mundano, que às vezes viaja por minha pele como arrepios. Ah. Vocês me ajudarão, Buluś e Deus!

16 DE ABRIL DE 1942

Você me escuta? Eu a chamo pelo mundo
O vento coleta cada vocábulo oriundo
Eu ordeno que as transmita
Esta é a minha resposta, o meu chamamento

Minha canção primaveril do acasalamento!
Eu grito, estou a vibrar
nos pulmões juntando ar
uma vontade de gargalhar
Ouça o vento quando ele chegar
Ouça o suspiro, o trinado, o murmúrio
Eu a chamo, a convoco, Mãe
É um canto alegre, a canção eu lamurio
Pousará a seus pés, Mamãe
Talvez tenha visto sangue no caminho
Talvez tenha se assustado com algumas sepulturas
Talvez tenha conhecido uma nuvem de cinzento martírio
Ou talvez lágrimas quentes em grande fartura
E agora qualquer som que não oferece
Treme, se enrola e empalidece.
Foi na aurora
fragrante e vívida
no pomar
o vento
sacudiu a floração
das árvores
Nós só sentamos lá
devaneando, em estado de esquecimento
desprezando o mundo de obscuridade
Olhares aficionados
e versos primorosos
(você se lembra do meu rosto corado?)
tão tímido e cauteloso
os primeiros, o primeiro de todos
eu amei, sonhei, desejei.
Tudo estava quieto, fresco e reluzente
"neve" de flores de maçã no chão
só sentamos lá pessoalmente
pálidos de felicidade

brancos com as flores.
O sol teve piedade de nós
e nos cobriu de sereno, é sério
Não é verdade, isso não aconteceu!
Mas pode acontecer decerto.

Vocês me ajudarão, Buluś e Deus.

20 DE ABRIL DE 1942, SEGUNDA-FEIRA

Hoje é aniversário do Führer. E tem mais. Quero gritar com toda a força. Não paro de pensar nas palavras: "Vodca é fria e lábios são quentes!"* E... Não, não posso dizer isso; Zyguś tem razão, você consegue expressar o quanto? Não, não há palavras para descrever.

Como é possível ficar apaixonada por dezoito meses? Que pergunta idiota! Só agora você pode amar de verdade. Estou... Bom, enlouqueci, acho. Mas não, é tudo real, pulsante, cheio de vida, amor e juventude. Sinto como se estivesse em uma carroça ou correndo contra o vento e a chuva. E sobre Zygu, sobre o meu mais maravilhoso do mundo, não consigo escrever. Não consigo recuperar o fôlego nem encontrar palavras. Talvez eu me dissolva em minha própria ternura e afeição. Hoje eu estava realmente preparada para estrangulá-lo, mas o que faria depois? Zyguśka, na verdade, escrevo isto para você e somente para você! Abri meu coração e você é tão querido comigo! Estou feliz, feliz e leve e... Sonhos! Sonhos ridículos, loucos e maravilhosos! Tudo.

Pularei no parapeito
Não, mais alto com efeito
Para o telhado irei
Escalar uma torre muito elevada
Um golpe desferirei
Acertarei o badalo do sino na hora marcada
Vou gritar, dar um brado

* Citação de uma valsa popular intitulada "Gwiżdżę na wszystko" (Eu Não Ligo para Nada), com letra de Krzysztof Lipczyński e música de Jan Markowski, executada por Mieczysław Fogg.

Com uma voz de som nada delicado
Ding-dong o badalo faz
Como um sino, consegue escutar?
Alegria, felicidade, sempre vivaz
Amor louco no ar
Que mal pode esperar para bater em retirada
Da alma tremendo o soar
Sou uma jovem de 18 anos muito delicada
Está tudo a transbordar
É tudo demais para guardar
Talvez eu lhe conte com espontaneidade
Talvez eu vá começar
E será verdade
Como se todo mundo soubesse
Como se o mundo inteiro soubesse
O que de fato não domina
Que, da primavera, o passar de um ventinho
Em cada irradiar do dia
Sua pequena senhorita está a caminho

Vocês me ajudarão, Buluś e Deus.

ALÉM DE HOJE. AMANHÃ

Estou com medo. Realmente temo por mim. Fiquei pensando à noite para escrever, escrever, escrever, mas não consegui. Porque sei que meus pensamentos estavam focados. Pensa bem, a primavera e as coisas sonhadoras que costumavam vagar sobre a lua, as estrelas e o mundo agora estavam combinadas em um forte abraço! E agora não basta imaginar ♥, agora quero tê-lo comigo. Assim seria melhor para mim; como as coisas são, estou apenas bem. Mas ontem, não esquecerei, Zyguś, ontem foi primavera!

Estou simplesmente chocada que as flores
não brotem ao seu redor
você, meu pássaro, meu anjo de fulgores
você, maio, paraíso, primavera repleta de um odor melhor

Sufoco este grito em mim. Correria pelos campos, abriria bem os braços e gritaria como louca. Maio! Paraíso! Primavera! Primaveeera! E então… Mais um abraço como esse. Que conteria tudo. Deus! Sou tão terrível!

Recebi cartões-postais de minha Mãe e Ticiu. Cartões tristes, horríveis! E eu, sua filha, me sinto tão radiante e esfuziante?! Isso é um pecado terrível. Perdoem-me. Porque eu…

Eu não estou nem aí
no sótão, no porão
do lado ariano, lá, ali
como do gueto um miserável cidadão
meu coração esquentou com uma chama como essa
torna o mundo um lugar cheio de felicidade
meu coração esquentou com uma olhada como essa
Irei para o fundo do mar com graciosidade
Posso até uma braçadeira usar
e não só uma
mas várias, em copiosidade ostentar.

Não, ainda não é isso que quero escrever.

Tenho novidades, escute
Espere, vou lhe contar
A chuva primaveril pingou à noite
E, da minha cabeça, violetas estão a brotar.
Não sei como isso aconteceu, nossa,
mas quando fui acordada no alvor
de alguma forma o mundo estava cor-de-rosa
E minha cabeça… verde como uma flor!
Vi incontáveis rostos tristes
ouvi suspiros cheios de obscuro terror
e o lamento: "qual é o problema dela?
essa menina! Ela assobia e pula, ó senhor
como uma maltrapilha.
Incrível, algo novo aqui a se expor!"

Parentes distantes, primos e tias
Discutem como fazer a pecadora retornar
Que sensação, tanta desgraça para a família
o clã todo estão a atacar!

Eu sei, deveria fazer uma cara triste, me acovardar
Deveria me agachar mais um bocadinho
o mundo e a raça humana lamentar
ocupada remendando meias velhas, que chatinho.
Deveria suspirar pelos tempos difíceis
pela estupidez humana infinita
Deveria me preocupar
Mas pena do quê? Por que deveria?
Eu me prometi há muito tempo,
a dispensar a tristeza e a preocupação.
Adeus, tudo o que é angustiante e cheio de dor
Só há espaço para o amor em meu coração.

Minha lapela tem um adorno
Uma bela flor
Eu pinto corações pelo mundo e seu entorno
Desenho corações por todas as partes celestes
Escrevo seu nome em cada um que se preste

Devo realizar trabalho braçal. Vocês me ajudarão, Buluś e Deus.

24 DE ABRIL DE 1942, SEXTA-FEIRA

Você esteve na casa do Z. Zyguś o conhece! Ah, que paraíso! Ah, maio! Ah, primavera! Já chega... Vocês me ajudarão, Buluś e Deus.

26 DE ABRIL DE 1942, SEGUNDA-FEIRA*

Não sei por onde começar! Preciso reunir meus pensamentos e me recompor; preciso me forçar a expressar tudo. Na verdade, essa exclamação sobre o paraíso, maio e a primavera foi a última. Inicialmente me senti péssima. Queria rasgá-lo, queimá-lo, acabar com você por ter contado meus segredos. Como pôde? Afinal, você me prometeu permanecer fiel no começo! Com que direito revelou suas páginas tão descaradamente? Quando achei que alguém tinha invadido (bom, sim, invadido) meu reino mais íntimo e pessoal, não, não senti um vazio, mas uma vergonha terrível e abrasadora. Não a sinto mais e parei de senti-la pouco depois. Sabe, achei que ele poderia me entender melhor do que qualquer outra pessoa. Na verdade, achei que era a única pessoa que poderia me entender. Ele me conhece extremamente bem, assustadoramente bem. E é bondoso, carinhoso, compreensivo e... Pois ele não me beijou hoje como um pai, um marido, uma mãe?

Ah, não sinto vontade nenhuma de escrever. Tenho sonhos incrivelmente doces para avaliar. Mas preciso escrever para deixar minha alma mais leve e radiante, para deixar tudo claro. É verdade, não estou descrevendo os detalhes agora, mas não posso. (Afinal de contas, Zygmunt, você queria que eu crescesse um dia.) Minha escrita é honesta, isso é verdade, é intensamente sincera, mas... (então tem um mas) acho que perdi um pouco, só um pouquinho, da confiança que tinha em você. No passado, confiei a você meus pensamentos, aqueles que nem tinha pensado ainda, mas hoje não quero, não posso... Não que seja sua culpa, meu querido Diário, não é você, sou eu e... não, sou só eu. Vou deixar isso de lado agora. Quero esquecer, quero lhe dar um abraço verbal e dizer: "Obrigada, meu querido amigo, por deixar Zygu ter um vislumbre da minha alma."

Chegamos a um acordo hoje. Sei que nos entendemos há muito tempo agora, mas aquelas palavras não foram compreendidas em conjunto. Também sei que estou procurando um emprego e por que preciso dele. Afinal, sou eu e entendo por que faço alguma coisa. Mas, pensa, Zygu também sabe! Isso é ultrajante e maravilhoso ao mesmo tempo. E como? Já falei, ele me conhece extremamente bem. Ah! Você sabia que, na verdade, essa foi a primeira vez?! Então se realizou? Você sabia que a prima de Zygmunt chegou; que mora com eles e que vou conhecê-la? Mas guardei a parte

* 26 de abril de 1942 foi domingo.

mais doce e querida para o fim. Você sabia que conversamos com Z sobre filhos hoje? Sobre os meus, ou melhor, nossos filhos? Quando mencionou, fiquei muito chateada por ele ter lido aqui (você entregou o ouro de novo), mas era verdade. Zyguś foi tão carinhoso quando me perguntou: "Menino ou menina?" Quase enlouqueci de felicidade. Então nosso segredo tem um terceiro cúmplice. Isso é tão adorável. Não consigo nem... Mesmo agora parece estranho. Norka entende tudo, mas sei que ela não quer tanto quanto eu, ela acha um pouco surpreendente, porque é uma mulher moderna. Também não tenho 1.000 anos, mas se o preço da modernidade é abdicar de um sonho, eu voltaria muitos séculos no tempo... Apenas para acariciar gentilmente a cabeça do meu filho amado. E Zyguś entende isso. Ele é um marido bom e maravilhoso, o melhor. Ainda estou um pouco encabulada de escrever sobre isso, mas logo acontecerá, muito em breve. Vocês me ajudarão, Buluś e Deus.

30 DE ABRIL DE 1942, QUINTA-FEIRA

O que tenho para contar? Ah, tinha alguma coisa. É quase maio. Mas este maio não é cheiroso, verde e fresco. Morro de rir quando penso que esse clima ruim é coisa minha. De fato, é bem outonal. Consigo sentir essa tentação diabólica. Então não direi sim ou não. Mas me agrada muito saber que pode ter acontecido porque eu quis, me diverte, me satisfaz! Bem, não preciso desse clima úmido para nada, mas também não me atrapalha. E serve para magoar tanta gente. Ah, às vezes, como hoje, fico tentada em ser um duende cruel. Sim, porque Z falou que o pequeno mundo consiste em todas as pessoas, enquanto o mundo somos eu e Nora. Falou isso do jeito mais irônico que pôde. Bem, porque é assim mesmo. Arrá! "Mas sinto alguma coisa." O quê? Algo desagradável deve ter acontecido com Z. Pena. Imagino que ele se sinta como uma mulher que se entregou. Também me entreguei espiritualmente, ou seja, entreguei você e agora não tenho vergonha de nada (talvez seja por isso que não enrubesço mais), mas de vez em quando algo surge para me lembrar de que isso aconteceu, que está feito. Sempre me restará alguma coisa, pois tenho pensamentos ainda mais secretos do que os maiores segredos, mais secretos + - ∞. O que Z me mostrou hoje sobre Pessoas Brilhantes foi muito sábio — que existem pessoas orgulhosas, mas que também são sensíveis, fracas e delicadas, e que isso as torna generosas. Ele realmente acertou em cheio. Mesmo eu ainda tendo suspirado de alívio quando Z me disse que nunca o leria de novo.

É tão bom deslizar a caneta sobre a página. Queria escrever tudo. É por isso que faço tanta bagunça. Mas ainda estou um pouco preocupada que Z tenha me feito acreditar que sou, de certa forma, diferente. Será que não ficarei maníaca, como Klim Samgin?* Não! Tentarei ser normal (se já não for; e "mediana" também). Ah, me desculpe! Talvez todas as meninas escrevam diários, ponderem e analisem tudo? Como vou saber se não é assim? Meu Deus, afinal de contas, elas pensam. Mas no quê? Talvez sonhem como eu?

Sabe, a mãe de Z disse que ele não parece bem quando volta da minha casa, porque não tem uma válvula de escape sexual. Gosto muito disso. Sabe por quê? Porque é algo sério e adulto. Não é brincadeira de criança, não tem nada a ver com desenhar corações e olhar para a lua. Posso dizer que "um animal despertou em mim"! E novamente me perco em mim mesma ou me incomodo com meus próprios pensamentos, com o que digo. Ou exagero ou existe mais do que penso.

Não, hoje minha escrita está bem sensata. O tempo está horrível e frio. Não consigo sentir o cheiro dos narcisos e dos lilases. Não agora, agora não há nada. Mas sei que logo irei para a cama, e chegará; não, não hoje. Hoje sonharei acordada; imaginarei coisas. Não, estou levando isso longe demais (ou pelo menos acho).

É normal que seja tão incrivelmente bom deitar ao lado de Z. Hoje nos deitamos no sofá. Na verdade, toda a proximidade é deliciosa e sinto uma vontade constante de tal proximidade. Sim, sim...

Enfim, estou procurando um emprego, ainda não consegui; não sei onde vou trabalhar. Não quero que seja no Castelo. Mas quando penso que Z leu o diário, às vezes, não consigo acreditar. Mesmo assim... normalmente estou sonolenta, mas sei que deixaria alegremente de lado todos os meus complexos, timidez e análises e (ah não, não meus sonhos, sinto muito, não, meus anjos!) e daria um grande suspiro como alguém que tira roupas ou sapatos desconfortáveis com certa dificuldade. Na verdade, Z não se importa muito com filhos, como poderia? Não conheci ninguém

---

* Protagonista da série de romances *The Life of Klim Samgin*, de Maxim Gorky, que descreve a vida da *intelligentsia* russa na virada dos séculos XIX e XX. Sua tradução polonesa (feita por Karolina Beylin) foi publicada entre 1929–1930.

que gostaria de pensar nesse assunto. No outro dia, achei que se importava. Mas nem falou nada. Sei que se tivesse falado sobre isso, eu teria ficado emocionada e feliz. Ah, sou tão idiota. Sou realmente anormal. Isso precisa ser dito. Tchau, Zyguś, tchau, Diário, tchau, Mamãe... Vocês me ajudarão, Buluś e Deus.

2 DE MAIO DE 1942, SÁBADO

Eu me sinto divina com meus sapatos azuis. Zyguś os fez para mim! Que coisa deliciosa! Fico emocionada quando penso que ele pensou em mim enquanto os fazia. E estou tão feliz que chego a perder o ar. Em geral, gosto de tudo e aí esse alvoroço com os tamancos e todo o rebuliço...

Vou escrever uma carta para Buluś daqui a pouco e amanhã convidarei Noruśka para passar o dia aqui. Tra lá lá. Valsa e amor e... maio! Você sabia que já é maio? Não parece olhando pela janela, mas dá para sentir e beijar seus doces lábios. Ah, como nos acariciamos hoje! Que agradável! Simplesmente não consigo escrever, porque flutuo pelo ar em euforia.

Maciek veio mais tarde e isso e aquilo, e Z, meu amor, ficou bravo por causa disso e disse algo (parei de escrever, estava tomando banho). Sabe, não me sentia tão bem há muito tempo, mal consigo acalmar meu coração, ele quer pular do peito. Quando Z me disse hoje que é maio, me senti totalmente diferente, mais amorosa. Mas me acalmei um pouco e tenho que dizer que... bom, apesar de tudo fiquei com um pouco de ciúmes de Maciek hoje. Eu estava tão feliz que afaguei Maciek. (Não fique bravo, estou tentando me explicar.) Bom, enfim. Sempre que algo desagradável acontece comigo, basta olhar aqueles sapatos azuis e pensar que ele os fez para mim e... acabo me sentindo um pouco azul também, isto é, divina. Minha vida está cheia "disso" de novo.

Arrá, essa prima, Zośka, veio hoje. Fiquei incrivelmente envergonhada porque senti que veio para dar uma olhada em mim e o fez com uma curiosidade que apenas mulheres têm. Não sei o que falar dela, pois não a conheço. Mas parece que é bem como Zygu a descreveu... Não me importo nem um pouco.

Maio tem seus direitos, especialmente para mim. Zyguś também é como maio. Este ano ele é mais meu, não é tão misterioso, mas carinhoso e doce. Acho que me ama um pouco mais, enquanto o amo da mesma forma, sempre igual com todas as forças. "No amor não há mais nem menos — apenas amor" (*Anna Karenina*). É o começo de maio.

Bem-vindo, maio... amor
*ilumine toda nossa família**
você só visitará em maio
mas nunca deixará de existir

Tchau, Zyguś... Vocês me ajudarão, Buluś e Deus.

Hoje é domingo. Mas não consigo esperar mais, então escrevo. Escrevi uma carta para minha querida Mamãe. E contei tudo a ela. E, levando a honestidade em consideração, também revelei o que não escrevi. Senti que minha alegria era grande — infinita, mas reprimida de certa forma. E enquanto escrevia a carta, pensei que poderia abraçá-la, mostrar a ela meus sapatos azuis e lhe dizer que tudo estava bem; ou talvez seja essa saudade que costumo sentir sempre em maio, esse chamado dos campos, das árvores florescendo, das florestas melodiosas. Pena. Se não fosse por ele, eu nem saberia que é maio. Mas talvez se Buluś estivesse aqui, ela não me entenderia. Mas Zyguś me entende. Eu a amo e estou escrevendo para ela. Meu Zyguś maravilhoso! Posso sentir uma onda afetuosa e sincera inundando meu coração. Em pouco tempo, me imaginarei abraçando você, em seus braços e... muito, muito mais.

Zosia L. apareceu hoje. Ela é uma menina muito educada e adorável. Nora e eu gostamos muito dela. É muito confiável. Falei sobre Zyguś. Você sabia que o pai dele perguntou se estávamos noivos? Gostei muito disso, gosto de fingir que somos marido e mulher. Gosto do nosso "casamento". De fato, você sabe, também há algo de muito charmoso naqueles sapatos. É preciso sentir. Como ele os trouxe! Ah, foi tão querido. Posso escrever sobre isso? Não, não há palavras, não dá para descrever. Por que se importar? Por quê? E maio?

* Os dois primeiros versos são uma referência a "Śpiew" (Cantando), de Rajnold Suchodolski, poema escrito durante o Levante de Novembro: "Bem-vindo, amanhecer de maio / ilumine nossa pátria polonesa" [em tradução livre].

Arremessa, quer se desprender
Está mais ou menos trancado
Maio... Maio, tão louco quanto pode ser
tão verde e tão apaixonado!
Se sacode, se balança, dá uma guinada
"Está sufocante, me dê permissão
de ir para os campos, onde o sol faz sua caminhada"
Olha em volta, fracamente, mas não
Com seus punhos dá socos fortes
As lágrimas, também combate
Pede ajuda, se contorce
E ao contrário, é verdade?
Outro túmulo do mesmo tipo
Entre aqueles muros de sombrio ar
Cem maios gritando
Pedindo para serem libertados para vagar
nos campos, nos prados, no sol

Vocês me ajudarão, Buluś e Deus.

6 DE MAIO DE 1942, TERÇA-FEIRA*

Norka está um pouco desanimada. Acho que consegui um trabalho; devo ir amanhã. Mas não, não era sobre isso que eu queria escrever.

Hoje fui dominada por uma preguiça, uma sensação ótima. Queria rir, chorar, mas antes de tudo, escrever. Não tinha tempo, não podia. Mas este maio é mais bonito do que o do ano passado. Digo, é completamente diferente. Quando penso no quanto somos íntimos, o quanto somos honestos um com o outro, me sinto muito comovida. Pensa bem, você pode dizer o que acha. Penso "Meu querido" e digo. Quero beijá-lo, então beijo. Posso contar sobre minhas alegrias — e meus sofrimentos também. E ele entende. Isso não é lindo? Ah, é tão bom. Tão bom.

* 6 de maio de 1942 foi quarta-feira.

Hoje fantasiei, como antes, que estávamos em um trem. Eu, sentada no canto, apoiada no ombro de Z, abraçando-o cada vez mais forte. O trem estrondeia e acelera para algum lugar... Para onde? Não sei. Grito o nome de alguma estação — não me importa qual. Viajamos juntos; deixamos o velho mundo, as preocupações e os arrependimentos para trás, vamos em direção a um novo e melhor. É por isso que sempre nos imagino viajando. Para dar pelo menos um único passo na vida, é preciso viajar. Então é uma pena quando penso "fique" (ou mesmo quando digo isso), ele não fica e aí sinto saudades... Ambos sentimos. Mas esse é o anseio mais belo, o mais maravilhoso, pois não é irremediável. Eu ficaria com vergonha de escrever heresias. Estou com sono. Mando grandes beijos. Vocês me ajudarão, Buluś e Deus.

8 DE MAIO DE 1942, QUINTA-FEIRA*

Ah! Amo tanto nossa senhorita! Amo-a em si e suas manifestações. Agora não preciso que me digam que é maio. Posso sentir em cada músculo e cada gota do meu sangue. Posso sentir algo crescendo em mim, aumentando de tamanho até o limite absoluto. Não é mais nada além desse meu amor, que se tornou tão "matrimonial", tão radiante e simples, direto, honesto. É realmente assim. E não tem só seu lado espiritual, mas também... um lado muito tangível. Bem, o que devo dizer, afinal não fico com vergonha na frente das pessoas — simplesmente sinto que não consigo me separar de Zygu, que fica cada vez mais difícil. Nunca tenho carinhos suficientes, poderia enchê-lo de mordidas... sabe, não posso... Só a memória já me exauriu. Não sei o que aconteceu comigo. Pensa bem, estou feliz agora que não sou "magra como uma tábua". Não sei para que preciso de tudo isso, mas sinto meu próprio corpo. Na verdade, esta é a primeira vez na vida que experimento essa sensação. Sinto que minhas pernas existem, sinto tudo muito bem, eu (tape os ouvidos) gostaria de... bem... queria asnrep sa ertne ol-ágamse.† Isso é monstruoso. Não! Nem um pouco, na verdade é agradável! Por que eu deveria ficar chocada com algo que parece tão prazeroso? Zygu também não é tão inocente. Foi ele que me provocou tanto hoje que cheguei a tremer, e depois me deu mais um beijo e foi embora como se nada tivesse acontecido, me deixou sozinha com

* 8 de maio de 1942 foi sexta-feira.

† Palavras escritas ao contrário.

o coração queimando, a alma trêmula, pensamentos insistentes e minha imaginação "ousada" e simplesmente alucinada! Não, não pode ser assim! Não escrevo mais poemas! Estou passando por uma fase de não escrever. E não quero me forçar. Mas se o fizesse, escreveria! Rebelião! Estou me rebelando; ouviu? Não quero ficar lá deitada metade da noite com os olhos arregalados; quero Zygu o mais perto possível...

Ufa, extravasei. Mas mesmo que preenchesse este diário até a última página, não apagaria todo esse fogo queimando dentro de mim. Aquele outro mês de maio foi tão diferente, muito mais sutil e romântico. Este, este é selvagem, mas este, o indomado, o descontrolado, o mundano, é o mais verdadeiro e o mais delicioso! Como sei disso?! Será que sei? Não consigo parar de escrever. Assim como não conseguia me separar de Zygu. Tanto, tanto... o amor transborda em mim.

Tagarelice
Quanto assunto
sobre amor, primavera, maio e outro ponto
Sobre as cores verde e carmim
brilhando nos olhos de alguém
Sobre o tom do amanhecer
Escute, Renuś, é tudo para você.

Vocês me ajudarão, Buluś e Deus.

9 DE MAIO DE 1942, SÁBADO

Esta manhã estava tão ensolarada, como uma primavera de verdade. O sol me acordou e, assim que abri os olhos, pensei ter visto Z. E o mero pensamento me deixou tão feliz que quis vê-lo imediatamente. Eu me vesti uma hora mais cedo... Não importa. Finalmente estávamos caminhando juntos, de mãos dadas como "duas crianças bem comportadas". Não, realmente foi doce, e quando escrever isto não quero escrever o resto. Porque, quando comecei a remoer, pensei que ele é um pouco condescendente, que gentilmente me permite amá-lo (não disse que não me ama, não disse isso de forma alguma), mas às vezes ele me olha como se dissesse: "Deixe que a criança se divirta." E quando nota que estou toda... bem, primaveril, sinto que se acha melhor e mais sábio. Por exemplo, ontem ele disse: "Vou lhe dar mais um beijo e você vai embora." E me ocorreu que isso é algo normalmente dito por uma menina. Mas, enfim, vamos supor que eu o ame como um menino a uma menina. E de qualquer forma, quando eu disse que nossa senhorita é tão direta, por que ele não quis me olhar nos olhos? Talvez isso venha somente de mim? Ah! Preciso esquecer isso. Preciso! Essa confusão é terrível. Sei o que fez com Anna Karenina e Anna Fülop.

Eu me senti tão fantástica pela manhã e ele disse, como há muito tempo não fazia, falou, tão doce e claramente: "Tchau, boneca." Arrá, essa é a chamada (auto)confiança que o sol reluziu em mim! Deve ser por causa da guerra, mas ela certamente acabará logo. Zygmunt disse que haverá uma ofensiva do Oriente, na França. Ele falou isso há muito tempo, mas está convencido de que acontecerá agora. Bom, veremos se ele poderia ser um diplomata. Tchauzinhos de primavera... Vocês me ajudarão, Buluś e Deus.

9 DE MAIO DE 1942, SÁBADO

A aparição da primavera se materializou. Mas sei sobre o que queria escrever. Tem algo me incomodando. Foi incrivelmente agradável. Começamos a falar sobre um complexo e novamente me senti pequena, insignificante, incapaz. Fiquei muito triste. Ainda bem que Zyguś atribuiu isso a tempos estranhos.

Estou triste por não ver ninguém, queria convidar Nora para passar o dia, mas não posso, não depende de mim. Acho que ela está brava comigo.

O trabalho também não está dando certo. Tenho que ir depois de amanhã e estou com muito medo.

Zyguś é adorável, mas... Escuta, Rena (só entre nós dois), você, por acaso, não está com ciúmes dessa Zosia? Não, por que você acha isso?! Mas tem alguma coisa aí. Talvez eu esteja com inveja de sua autoconfiança ou do fato de ela estar com ele o tempo todo, sempre, o dia todo, e eu ficar com esse vazio, como agora... Eu me apeguei muito. Sua condescendência continua aparente, ainda mais agora. "Você já está pensando em uma casinha" e, no geral, ele diz: "Cada vez mais." E ele acha que eu... Ele nem imagina o quanto essa saudade pode ser ruim, esse anseio pela pessoa mais próxima do coração. Pode-se lamentar assim, me lamento assim — mas não o tempo todo. E depois me sinto mal. Decidi me controlar e não falar nada. Não falar que sinto muitas saudades dele, para que não me menospreze como faz. Independentemente do que acontecer, não falarei nada. É incômodo, até para mim, que ele saiba. Mas sabe como aliviar isso. Ele é tão decoroso quando diz que, no fim das contas, somos crianças.

Escrevi tudo, mas não me sinto aliviada. Talvez um pouco. Ainda estou mais ou menos. Não consigo nem sonhar acordada, como fiz de manhã. E foi tão bom sonhar de manhã! Escreverei depois do trabalho, que me assusta tanto. Acredito em Você. Certamente me estenderá a mão. Vocês me ajudarão, Buluś e Deus.

Também tenho pensado na insignificância da vida em face da eternidade. Isso me acalma. Não escrevi as datas, pois deveria escrever amanhã. Mas tenho uma urgência terrível de escrever hoje ou de falar com alguém.

Esta manhã pensei um pouco e escrevi uma carta para minha Mãe, mas nada disso me acalmou; pelo contrário. Sinto que está extremamente frio e sufocante ao mesmo tempo.

Hoje pensei em trabalhar disfarçada no campo, como uma fazendeira, por exemplo, em experienciar apenas o trabalho braçal e não pensar em nada. Em sentir o trabalho nos meus ossos e músculos, em compreender a calma despreocupada da vida de camponesa. O que devo fazer? Algo me atormenta o tempo todo. Ultimamente tenho sido atormentada pela ideia de Zygu me amar mais do que eu a ele e fiquei me sentindo culpada por isso. Agora penso que o amo mais e, de certa forma, mais intensamente do que ele a mim. E assim por diante. E a vida é tão simples. Eu é que a complico demais. Vocês me ajudarão, Buluś e Deus.

22h e preciso escrever novamente. Mais cedo me preocupei sem necessidade, agora tenho um motivo. O gueto de novo. Ó, Deus! Quanto mais conseguiremos aguentar? Quem sabe onde viveremos e como? É preciso pagar os olhos da cara por tudo. Costumávamos nos sentar aqui nesta sala com Zyguś e nos acariciar, abraçar, e agora está tudo sendo arruinado de novo. Mas acredito, sinto, que nada de mau acontecerá. Senhor, ouça as súplicas que Lhe trago diariamente.

Fui para a casa de Nora, na volta esbarrei com Julek e Lidka. Eles estavam caminhando juntos. Isso me irritou muito; fiquei enojada e nauseada. Foi tão dissimulado. Não sei se conto a Nora. Acho que sim. Estou feliz por amanhã ser segunda-feira, quero dividir minhas preocupações com Z. Não consigo viver sem isso.

Lhe darei todas as flores
Só me ame, minha querida criança
Dos rouxinóis a chuva de chilreares
O encontrará em sua cabana
Minhas lágrimas em torrente cairão
Na floresta enfloram os campos
E meus suspiros profundos criarão
Dos rouxinóis o noturno canto

Tchau, Zyguś, tchau, Mamãe, estou com tanto medo desse trabalho. Senhor Deus, me ajude amanhã e sempre... Vocês me ajudarão, Buluś e Deus.

11 DE MAIO DE 1942, SEGUNDA-FEIRA

Muito obrigada, Deus Miraculoso. O trabalho não é tão terrível. Passei o dia com Nora hoje. Conversamos o tempo todo. Nós nos entendemos, sempre nos entendemos com facilidade. Mas sua atitude em relação ao amor é diferente, leve, enquanto a minha é séria. Ela diz que isso me tornará infeliz. Talvez, mas sei que não consigo fazer de outro jeito. Sobre o complexo também. Sim, Nora, se aprendermos a dançar e se dançarmos bem, tudo ficará bem! Depois dessa conversa, fiquei exausta e com dor de cabeça.

Não devo pensar nem falar sobre isso, Z tem razão. Z, meu coração, leu você. Estou com raiva! Isso é realmente o fim. Mas precisamos conversar sobre esse problema; não é sua culpa, mas da primavera. E deste gueto, desta situação, desta guerra... Tchau, estarei trabalhando e não escreverei com frequência. Vocês me ajudarão, Buluś e Deus.

12 DE MAIO DE 1942, TERÇA-FEIRA[23]

Ultimamente, quando me sinto mal, escrevo, e quando me sinto bem, escrevo. Preciso escrever. Escute-me! Escute-me e entenda. Algum tipo de febre contagiou a cidade. O espectro do gueto, já esquecido por todos, retornou. E é ainda mais pavoroso do que antes, porque bate nas portas de corações petrificados e é implacável, não quer ir embora. Ontem me assustou também, mas não hoje — não. Nada pode me tocar hoje. Estou feliz por chorar agora, quando ninguém pode me ver. Gritei: "Ó, Deus, quero que chegue o momento em que eles me levem!"

Não, não quero isso! Senhor, me perdoe. Mas minha alma estava tão amargurada que senti que talvez isso seria melhor. Mamãe nos escreve dizendo que as crianças estão sendo levadas para o trabalho forçado. Falou para eu arrumar as malas. Ela quer estar conosco e ao mesmo tempo quer... ah! Eles estão se separando de vez. Minha Mãe quer enviar a Ticiu uma carta oficial pedindo o divórcio. E nós... bem, do que adianta escrever sobre isso — só me faz abrir o berreiro e chorar escandalosamente. Nesse terrível turbilhão da guerra, não temos nem pai nem mãe. A agitação da vida nos levou a uma encruzilhada terrível. Ficamos sozinhas. Eles nunca conseguirão compensar isso. Mamãe vai se casar de novo e eu nunca, nunca mais verei a porta da casa dos meus pais. Minha mãe... Seu marido será um estranho, um desconhecido. E meu pai, ó! Ele me escreveu dizendo que não tinha certeza se me veria novamente! Ticiu, você é um judeu azarado, como eu, trancado no gueto. Santo Deus, Você pode me salvar? Você pode salvá-los? Todos eles. Ó, por favor, faça um milagre!

Um clima tão pesado em casa. Bimba está estressada, estafada e exasperada. Ela se atormenta. Sofre por causa dos filhos, por causa de seu marido e dos parentes. Por causa disso não se pode dar risada em casa. E eles vivem me lembrando de que estou à sua mercê.

A vida é tão infeliz. Sofrida, feia, cruel, mas meu coração ainda se enche de dor, quando penso... será que vou morrer? O que nos espera no futuro? Ó, Deus Todo-poderoso! Tantas vezes pedi e Você me escutou — por favor, traga um fim para o nosso sofrimento. Eu me sinto melhor agora; é bom chorar um pouco. O que mais dói são eles. De fato, há muito tempo, na verdade sempre, mas... ainda. As pessoas dizem agora que o alimento é a coisa mais importante. Jantei bem e satisfatoriamente — e me sinto tão péssima. Não estou com fome, mas estou faminta pela proteção carinhosa de alguém.

E Zyguś? Sim, deve ser por isso que não quero dar adeus à vida. Mamãe, não guarde rancor. Sei que seria um golpe terrível para você, mas agora terá sua própria vida. Pode até ter mais filhos. E meus avós estão velhos e cansados, merecem uma velhice melhor. Às vezes só quero perguntar por que os forçaram a nos aceitar. Mas agora estou tão exausta. Realmente não esperei que tivéssemos um lar juntas no futuro; só tive esse sonho tímido e ingênuo. Não estou decepcionada, só olhei para o mundo ao redor e ele me assustou com seu vazio. Ninguém! Realmente não há ninguém por perto? E Mamãe, tão querida, está sempre tão distante, e estará com algum homem, um desconhecido para mim. Não estou mais chorando. O homem com quem eu ficar será um desconhecido para ela. A vida reúne as pessoas e depois as separa.

Com paixão eles discutiram e brigaram
penas se eriçaram
destruíram seu pequeno ninho
não ficaram satisfeitos, o deixaram em pedacinhos
penugem o chão emporcalha
penas, lâminas de grama e palha,
feno também em toda essa tralha
falaram um ao outro as palavras mais indigestas
e voaram para a floresta
para vagar e dar uma procurada
por nova morada
esquecendo, ambos
seus dois filhotinhos
abandonados nos gravetos do ninho

15 DE MAIO DE 1942, SEXTA-FEIRA

Hoje é um dia memorável. Recebi meu primeiro pagamento. Estou muito orgulhosa e não sei como gastá-lo. Gostaria de enviá-lo a Ticiu. Veremos.

Imagina, ele apareceu hoje. Fiquei tão feliz. Muito, demais. Era meu sonho vê-lo hoje e ele apareceu. Meu lindo Kokośka, meu Zyguś. É o mais doce. Meu papai. Ele foi o ombro no qual chorei por um tempo. Ah, me entende tão bem, como ninguém no mundo. E, você sabe, de fato entendeu, como sabia que entenderia. Ele me disse que não pode me adorar o tempo todo como a uma deusa, porque não é um *moto perpetuo* e isso e aquilo. E às vezes acho, como hoje, que sou incansável e que essa senhorita não se mostra em sua totalidade. Grande Senhor Deus, Você sabe o quanto gosto de abraçá-lo, me aconchegar ao seu lado, ser afagada por ele. É tão agradável, tão prazeroso, tão doce. Tudo é mais fácil e aconchegante quando estou com ele. Tchauzinho, querido Diário, tantas sensações novas, boas, acho, graças a você, que "me guia pelo desconhecido". Vocês me ajudarão, Buluś e Deus.

SÁBADO

Por você esperei, tensa,
à noite com a respiração suspensa,
com a porta entreaberta
ao lado de estrelas brilhando na certa
suas cores eram as mais cativantes
e a carícia das flores eram abundantes
seus odores graciosos
davam os abraços mais gostosos
A brisa de maio para a lua a sussurrar
disse que meu amado está para chegar.
O murmúrio da noite sumiu
pelo céu noturno suas asas deslizaram
as flores e as estrelas em frente aos meus olhos murcharam
Você não veio, infelizmente.

O último olhar é angustiante
na névoa distante
A saudade é uma consternação
pelo amor e pela ligação
e de alguém a mão estendida
para dizer adeus na partida
Essa espera longa e fútil é uma desolação
como hoje no portão.

Tudo estava tão bonito
as flores e todos os "querido"
despedidas e saudações
como de uma canção banal as palavras
saindo pela janela como se fossem erradas.
Uma plataforma, barulhenta a se agitar

depois o ruído e o resfolegar
de um trem que vem
com uma janela aberta também
em um vagão
no peito um coração partido
um choro, no máximo, mal engolido
e o trem e eu e VOCÊ...
Laranjas douradas eram lindas pra valer
assim como as palavras de despedida
um suspiro e olhares suplicantes meus
Essa palavra foi a mais bonita,
uma palavra comum — adeus.

Estou muitíssimo triste. Vocês me ajudam, Buluś e Deus.

18 DE MAIO DE 1942, SEGUNDA-FEIRA

"O mundo é tão adorável e me sinto bem" — foi isso que escrevi para Buluś. Ah, muito, muito bem! O dia de hoje compensou a espera de sábado. Foi tão agradável, tão maio, tão primaveril! Maio é um mês tão maravilhoso! Zyguś é divino e o amor é lindo! A despedida é difícil. E aqueles carinhos... Aaaah, eu talvez o veja amanhã.

O trabalho é bom. Norka tem um problema com Julek. Sinto muito por ela. Z a verá amanhã. Tchauzinho, querido Diário. Mando beijos, assim como beijo e abraço Zygu. Vocês me ajudarão, Buluś e Deus.

19 DE MAIO DE 1942, TERÇA-FEIRA

Minha Mamãe escreveu uma carta. Tão profunda, tão adorável. Eu me sinto muito bem e estou comovida. Ela diz que ama Zyguś. Ah, isso é tão, tão, tão bom, Mamãe. Ela me considerou de longe de um jeito tão sincero, com tanto carinho. Preciso responder a esse lamento do coração de mãe. Ela me contou sobre suas preocupações e alegrias, sobre suas esperanças. Coitadinha. Senhor Deus, por favor, proteja-a e leve minhas bênçãos para ela. Durma bem, Querida Mamãe. Deus está cuidando de nós.

Noreńka apareceu hoje. Está em um péssimo estado. Irka e Lida estão voltando a si. Não posso escrever sobre isso, é nojento. Fiquei enojada quando meu amado Zyguś o mencionou. É claro que é medo. Ele às vezes também faz piada disso. Mas, você sabe, falamos sobre o "envolvimento" de Julek (é tudo culpa do envolvimento) e depois achei que Z, tão amável, próximo e real como é, também tem medo. Ele teme palavras. Ou não quer falar muito ou é evasivo. E ainda ruborizo. Por exemplo, hoje ele não podia dizer a esse estranho, um soldado: "*Das ist meine Braut*"?* Eu certamente falaria. Mas há mais alguma coisa aqui; é uma emergência.

Enquanto isso, fico ainda mais apaixonada por ele. Se puder, reavivarei os relacionamentos com minhas amigas, caso contrário, me tornarei reclusa.

Sinto muito por Nora, deve ser muito difícil para ela nos ver juntos. Mas verdade seja dita: "Pimenta nos olhos dos outros é refresco." E talvez eu não sinta tanta pena dela quanto gostaria. Não sei por que, mas acho que também é culpa dela. Bom, o que importa é que Mamãe fique em segurança e que eu e Zyguś continuemos apaixonados e... não consigo, estou enrubescendo, esta manhã foi tão maravilhosa. Boa noite. Vocês me ajudarão, Buluś e Deus.

20 DE MAIO DE 1942, QUARTA-FEIRA

Eu sou tão egoísta, é inacreditável! Tenho que escrever todos os dias. Mesmo que sejam apenas algumas poucas palavras. Tenho que repetir que o amo, porque não sei onde isso acaba e onde começa. Ontem fiquei um pouco brava. Mas, pensa, Z foi me buscar no trabalho na fábrica e nós caminhamos de mãos dadas. Os pomares florindo, maio brilhando com seus céus azuis e eu também, de alegria. É assim que me sinto, realmente me sinto como se fosse sua filhinha e adoro isso!

Zośka trabalha para o regimento. Contei a Malka sobre a senhorita, mas apenas de um modo geral. Ela é uma menina muito doce e gentil. Fiquei muito feliz. Tchauzinho, nos falaremos em breve... Vocês me ajudarão, Buluś e Deus.

* Esta é minha noiva (alemão).

21 DE MAIO DE 1942, QUINTA-FEIRA

Ah, o sonho, o sonho, o sonho da juventude! Estou cansada, muito cansada. É uma bela noite de maio. Tão cheirosa. O céu está azul-marinho, mas não posso ficar muito emotiva, porque quando penso em... Grrr...

Zyguś ficou extremamente entretido hoje, estava rindo e pronto para piadas. Às vezes penso que ele brinca de propósito, porque fica com vergonha de si mesmo. Mas fico envergonhada quando ele me lembra de que eu... enfim. Ele disse que falou muito sério; que gostaria de me colocar para dormir, de me levar com ele (isso foi na plataforma). Por que fala essas coisas? Bom, que fale; na verdade, gosto muito. Ele que fale, que me beije, que me ame, me ame, me ame! Afinal! Será verdade? Ah, como Klaus* é adorável, de verdade, que tal? Acho que seria o auge da felicidade. Sou tão boba. Mas ainda quero e é isso aí...

Você me diz que me ama intensamente
que sente uma saudade improcedente
eu sei que isso não é muito modesto da minha parte
mas eu quero e é isso aí

Vocês me ajudarão, Buluś e Deus.

23 DE MAIO DE 1942, SÁBADO

Sempre aos sábados. Teria sido mais fácil se eu tivesse escrito vários dias atrás. Agora não sei o que escrever, por onde começo? Há algo me incomodando demais nos últimos dias. Falei com Nora e, no fim, contei para ela que essa característica de Zygmunt está me incomodando. Isso e aquilo. Ainda assim, certa vez, há pouco tempo, perguntei a Jarośka por que o mundo todo estava contra nós, por que achavam engraçado, estúpido, absurdo. Não Mamãe, não mais. E gostaria de dar a ela um grande abraço por isso. Mas Nora também, até ela. Sei que pensa no que será quando meu romance acabar. Ela me acusa de levar muito a sério e (ela tem uma visão clara disso?) faz meu coração doer. Sei que não tem certeza, que du-

* Não está claro a quem Renia se refere aqui.

vida que Z realmente me ama. Sei; consigo sentir. E me dói, talvez até me incomode. Aqueles pormenores insignificantes...

Porque você deve saber que morro de ciúmes, sou exageradamente ciumenta. E acho que é esse ciúme e não meu complexo (que já não existe mais) que me faz odiar. Ele me incomoda. O tempo todo, me incomoda constantemente.

E, de vez em quando, Zyguś fala as coisas sem perceber e isso me machuca demais. Às vezes, quando me incomoda muito, penso em fugir. Fugir, fugir para o mais longe possível, ficar longe dele, mas também não o ver mais, não sofrer essa agonia. Mas tem vezes que sei que isso não é possível. Quando o abraço com força, quando ele está por perto, tão perto, sinto que não seria capaz de me separar dele em troca de tesouro algum do mundo. Isso significaria desistir da minha alma, a parte mais importante da minha vida.

Nora, você está errada. Você é diferente, mas não me restaria nada.

Estudar, natureza — isso tudo é bom quando o amor é suprido ou quando nunca foi experimentado. Talvez uma coisa: a poesia. Poemas fluiriam em uma torrente selvagem como lágrimas, como saudades, como desespero e sofrimento.

Eu sabia que os pais de Zygmunt faziam parte do clima hostil que nos cercava, mas não estava ciente do quanto eram contra e o quanto isso era importante. Seria porque ele volta tarde? O que mais? E se Irka... E aí? Mas agora sei, pois o tomei deles um pouco. Quem é que já ouviu falar de um menino tão novo se envolvendo tão seriamente? Entendo e não guardo ressentimentos deles por isso, mas fico um pouco triste, sim e não. Pode ser algo muito importante e nem um pouco também.

Zyguś é quem mais amo no mundo. Ele é meu querido e quase todo meu. Não quero incomodá-lo com esses problemas, mas sei que ninguém no mundo me entende como ele. É sempre assim, quando o coração dói, podemos sentir essa dor no corpo todo. E é por isso que minhas preocupações me machucam mais.

Quando Z é gentil comigo, tudo está bem, radiante e cheio de luz. É maio, dia 23 — uma pena que o mês esteja acabando. As noites são estreladas. São tão inebriantes que sonho muito, sonho, sonho. Vocês me ajudarão, Buluś e Deus.

24 DE MAIO DE 1942, DOMINGO

Uma manhã como a de hoje só acontece quando somos jovens, quando estamos apaixonados e quando somos correspondidos. Ah, meu Deus, foi tão incrível! Estávamos tão próximos e… não, nada pode mudar isso. O mundo é tão cruel! E eu sempre soube disso. Mas é bom que Z tenha várias aventuras e que sempre me fale delas… De qualquer forma, gosto de saber. Vou inventar alguma coisa. Mas por que me importaria de serem maus, falsos, ciumentos, quando Z é o melhor e o mais fofo? Afinal de contas, não estou apaixonada por eles, mas por ele. E sei que meu sonho se realizará, como todos os outros, porque é o destino. E será assim; se perseverarmos, sobreviveremos e seremos um casal feliz. E não serei mais idiota; apenas sorrirei quando vir coisas bobas. Ah, Mamãe, minha Mamãe! Você e Zyguś, por favor, me amem! Vocês me ajudarão, Buluś e Deus.

25 DE MAIO DE 1942, SEGUNDA-FEIRA

Ele me buscou na fábrica ao meio-dia. E foi (ah, Dido é tão chato!) maravilhoso. Tudo jovem, tudo maio — isso deveria bastar para você e enfim:

Quando ouço aquelas palavras de tanta beleza
ah, Bom Anjo Meu, aquelas palavras queridas
aos meus pés cada uma é uma preciosa riqueza
diz mais do que muitas páginas preenchidas.
Mas se eu quisesse explicar
o quanto essa noite de maio é singular
as palavras se tornariam desprezíveis
acho que seriam risíveis.

Esta noite de maio está maravilhosa! Com uma lua sorridente. Ah, se ao menos Z estivesse aqui comigo. Coloco minhas mãos invisíveis nas têmporas de Mamãe e de Ticiu. Bom Senhor Deus, cuide deles e de nós. Vocês me ajudarão, Buluś e Deus.

26 DE MAIO DE 1942, TERÇA-FEIRA

Estou escrevendo à luz do luar — literalmente. A história se desdobra. Sei, ou melhor, sinto que é tudo culpa de Zośka. E sei por que ela faz isso — não se trata da outra menina, mas da mudança, de me separar dele e... Não amanhã, na quinta-feira. Não sei nem dizer quem odeio mais — ela ou eles. É assim desde o começo, grrr. Vocês me ajudarão, Buluś e Deus!

28 DE MAIO DE 1942, QUINTA-FEIRA

Eu amo muito Z. Ele é tão atlético e estou muito impressionada. Posso me refugiar nele, simplesmente me aconchegar nele — é tão bom, tão confortável e...

Mas vamos ao começo. Afinal, hoje não foi um dia muito bom.

A primeira coisa da manhã — o encontro, ficar vermelha como um pimentão e depois discutir o trabalho; então a conversa com Zyguś. Depois teve Maciek e, por fim, essa trama nojenta, que evoluiu para algo horrendamente grande e nada disso. Porque toda essa aventura com Z é muito agradável. Mas também estranha, ó, tão estranha! Eu não sabia que poderia ser assim.

Z diz que sou lânguida e inflexível, e isso e aquilo, e me investiga o tempo todo sobre as razões de eu não gostar de dançar. Não gosto porque não sei dançar. E quando me sinto como me senti hoje, quando me sinto tão estranha, é como uma tremedeira, não sei como, e sou contra. Diabos, será que sou a maior porca do mundo? Ah, é tão bom tirar isso do peito, me sinto aliviada. Estou feliz de ele se sentir confortável em falar de mim tão abertamente, mas ao mesmo tempo dói, sinto que estou presa em um nível mais baixo e não consigo melhorar. Mas, então, esqueci tudo. Quando o abracei, quando me agarrei a ele com o corpo todo...

A parte mais difícil é sempre a despedida. De alguma forma, o amo com todo o meu corpo e tê-lo perto é como ter uma personificação da primavera ao meu lado. E a primavera pode ser inebriante! Seria verdade que mulheres são mais perigosas nessa época? Sim, fêmeas selvagens. Mas não eu, só gosto dos carinhos mais inocentes que me fazem entrar em um transe e, se não fossem 21h, provavelmente iria à loucura como elas, mas... Bem, menina, não enlouqueça — ah, tenho dono e é isso. Vocês me ajudarão, Buluś e Deus.

2 DE JUNHO DE 1942, TERÇA-FEIRA

Provavelmente — mas é difícil escrever. Sabe, agora sei o que significa a palavra êxtase. Quase a compreendo. É indescritível; é a melhor coisa que duas criaturas apaixonadas podem alcançar. Pela primeira vez, tive esse desejo de nos tornarmos um só, de ser um corpo e... bem... de sentir mais, digamos assim. De morder, beijar e apertar até sangrar. (E há esse outro sintoma.) E Zyguś falou de casa e carro e de ser o melhor para mim.

Senhor Deus, sou tão grata a Você por essa afeição, esse amor e essa felicidade! Escrevo estas palavras de forma diferente, sussurrando-as em minha mente para não as afugentar ou apagar. Para escrever um poema, mas um sedento de sangue, de primavera. Mamãe está sozinha, nem H está lá. Não quero pensar em nada, só quero desejar com tanta força, tanta paixão que... você sabe. Vocês me ajudarão, Buluś e Deus.

6 DE JUNHO DE 1942, SÁBADO

Dias e humores bruxulearam. Poucos dias se passaram, mas muitos pensamentos cruzaram minha mente. Uma manhã acordei e pensei que algo havia acontecido. Duas antenas se projetaram do telhado da casa da frente, perfurando o céu azul. Eu só conseguia enxergar essas antenas e o pedaço de céu entre elas e mais nada. Por que estou escrevendo isso? Porque quero lhe mostrar que não foi um símbolo que trouxe esse pensamento. Só acordei de um sonho, que me disse para não acreditar em minha grande e querida fantasia. Por quê? Não sei. Só me senti adulta e achei essa fantasia infantil, idiota e impraticável. Então é assim quando olhamos para o mundo sem paixão — duas antenas e o céu. E eu, tão sábia, poderia sorrir com escárnio, mas não tenho nem energia, nem coragem para isso... Então minha crença está menor agora, mas voltou e está aumentando pouco a pouco. Ainda rezo com o mesmo zelo de antes. Não agora. O que mais quero é o sonho. Quero o desejo, sim, porque desejo com cada pedacinho do meu corpo, dos meus pensamentos, da minha imaginação. Até o livro mais inocente me provoca, assim como a proximidade de outras pessoas, e nós. Ah, sofro com sonhos tão horríveis, sonhos nojentos. E eu... e você. Um barco oscilando, estou correndo, ganhando velocidade... e... e... devo pular?! Pularia se... pularia mil vezes se ele existisse para sempre.

Não vi Zyguś hoje, ele está estafado, cansado e fraco. E isso é bom, é muita sorte, porque neste momento estou exalando energia. Minha ganância pela vida me torna mais feroz. Eu gostaria de usar meu poder em uma batalha honrosa. Vocês me ajudarão, Buluś e Deus.

7 DE JUNHO DE 1942, DOMINGO[24]

Estou em paz. Nora e eu saímos para uma longa caminhada pelas profundezas do bairro e conversamos. Ela foi a primeira pessoa a quem contei. Percebi que era esse fardo que me atormentava. Vasculhamos o belo álbum e me senti bem e, acima de tudo: em paz.

Zygmunt também estava lá, chegou e foi embora, eu não devia ter escrito isso.

Também falamos de Waldek. É estranho. Às vezes penso se não estou apaix...da por ele. Poderia me engasgar com essa palavra. E há meia hora meu coração palpitava de medo.

Sempre que olho, há carnificina. Massacres tão terríveis. Matança, assassinato. Deus Todo-poderoso, pela enésima vez, me subjugo diante de Ti, nos ajude, nos salve! Senhor Deus, nos permita viver, Lhe imploro, quero viver! Experimentei tão pouco da vida, nada. Não quero morrer. Tenho medo da morte. É tudo tão idiota, mesquinho, insignificante, pequeno. Hoje me preocupo em ser feia; amanhã posso parar de pensar para sempre. Sim, sim, a guerra é horrível, selvagem, sangrenta. Sinto que fiquei assim por causa disso.

Pense, amanhã podemos não mais aqui estar
De aço frio, uma faca fundida
Vai nos transpassar
Mas hoje ainda há tempo para a vida
Amanhã o sol pode eclipsar
As balas das armas podem estourar e perfurar
E uivar — pavimentos inundados
De sangue, com escória suja e cheiro putrefato
de lavagem de porco cevado
Hoje você está a viver

Ainda há tempo de remanescer
Vamos combinar nossa linhagem
Para que a canção ainda progrida
A canção da inundação furiosa e selvagem
Pelos mortos-vivos trazida

Escute, cada músculo meu treme
Meu corpo busca desajeitadamente sua proximidade
Deve ser um jogo de asfixia, de verdade
Para todos os beijos, isso não é suficiente eternidade.

Fui interrompida. Mas esse pensamento me absorve. Vale a pena me esforçar? Não! Estou lhe dizendo, algo vai surgir. O quê? Não sei. Mas vai. Ou talvez já tenha. Não consigo tirar isso da cabeça. Agora é a hora de pensar em outras coisas. Senhor Deus, me perdoe, me salve e proteja. Ó, Grande, acabe com essa guerra agora. Vocês me ajudarão, Buluś e Deus. Acredito em vocês!

09 DE JUNHO DE 1942, TERÇA-FEIRA

Estou doente e um pouco ranzinza. Temo muito por Jarośka. Ela está com tosse, precisa ir ao médico (seus pulmões são muito fracos). Vovó se recusa. Falo que ela devia ir, Vovó acha que "devia" é uma coisa muito relativa. E agora? Ela é uma criança. Ah, a própria Vovó nunca vai ao médico, tem essa regra, mas isso devia se aplicar a uma criança com toda a vida pela frente? Talvez deva simplesmente ser ajudada, salva? Talvez esteja realmente muito doente?

Essas são palavras comuns e idiotas — mas, me diga, você entende o desespero que elas contêm? Essa criança está muito mal. Bimba a chateia demais, mas ela nunca fica calada. Essa situação não é culpa dela, no fim das contas, foram outros que fizeram isso com ela, por que Bimba é tão injusta?

Senti muita vontade de chorar hoje. Vovó acha que devo reavivar minha ambição de escrever poesias. Gritei: "Vovó, você não entende!" Minha Mãe queria me transformar em uma escritora, mas é possível "transformar" alguém em escritor? Ó, essas pessoas não entendem nada. E agora me dizem isso, quando estou tentando me impedir de fazer versos. Porque não quero escrever quando tiver algo sobre o que escrever e quiser fazê-lo, mas quando puder e tiver como. Elas não sabem o quanto isso dói. E a matança continua, os assassinatos. Zyguś é o único sopro de primavera e luz do sol. Vocês me ajudarão, Buluś e Deus.

14 DE JUNHO DE 1942, DOMINGO

Está escuro e não consigo escrever. Pânico na cidade. Tememos uma chacina; tememos deportações. Ó Deus Todo-poderoso! Ajude-nos! Cuide de nós; conceda Suas bênçãos. Perseveraremos, Zyguś e eu, por favor, nos permita, deixe-nos sobreviver à guerra. Cuide de todos, de mães e filhos. Amém. Vocês me ajudarão, Buluś e Deus.

15 DE JUNHO DE 1942, SEGUNDA-FEIRA

Estou inquieta e embriagada. Passei o dia todo com um medo terrível. Fiquei cansada, exausta, desesperada. E senti tanta saudade... sinto. Pensa, dois dias e duas noites. Noites escuras, densas de escuridão, apenas imagine, ardi tanto, senti tanta saudade.

Durante o dia, engasguei com o clima pesado e ameaçador da cidade morta. Ó, os dias são tão difíceis. Os nervos estão comprometidos, reagem pela tensão, assim como os sentidos, morrendo de saudades.

Zyguś foi fofo? Não sei se foi particularmente fofo, mas foi, de certa forma, deliciosamente viril. E, no fim, senti que, antes de tudo, ele foi um homem. Foi a segunda vez que senti isso. Comparei com um livro e me surpreendi por conseguir. Quero rir alto, ha ha ha, rir até morrer. Essa sensação é digna dos deuses e de pessoas em êxtase. Queria deixar isso de lado. Não! Não! Perseveraremos, não é mesmo? Sim. Minha maravilhosa mente de primavera, nós perseveraremos!

Ele foi incrível e, quando estou com ele, me sinto tão pequena, como uma criança, me sinto segura. Está totalmente escuro agora. Escrevo na escuridão, mas ainda sei o que estou escrevendo.

A conversa sobre lábios não foi agradável, mas não estragou nada. Nada nem ninguém poderia estragar isso.

Deus Todo-poderoso, por favor, permita que isso prossiga, continue nos salvando. Só Você pode nos proteger, e minha fé é tão forte e poderosa. Vocês me ajudarão, Buluś e Deus!

Meu tremor amoroso, eu o invento
Eu o invento apenas com a força do pensar
Da primavera você parece um fruto sangrento
Meu corpo acolhido por quadris, fico a suspirar
Meu peito incha incansavelmente, estou a arquejar
Veias pulsam intensamente, de um jeito arriscado
com dor sagrada, raiva sagrada, ato sagrado
abençoado seja o sentido do sentir.
Eu vou agarrar, asfixiar, esmagar, abrir
O colocarei entre meus quadris
Ó! Serei generosa e excessiva
Serei feliz, serei viva.
O absorverei, me contorcerei e adorarei,
Como uma meretriz flexível o beijarei
Uma de verdade, real e ardente.

O ápice da brutalidade! Vou bater na minha própria cara por isso, mas ainda escreverei. À noite! Não escrevi uma oração. Escrevi sobre bobagens e estava pensando nisso. Perdoa-me, Senhor. Para quem levantarei as mãos se Você me abandonar? Em quem confiarei? Santo Deus, por favor, me proteja, coloque Suas mãos sobre as cabeças daqueles que creem, que precisam da Sua proteção.

Minha Querida Mamãe, hoje, neste momento terrível e horrendo, você está com estranhos e talvez seja melhor assim, talvez esteja mais segura... mas se você fosse (Deus me livre)... se fosse... não quero falar. E de novo, pela enésima vez, quando as crianças se aconchegam com suas mães, você está distante. Todos os momentos importantes, perigosos e cruciais na vida nos dividem. E você, minha Querida Mamãe, ore por nós, ore por nós de onde quer que esteja. Há um Deus. Ele a ouvirá, reze por suas filhas órfãs. Nosso Deus é o único, pessoas morreram dizendo isso, acreditando e ainda estou viva, viva e fiel.

Vocês me ajudarão, Buluś e Deus.

18 DE JUNHO DE 1942, QUINTA-FEIRA

Hoje é meu grande dia. Faço 18 anos no dia 18. Sou adulta agora, mas não sei muita coisa. Já tive muita tristeza e preocupação na vida, muita alegria e amor também. Mas não sei muito; não sei nem o que deveria saber. Agora estou me sentindo bem, não estou mal, ainda bem.

Nora é uma criatura doce e gentil. Ela sofre porque não sabe muito. Acho estranho o quanto todos atraímos uns aos outros, nós que somos "autocríticos". Ela gosta do Maciek. Isso seria ótimo, não seria?!

Que dia é hoje? Bati a cabeça. Depois todos se reuniram e foi bem agradável. Norka me deu o álbum, um completo, com uma encadernação linda, maravilhoso! Ah, tem algo tão doce, tão fofo, tão bom; algo que nos anima, nos faz melhor. Mais um sonho realizado. Nora, acredito e você sabe que não é o último...

Zyguś me deu chocolates e dois corações de pão de mel; Irka me deu flores e perfume; e Maciek me enviou rosas com um cartão, desejando que todos os meus sonhos se realizem.

E eu? O que posso dizer, às vezes sonho em ser famosa, em alcançar grandes alturas e voar pelo mundo, e não só na minha cabeça. Mesmo assim, de vez em quando, só quero ser uma pessoa comum — uma habitante da cidade, uma mãe. Quero, quero tanto ter filhos, felizes e bondosos, justos, nobres e honestos. Quem sabe qual dessas tarefas é mais nobre e qual é mais difícil?

Ah, me sinto tão bem, Mamãe, e sei que você está enviando muitas palavras gentis pelo ar. Você sabia que já tenho 18 anos? Sim, e acredito, e amo aqueles a quem amei.

Decidi trabalhar em mim mesma de agora em diante. Ainda há tempo, ainda posso me tornar alguém. Aquela com uma vida espiritual, que pode ter tal vida, precisa ter algo no que se basear. Nem todas as vidas caminham sobre belas pernas. E sim, sim, sim... Devo dizer? Bom, sim, vou falar, pois é como um grão de areia preso em uma concha, que se torna uma pérola. O sofrimento é a pérola do amor. Eu estava brava com Irka e Zygu. Não consigo nem imaginar bons momentos não sendo envenenados por alguma coisa. Mas ele foi tão fofo, isso é verdade, muito adorável. Ele virá amanhã. Se não é um sonho, então nos elevaremos muito...

Essa despedida me deixou com raiva.

Amanhã vou à casa da Nora para buscar Kiciek.

Boa noite. Mamãe, mando um beijo e um abraço, como sempre. Você me amou mais do que qualquer pessoa no mundo. Seus desejos são meu caminho para seguir e a bênção de minha vida. Vocês me ajudarão, Buluś e Deus.

19 DE JUNHO DE 1942, SEXTA-FEIRA[25]

E Deus salvou Zygu. Ó, estou fora de mim. Eles levaram pessoas a noite toda. Reuniram 1.260 meninos. Há muitas vítimas: pais, mães, irmãos. O mar de nosso sangue é vermelho, perdoe nossas ofensas, escute-nos, Senhor Deus! Esta foi uma noite terrível, demais para descrever. Mas Zyguś estava aqui, meu querido, doce e adorável. Foi bom; nós nos aconchegamos e nos beijamos infinitamente. Quase me esqueci de ontem, embora tenha sido meu aniversário, então ele poderia ter me poupado disso. Mas ele é assim. Essa é sua inclinação, sua natureza. Gosta de "mulheres". Zośka, essa "nuvem de cabelo vermelho", também estava aqui. Fui idiota por ter mostrado aquele poema. Até Z. disse isso. Bem, fazer o que, é exatamente isso que importa. Há momentos em que posso falar e escrever, mas não agir. E, de fato, foi tão agradavelmente prazeroso que valeu todo o sofrimento. Mas às vezes penso que não vale a pena, que uma mulher apaixonada paga um preço alto demais.

Noite de junho
grávida
com densa escuridão

a noite... se estica, ávida
acima de mim.
Noite de solidão
Veio. Parou o cativante cidadão
na extremidade da cama, enfim
com um rosto atormentador
enfiou as garras
no cérebro pegajoso
e eu sonhei...

Meus pensamentos nus
sem suas roupas
se esticaram sob meu crânio
em silêncio
e por um tempo impiedosamente prolongado
a noite continuou o seu legado.

A pesada mortalha preta
caiu e se agarra
ao corpo
silenciosa e teimosa
eu estremeci.
A flor se abre
silenciosa
lábios abertos, sem fim
palavras sussurrando
o cheiro de jasmim
de botões maturando.
Gemer
a exasperação lentamente abreviando
os sentidos aliviados suspirando
doce fantasia
Amanhecer...

Vocês me ajudarão, Buluś e Deus.

23 DE JUNHO DE 1942, TERÇA-FEIRA

Mais uma vez, palavras não significam nada; novamente elas são ridículas. Ontem experimentamos uma das maravilhosas sinfonias da juventude.

Houve um tipo de massacre em nosso bairro. Buluś escreveu e me falou para deixar a cidade e ir a Tłuste* com Zyguś. Ela escreveu "juntos". "Juntos"! Seria tão bom, tão doce! Embora seja absurdo por enquanto. Mas hoje em dia até o maior absurdo pode se tornar realidade.

Ah, meu querido Zyguś, fugiremos juntos, tra-lá-lá-lá-lá... aaaah! Bimba diz oi e mando um beijo, Zyguś também. Rena. Vocês me ajudarão, Buluś e Deus.

25 DE JUNHO DE 1942

Por onde começo... Bom. Vou simplesmente dizer o que é. Uma onda de coisas boas e ruins chegou. Está tudo bem agora, pois não há problema em sonhar, em beijar. Mas hoje não "ardo", não sou como um cão tentando se libertar da corrente, embora ainda esteja cheia de saudades. Isso porque Z disse uma coisa horrível hoje. Falou que queria ler meu diário, porque isso o excita; lhe dá certo estímulo. Escute, meu querido Diário, amo você, amo, você é a minha alma, está vivo em milhares das minhas vívidas memórias, você chora as lágrimas de minhas antigas preocupações, mas nunca o escrevi para que se tornasse um estímulo no amor! Devo despedaçar as partes mais profundas da minha alma, devo fazer meu coração sangrar para que ele acredite em mim e para que encontre prazer nisso? E eu? Por que amo sem qualquer estímulo? (Encontro meu estímulo no devaneio.) Não acho a vida tão idílica. A vida é cheia de amargura; não é preciso nem procurar. E é por isso que Zygmunt era assim, exatamente desse jeito. Porque havia doçura demais.

Quando sua preocupação adormecer
não a desperte
há tanta amargura na vida
é a fonte do pior mal

---

* Uma cidade pré-guerra na Polônia (próxima de Zaleszczyki), um distrito durante a ocupação alemã.

quando sua preocupação adormecer
não a desperte.
Ria, sorria, tenha contentamento
isso só dura um curto momento
Quando sua preocupação adormecer, não a desperte
há tanta amargura na vida!

Eu acho que, embora Z seja bondoso, carinhoso e fofo (hoje ele foi muito fofo), há algo estranhamente tranquilo nele. Não é a primeira vez que penso nisso. Estou escrevendo e pensando, e estou com raiva, como hoje, mas assim que me aconchego ao lado dele, assim que o abraço, ando nas nuvens de novo. O que farei? Fantasias também são maravilhosas. Elas se realizarão; têm que se realizar! É possível amar alguém e não gostar da pessoa ao mesmo tempo? Vocês me ajudarão, Buluś e Deus!

NO DIA SEGUINTE

É bem provável que sim. Não, não posso escrever sobre isso hoje, pois estou com raiva. Z, aquele que pode ser muito querido, tão afetuoso quanto meu próprio coração, também pode ser muito distante. Sim, ontem ele foi distante. Foi difícil para mim, e estranhamente triste. Estou tão feliz por ter minha poesia! Meus poemas. Eu os amo tanto.

Não é verdade, Z não é nada bom para mim! Ele diz coisas, por exemplo, sobre meu gosto ter mudado. Diz isso de propósito, fala para me magoar; e, quando se ama alguém, não queremos machucar a pessoa. A vida está nublada, mas nosso pequeno pedaço de céu era azul. Agora não sobrou nada. Em dias como hoje, acho que seríamos infelizes juntos. Mas esse pensamento dói muito. Ó, Senhor Deus, por que dói tanto? É horrível, é tão difícil; queria que já fosse sábado. Vocês me ajudarão, Buluś e Deus!

27 DE JUNHO DE 1942, SÁBADO À NOITE

Noite de sábado boa, pacífica, tranquila e abençoada. Minha alma se acalmou. Por quê? Porque novamente me aconcheguei ao seu lado, ele me acariciou e me fez sentir como sua filhinha. Esqueci tudo o que há de ruim.

É uma pena que Zyguś já tenha ido embora. Eu poderia me deitar ao seu lado por muito, muito tempo. Vocês me ajudarão, Buluś e Deus!

28 DE JUNHO DE 1942, DOMINGO

Está tranquilo e em paz agora; estou bem. Gostaria de me aconchegar de novo, apenas me aconchegar e dormir. Foi algo muito além das palavras. Ele foi. Não sei o que estou escrevendo. Pois está escuro. Ó, uma noite tão amena. Foi um voo maravilhoso, diabólico e celestial ao mesmo tempo. Demos um grande passo. Em direção a esse Z que é adorado pelo povo! Por que, ah, por que só daqui a cinco anos? Afinal hoje, já, já hoje. Minhas pernas não conseguiram lidar. Foi tão doce o que Z falou — estou madura. E também foi muito bom com Marysia, porque realmente gosto dessa doçura Papai-Mamãe. Talvez até a prefira. Tudo isso é tão maravilhoso. Divino e muito humano. Ah, como eu gostaria de me aconchegar nele e dizer: "Ó, Papai querido!" Lá vou eu sonhar docemente e em paz. Vocês me ajudarão, Buluś e Deus!!!

29 DE JUNHO DE 1942, SEGUNDA-FEIRA

Então me diga, Zyguś, como devo sobreviver a esses dois dias, a essas duas noites? Cada hora dura dez vezes mais. Ó, elas passam tão devagar, são tão horríveis, tão dolorosas, tão opressivas. Como chegamos a isso? Como se espalhou, o que estava se empilhando, crescendo e crescendo? Será sempre assim a partir de agora? Sempre vamos querer mais e, se sim, quando, ó, quando? Porque hoje não quero, mas meu corpo quer, pede por isso, exige. Não será assim todos os dias daqui para frente? Estranho parecer que não consigo voltar ao que era antes. Amadureci; passei do ponto. É bom pensar, querer e completar — mas como? Tudo me assusta. Pois é um pensamento sensato. Sensato demais. Como posso pensar nisso como uma coisa feita ou sendo feita, mas não em como chegar lá? Não! Não! Simplesmente não posso me incomodar em pensar. E é por isso que essa carta me atingiu como uma marreta. Minha amada Buluś. Minha doce, querida, sei agora que você tem boas intenções. Sei porque também quero, porque é meu destino. Mas você sabe que é extremamente absurdo, é a maior ilusão sob o sol. Agora, só agora, quando li sua carta, achei que não existem razões reais e sérias para isso. Você é uma mulher que passou por muita coisa. Você sabe muito. E agora me fala para ser pragmática. Você é tão infantil. Sabe que o modo como me apresentou, achei, bem (para evitar cometer um pecado), simplesmente de mal gosto. Pense, dois jovens e...

Zyguś me diz coisas ruins, e também coisas doces... Supõe que devemos partir, diz que daqui a cinco anos serei mais bonita e dez centímetros mais alta. Mas não serei nada disso. Sempre sou mais bonita depois — com olhos brilhantes, lábios ardentes e bochechas coradas. Zyguś também será mais bonito. Prefiro eliminar todos os obstáculos e sonhar que já é, que é... Vocês me ajudarão, Buluś e Deus.

5 DE JULHO DE 1942, DOMINGO

Nós tememos, fomos ameaçados e, então, finalmente aconteceu. Aquilo que receamos tanto finalmente aconteceu. O gueto. As notícias chegaram hoje. Podemos ficar aqui; ou não. Ó, Senhor, Você me deu tanta esperança, tanto conforto — muito obrigada por isso.

É muito horrível Você não sabe o quanto, não sabe de nada. Virá comigo, porque, é claro, levarei minha vida comigo, meu pequeno espelho. Pense, o que restou em alguns velhos livros amarelados, em rolos de pergaminho cobertos de escritos, o que viveu nas lendas, o que se aprendeu com surpresa na escola — agora se realizou. A verdade mais verdadeira de todas. E é assustador demais.

Tememos a deportação; supostamente eles planejam deportar metade do povo. Ó, Dido, ó, Bimba. Grande Senhor Deus, tenha piedade. Meus pensamentos são tão obscuros, é um pecado até pensar isso.

Vi um casal aparentemente feliz hoje. Passearam; estavam voltando, felizes e contentes. Zyguś, meu querido, meu amor mais sincero, quando passearemos como eles? Eu o amo tanto quanto ela ama ele. Olharia para você da mesma forma. Mas ela é muito mais feliz, só sei disso. Ou talvez — ó, Santo Deus, Você é cheio de misericórdia — nossos filhos um dia falarão: "Nossa mãe e nosso pai viveram no gueto." Ah, acredito tanto nisso. Você nos salvará, ó, Deus Todo-poderoso. Minha Mamãe reza tanto por nós. Vocês nos ajudarão, Buluś e Deus.

6 DE NÃO SEI QUANDO, SEGUNDA-FEIRA

Há muita preocupação e apreensão, tanta amargura que tenho vergonha de escrever sobre nosso pequeno ninho. Mas o nosso é doce, charmoso, maravilhoso. É tão bom falar sobre o ninho. Vocês me ajudarão, Buluś e Deus.

10 DE JULHO DE 1942, SEXTA-FEIRA

Adeus, meu pequeno Diário! Sentirei falta desta residência. Vamos esperar que o Bom Deus me permita vê-lo aqui novamente. Mande suas bênçãos de longe, Mamãe, e Você, Senhor Deus. Traga-me de volta para casa em breve (não no gueto). Nosso lar... tive tantos momentos felizes aqui, sempre terei memórias carinhosas deste apartamento onde meu amor floresceu e amadureceu. Estou no meio de uma mudança, é uma bagunça terrível, preciso ir. Vocês me ajudarão, Buluś e Deus.

15 DE JULHO DE 1942, QUARTA-FEIRA

Lembre-se deste dia; lembre-se bem. Você contará às próximas gerações. Desde as 8h de hoje fomos isolados no gueto. Vivo aqui agora. O mundo está separado de mim e estou separada do mundo. Os dias são terríveis e as noites não são nada melhores. Todo dia traz mais vítimas e continuo rezando para Você, Deus Todo-poderoso, para me deixar beijar minha querida Mamãe.

Ó, Grande, nos dê saúde e força. Permita-nos viver. Eu me sinto péssima, Bimba está doente. A esperança está diminuindo com muita rapidez. Há flores perfumadas na frente de casa, mas quem precisa de flores? E Zygmunt, você sabe, não o vi ainda. Digo, o vi de longe hoje, mas ainda não apareceu aqui. Senhor, por favor, proteja a cabecinha dele. Mas por que não posso me aconchegar ao seu lado? Pena... Talvez ele... Deus, deixe-me abraçar minha querida Mamãe. Vocês me ajudarão, Buluś e Deus.

16 DE JULHO DE 1942, QUINTA-FEIRA

Você provavelmente quer saber como é um gueto fechado. Bem comum. Arame farpado em toda parte, com guardas cuidando dos portões (um policial alemão e um judeu*). Sair do gueto sem autorização é algo punível com a morte. Dentro há apenas nosso povo, pessoas próximas, queridas. Do lado de fora há estranhos. Minha alma está muito triste. Meu coração, tomado pelo terror. Esta é a vida.

Senti tanta falta de Zyguś hoje, pensei nele o tempo todo. Não o vejo há uma semana, senti muitas saudades e ainda sinto, pois sua visita hoje não foi real. Ansiei tanto por um pouco de carinho, ninguém sabe o quanto. Afinal, passamos por uma situação muito terrível. Permita-me receber um pouco de carinho. Mas acabou sendo estranho e frio, provavelmente porque havia outras pessoas no apartamento e uma bagunça enorme. Talvez sábado seja melhor... Sim, deverá ser. Precisamos de uma semana de carinhos. Agora sonharei como antes. Vocês me ajudarão, Buluś e Deus.

18 DE JULHO DE 1942, SÁBADO

Os dias passam. São todos iguais, como gotas de chuva. As noites são as mais agradáveis. Nós nos sentamos no jardim em frente de casa, conversamos, brincamos e — inalando o perfume do jardim — consigo esquecer. Esqueço o que quero esquecer. Que vivo no gueto, que tenho muitas preocupações, que me sinto sozinha e pobre, que Z me é estranho, que, apesar de todo o meu anseio, não consigo me aproximar dele. Não é um relacionamento que outros casais têm, no fim das contas.

Aqui, no jardim, as pombas arrulham. A lua crescente flutua silenciosamente pelo céu, as flores fornecem um doce perfume e, quando olho para tudo, me pergunto: por quê? Estive à beira das lágrimas três vezes hoje. Culpei as condições de vida, mas não é verdade! O amor pode florescer em qualquer lugar, querido amor, cheio de carinho... Mesmo assim, as sombras sempre rodopiam em meu caminho. O que é isso? De onde elas vêm? São sombras das nuvens que flutuam no céu? Não, infelizmente não,

* Em muitos guetos, havia unidades policiais judias, estabelecidas por ordens alemãs. Protegiam o gueto, coletavam dinheiro e impostos, reuniam forças de trabalho e mais. Enquanto faziam parte oficialmente do Judenrat, eram observadas com suspeita por eles, bem como pelos habitantes judeus do gueto.

são as sombras de um rosto nublado ou, bem, não vale a pena mencionar. Meu coração dói muito.

Não quero pedir mais nada a Deus, apenas nossa sobrevivência. Mas posso sonhar, por que não? Sonho em repousar a cabeça no peito de Mamãe e chorar tão docemente, é bom, como agora... Mamãe não está aqui, Norka está, então vou até ela e me acabo de chorar. É uma alma querida, ela entenderá. Vou. Não quero ver mais nenhum amigo. Irka disse que apareceria. Para quê? Não a suporto. Não quero reviver nossa relação. É tudo idiota, calculado, planejado. Às vezes só quero dizer que não me importo, mas tudo o que digo é que desejo que a guerra acabe! Tchauzinho, querido Diário, meu coração está pesado, como se fosse feito de chumbo. Vocês me ajudarão, Buluś e Deus.

O que mais me assusta são as sombras
Quando ao clarear
uma sombra pisca sem avisar
na estrada à minha frente
Por dentro meu coração dá uma balançada
e eu olho em volta
petrificada
uma sombra, não se pode diretamente olhá-la
pelo braço não se pode agarrá-la
fazer perguntas, não se pode tocá-la
não se sabe nem quem a lançou
Se arrastando, deslizando esse cinza
Que estranhamente se contorceu e brilhou
O que mais me assusta é a sombra que aqui fica.

Vocês me ajudarão, Buluś e Deus.

19 DE JULHO DE 1942

Amanhã é aniversário da Norka. Irka virá, então não será como poderia ser. Mas será doce, porque Zyguś, meu amado Zyguś, novamente bate em meu coração; ele é tão agradavelmente fofo. O mundo é bom conosco, mesmo no gueto. É que às vezes sou um pouco boba, fico com vergonha de ir lá. Mas Z é realmente o mais belo e me aconchegar com ele, buscar sua proteção, é ótimo. Então hoje estou muito mais calma. Neste apartamento "isso" também é maravilhoso. Agora terei pensamentos doces sobre tudo!

Amanhã Norka fará 18 anos. Gostaria de lhe dar alguns de nossos sonhos, algo mais do que um álbum e flores, algo que ninguém lhe dará. Quando sairmos daqui, prometi comprar uma bela câmera para ela e ir caminhar nas montanhas, para deixar minha amiga feliz. Isso também me faria feliz.

em uma casinha
com cortinas verdes
onde as flores desabrocharão
onde sempre seremos apenas nós dois

Zyguś, meu amado, o melhor. Mando beijos para todos e obrigada, Bom Senhor Deus, por isso, e minha querida Mamãe, por rezar por nós. Vocês me ajudarão, Buluś e Deus.

20 DE JULHO DE 1942

Aniversário da Nora. E? Eu sabia que seria assim. Mas agora falei com os vizinhos e me sinto um pouco melhor. Santo Deus, nos proteja e nos salve. Vocês me ajudarão, Buluś e Deus.

22 DE JULHO DE 1942, QUARTA-FEIRA

Preciso escrever para silenciar a dor, para abrir as feridas e deixar as preocupações vazarem. São tempos muito horríveis e sombrios. Não sabemos o que o amanhã trará. Esperamos que famílias sejam levadas. Bimba está doente e exausta, Jarośka está péssima, nem sinal de Mamãe ou Papai. As coisas também não vão bem com Zygmunt. Eu não queria admitir, realmente não queria, que estou fervendo de raiva. Mas não consegui me segurar. Até porque estou com a razão. Tenho lágrimas nos olhos do luto e as pontas dos meus dedos estão formigando pela raiva.

Não quero escrever os detalhes, pois acabaria escrevendo palavras de protesto grosseiras, e qual seria o objetivo? Sempre será a mesma coisa. É culpa dele. Ele tem razão, estou ressentida e incuravelmente apaixonada. Mas uma coisa precisa mudar, apenas uma expressão — afinal de contas, "a fuça" pode não dizer nada a ninguém e... não! Quando penso nisso, fico tão furiosa que chego a não querer vê-lo nunca mais. Já cansei de tudo isso. Tapo os ouvidos com as mãos e fecho os olhos. Gostaria de usar meu sofrimento para causar sofrimento, para me deixar mal. E ele tem razão, é o mais sábio de todos...

Mas em meus sonhos é totalmente diferente. Meus sonhos são doces... Vocês me ajudarão, Buluś e Deus.

23 DE JULHO DE 1942, QUINTA-FEIRA

Bem, Noruśka, minha querida, minha criança. Admiro essas suas palavras, também amo, mas você me conhece, uma palavra acaba com tudo. Noruś, também gostaria de estudar, de me aperfeiçoar, mas tudo se resume a uma palavra. Já sei quem é digno, conheço o amor e lhe contei a verdade (embora seja a primeira vez que tenha pensado nisso) — ele não vale a pena. Mas a questão não é ele valer a pena ou não, o amor é necessário, é preciso continuar amando, não se pode dizer não!

Eu sei, minha querida, que você entende tudo, mas não entende o quanto sou fraca e irremediável quando confrontada por... essa palavra. O que lhe contei é verdade, apesar de ele ter dito que não, eu sei. Sei que se arrepende e está envergonhado. E (é engraçado) estou exasperada. Se ao menos os corações pudessem ser curados do amor! Mas nem eu mesma sei se gostaria disso. O que quero, Noruś, é voltar à vida e ir caminhar pelas montanhas com você. Buluś e Deus me ajudarão.

24 DE JULHO DE 1942, SEXTA-FEIRA

Querido Deus, nos ajude. Precisamos pagar nossa contribuição até as 12h de amanhã. A cidade está em perigo. Mas ainda tenho fé. Minha fé é grande e Lhe imploro. Vocês nos ajudarão, Buluś e Deus.

25 DE JULHO DE 1942, SÁBADO

Dia seguinte de manhã! Os Ordners* vieram ontem à noite. Dido ainda não pagou tudo. Não temos dinheiro suficiente. Ó! Por que o dinheiro não cai do céu? São vidas de pessoas, afinal. São tempos terríveis. Mamãe, você não tem ideia do quão terrível. Mas o Senhor Deus nos guarda e, embora esteja incrivelmente assustada, tenho fé Nele.

Eu confio, porque, esta manhã, um brilhante raio de sol atravessou a escuridão. Foi enviado por Mamãe em uma carta, em forma de uma maravilhosa fotografia sua. E, quando da foto ela sorriu para mim, pensei que o Santo Deus nos tem sob Sua proteção! Até nos momentos mais sombrios existe algo que pode nos fazer sorrir. Mamãe, reze por nós. Mando muitos beijos. Vocês me ajudarão, Buluś e Deus.

À NOITE!

Meu querido Diário, meu bom e amado amigo! Passamos por tempos tão horríveis juntos e agora o pior momento jaz sobre nós. Eu poderia estar com medo agora. Mas Aquele que não nos deixou antes também nos ajudará hoje. Ele nos salvará. Ouve, Israel,† salve-nos, ajude-nos. Você me protegeu das balas e das bombas, das granadas. Ajude-me a sobreviver, ajude-nos! E você, querida Mamãe, ore por nós hoje, reze com afinco. Pense em nós e que todos os seus pensamentos sejam abençoados. Mamãe! Minha querida e única, tempos sombrios estão chegando. Eu a amo com todo o coração. Eu a amo; estaremos juntas novamente. Deus, proteja todos nós, Zygmunt, os Avós e Jarośka. Deus, me entrego em Suas mãos. Vocês me ajudarão, Buluś e Deus.

NOTAS DE ZYGMUNT

---

* Membros da Polícia dos Guetos Judeus (Jüdischer Ordnungsdienst).

† Uma referência a uma das orações mais importantes no judaísmo, Shemá Israel ("Ouve, Israel, o Senhor, nosso Deus, é o único Senhor").

27 DE JULHO DE 1942, SEGUNDA-FEIRA

Acabou! Antes de tudo, querido Diário, por favor, me perdoe por vasculhar suas páginas e tentar continuar o trabalho de alguém de quem não sou digno. Deixe-me contar que Renuśka não conseguiu o carimbo de permissão de trabalho que precisava para evitar a deportação, então precisa ficar escondida. Meus queridos pais também tiveram suas permissões negadas. Juro por Deus e pela história que salvarei as três pessoas que me são mais queridas, mesmo que isso custe minha própria vida. Você me ajudará, Deus!

28 DE JULHO DE 1942, TERÇA-FEIRA

Meus pais tiveram sorte de entrar na cidade. Estão escondidos no cemitério. Rena teve que sair da fábrica. Precisei encontrar um local para ela se esconder a qualquer custo. Fiquei na cidade até as 20h. Finalmente consegui.

29 DE JULHO DE 1942

O Aktion *foi impedido pela segunda vez, devido a uma disputa entre o exército e a Gestapo.** *Não consigo descrever tudo o que tem acontecido nos últimos três dias. Não tenho energia para isso, depois de doze horas correndo pela cidade. Esses acontecimentos me abalaram totalmente, mas não me destruíram. Tenho uma tarefa extremamente difícil. Preciso salvar muitas pessoas sem qualquer proteção para mim mesmo ou ajuda de outras. Esse fardo está apenas nas minhas costas. Não durarei muito tempo e terei o mesmo destino dos meus três entes condenados. Levei Arianka para o outro lado.*

30 DE JULHO DE 1942

Hoje tudo será decidido. Reunirei toda a minha força mental e física e alcançarei meus objetivos. Ou morrerei tentando.

---

* Provavelmente, refere-se ao esforço de impedir a destruição do gueto realizado pelo segundo-tenente da Wehrmacht, o Dr. Albert Battel (1891–1952). Por salvar cerca de cem judeus do gueto de Przemyśl, ele foi reconhecido como um dos Justos entre as Nações por Yad Vashem em 1981.

17H

Skrzypczyński me dará a resposta final às 17h. Ao meio-dia, eles levaram nossos cartões para carimbar (junto dos cartões das esposas). Decidi arriscar meu documento, pois achei que seria minha última chance de salvar Renuśka. Não tive sorte! Eles ameaçaram me enviar para a Gestapo. Depois de muito implorar, finalmente retiraram a ameaça. Mas isso me custou meu emprego no H.U.V. por falsificação. Às 20h, descobrirei se ficarei ou não. Fui.*

À NOITE

Ó, deuses! Que horror! Tudo aquilo para nada! O drama durou uma hora. Não recebi meu cartão. Será que acabei de me matar?! Zosia se foi! Agora estou sozinho. O que acontecerá comigo? É uma ótima pergunta. Queria salvar meus pais e Rena, mas, em vez disso, me afundei em mais problemas. Parece que é o fim do mundo. Ainda tenho esperança.

31 DE JULHO DE 1942

Três tiros! Três vidas perdidas. Aconteceu ontem, às 22h30. O destino decidiu levar meus entes queridos de mim. Minha vida acabou. Só ouço tiros, tiros... Minha querida Renusia, o último capítulo do seu diário foi finalizado.

* Heeres-Unterkunft-Verwaltung era responsável por administrar os quartéis militares.

EPÍLOGO
NOTAS
AGRADECIMENTOS

por
Elizabeth Bellak

EPÍLOGO

Eu só passei cerca de duas semanas no gueto, que ficava em um bairro pobre e precário chamado Garbarze, a noroeste do apartamento de nossos avós. Os nazistas deram 24 horas a todos os judeus para se mudarem para lá e permitiram que cada família levasse apenas 25 quilos de pertences. Meus avós, Renia e eu juntamos nossas roupas mais práticas de verão e inverno, nossos sapatos mais fortes e alguns casacos, caso nunca recuperássemos os de pele. Meu avô grudou com fita adesiva o máximo de moedas de dólar dourado que conseguiu em um canto de sua mala, na esperança de que os guardas não as encontrassem. Os itens de prata foram enterrados em segurança no porão; Vovó e Vovô voltariam para buscá-los depois da guerra.

Em 27 de julho, um *Aktion* foi iniciado no Gueto de Przemyśl. A não ser que você conseguisse provar que estava empregado em um cargo essencial ou administrativo — e, então, obtivesse um carimbo da Gestapo em sua permissão de trabalho —, seria obrigado a sair do gueto para ir aos campos ou enfrentar sua morte. Esperava-se que somente 5 mil judeus recebessem esse carimbo e, por sorte, Zygmunt e Maciek estavam entre eles. Infelizmente, minha irmã, meus avós e eu, não.

Apenas um dia depois, a Gestapo cercou o Gueto de Przemyśl e começou a arrebanhar as pessoas que lá moravam; 6.500 judeus foram colocados em carroças e enviados para o campo de extermínio em Bełżec, a cerca de 100km a noroeste da cidade. Outros 2.500 — considerados velhos ou frágeis demais — foram levados de caminhão à floresta de Grochowce, que rodeava Przemyśl. Lá, foram exterminados com um tiro na nuca e enterrados em uma vala comum.

Minha irmã e eu não estávamos em nenhum dos dois grupos. De alguma forma — não sei como e ele nunca me contou —, Zygmunt escondeu seus pais e Renia no sótão de um prédio de apartamentos de três andares na Rua Moniuszko, nº 10, onde vivia seu tio, um membro do Judenrat chamado Samuel Goliger. Eu não estava com eles. Zygmunt tinha me escoltado de lá pouco antes deles, e nos esgueiramos em direção ao ponto de encontro para tentar escapar até a casa da minha amiga Dzidka.

Acho que fui embora de manhã, mas só digo isso recorrendo a um local da minha memória em que revivi cada lembrança milhares de vezes. Foi esse mesmo local que vasculhei para encontrar minhas últimas memórias de Renia, embora essas não existam mais. Como pude me esquecer de ter me despedido dela? Qual era a expressão em seu rosto? O que ela me disse? Eu daria tudo para me lembrar das últimas palavras que dissemos uma à outra. Daria qualquer coisa para ter certeza de que disse à minha irmã o quanto a amava.

Lembro-me da última vez que vi meus avós. Eles estavam tentando ser corajosos enquanto Zygmunt gesticulava que era hora de eu ir embora, que eu tinha que ir, que o tempo estava acabando. Minha vovó, a quem amei muito, se virou, levantando as mãos até o rosto. Meu vovô se ajoelhou, colocou as mãos nos meus ombros e me olhou diretamente nos olhos. Depois me entregou uma pequena caixa colorida com uma alça de corrente. Era o tipo de lancheira compacta perfeita para carregar o almoço, como se eu fosse uma menininha prestes a ir para a escola sozinha pela primeira vez — não uma criança fugindo para salvar a própria vida.

"Grudei vinte moedas de ouro dentro", falou. "É tudo o que tenho. Aonde quer que você vá, sempre poderá vendê-las para conseguir dinheiro."

Minha avó se aproximou de mim, carregando um fino casaco azul que eu só usava em noites de verão. Ela o vestiu em mim com cuidado para não amarrotar o vestido cor-de-rosa que eu estava usando e, então, o abotoou. Vovó e Vovô me deram um abraço rápido e me levaram gentilmente até o jardim, onde Zygmunt estava esperando.

Não sei o que aconteceu a eles, mas tenho certeza de que acabaram naquela vala comum na floresta de Grochowce. Eram velhos demais para os nazistas quererem levá-los a um campo.

Não sei exatamente como Zygmunt me tirou do gueto, mas, de algum modo, me levou diretamente à casa dos Leszczyńskis. Era um apartamento sem elevadores próximo da fábrica de café em lata do Sr. Leszczyński, mas em uma parte da cidade diferente da que ficava a loja dos meus avós, minha escola e a pista de patinação no gelo. Dzidka, minha amiga mais próxima do mundo todo, estava lá para me receber, junto de seus pais e suas duas irmãs.

Não sei por quanto tempo fiquei lá. Não acho nem que compreendia por que estava lá. Tudo o que sabia era que, embora estivesse com Dzidka e sua família — a quem eu amava e confiava —, estava apavorada. Algumas vezes por dia, alguém batia na porta exigindo fazer buscas no apartamento. O Sr. e a Sra. Leszczyński gesticulavam para que eu me escondesse debaixo de uma cama e sussurravam: "Não fale nada. Não respire. Voltaremos para buscar você." E fechavam a porta.

Eu me encolhia como uma bola debaixo da cama, meu peito arfando enquanto tentava engolir o choro.

"Um momento!", gritava a Sra. Leszczyński para a pessoa do outro lado da porta.

Então, o Sr. Leszczyński abria a porta e dizia algumas palavras que eram seguidas de silêncio. A porta se fechava. Durante as duas horas seguintes ou metade do dia, eu estava a salvo.

Confiei na família de Dzidka e, mais do que isso, confiei em Zygmunt. Sabia que ele faria o que pudesse para manter Renia a salvo — estivesse ela ainda no sótão de seu tio ou fosse transferida como aconteceu comigo. Ele amava Renia e havia prometido à nossa mãe que a protegeria.

É claro que você sabe o resto da história de Renia. Por mais que tenha tentado, Zygmunt não conseguiu salvá-la. Minha linda irmã foi assassinada no dia 30 de julho de 1942, junto dos pais de Zygmunt.

Isso aconteceu muitas semanas antes de eu descobrir o que acontecera com ela. Encolhida como uma bola no apartamento da minha melhor amiga, eu não tinha a menor ideia de que alguém contara aos alemães que havia três judeus escondidos no sótão do prédio de apartamentos do Sr. Goliger e que, quando a Gestapo invadiu o local, Renia e os pais de Zygmunt foram levados para fora e exterminados.

Os Leszczyńskis podem ter descoberto logo, mas não tenho certeza. Tudo o que lembro é que, enquanto me escondia em seu apartamento, aflita e com medo de a Gestapo entrar, me agarrar e me levar para longe de minha família, meus protetores, minha melhor amiga e da vida que tinha se tornado cada vez mais sombria, eu sentia falta da minha mãe desesperadamente. Era uma dor lancinante, como a que Renia sentira todos os dias desde 1938.

Depois de uma semana no apartamento, o Sr. Leszczyński me disse que era hora de ir.

"Vamos à estação de trem", afirmou.

Não perguntei por quê. Só coloquei o mesmo vestido cor-de-rosa que usei quando me despedi de meus avós, vesti meu casaco azul e peguei a pequena lancheira na qual meu avô grudara as moedas. Lembro-me de suas últimas palavras para mim, do seu bigode, do lampejo bondoso em seus olhos e pensei em como deve ter se sentido ao entregá-la para mim. Deveria saber que era o fim de sua vida e que as vidas de suas duas netas também poderiam acabar em breve.

Não tenho memória alguma da caminhada até a estação ferroviária, nem lembro onde me sentei no trem — ou se cheguei a entrar. Já faz quase oitenta anos desde que saí de Przemyśl e revivi tantos ciclos de cheiros, visões, encontros e conversas em minha mente que às vezes fica difícil de diferenciar um do outro. Também nunca mais voltei à cidade de meus avós. Não consigo. É emocionante demais para mim.

Tivemos que fazer uma baldeação em Cracóvia, e o Sr. Leszczyński e eu saímos do trem com cautela. Ele segurou minha mão com força e começamos a caminhar bem na direção de alguns oficiais da Gestapo, que usavam seu familiar uniforme cinza com as patentes nos ombros. Eles tinham cães pastores-alemães ao seu lado. Ver a Gestapo não era incomum, principalmente em locais públicos como a estação de trem, mas essa situação era diferente. Eu não tinha documentos, então não havia como provar que não era judia. Se o Sr. Leszczyński fosse flagrado contrabandeando uma judia, seria sentenciado à morte.

Continuamos andando enquanto meu coração acelerava no peito. Ao nos aproximarmos, um dos alemães olhou para o Sr. Leszczyński, parecendo não me perceber, depois se voltou para os outros oficiais e continuou a conversa que estavam tendo. Expirei profundamente ao nos afastarmos deles, e então esperamos durante o que pareceram horas pelo trem para Varsóvia.

Hoje, o trem de Cracóvia para Varsóvia demora cerca de duas horas e meia. Na Polônia na época da guerra, deveria ser o dobro disso. Não me lembro da viagem — o que passou pela janela, se dormi, o que o pai de Dzidka me falou ou mesmo se eu sabia para onde estava indo. Mas, a certa altura, chegamos a Varsóvia e, enquanto o trem parava, me sentia mais ansiosa do que nunca na vida. Lá estava eu em uma cidade familiar, onde subia ao palco para ler poesia quando tinha apenas 8 anos, e mesmo assim, minha mãe — a pessoa que me fazia sentir mais segura e mais amada do que qualquer outra no mundo — parecia estar a milhares de quilômetros de distância.

Quando as portas do trem se abriram, peguei minha pequena lancheira e olhei em volta. Não havia oficiais da Gestapo nem cães na plataforma. Em vez disso, havia uma multidão de pessoas indo de um trem para o outro, e parecia que ninguém estava olhando a menininha com um casaco fino carregando uma pequena lancheira. Mas alguém estava. Ao caminharmos pela plataforma, um jovem com roupas comuns deu um passo à frente e levantou a mão para nos barrar.

"Você veio para cá com uma criança judia?", gritou. "Vou denunciá-lo!"

O Sr. Leszczyński colocou o braço em volta de mim e me puxou para perto enquanto se movia na direção do homem, parecendo muito mais alto. "Saia de perto de mim, e se não sair, vou matá-lo aqui mesmo", falou.

Passaram-se aparentes cinco minutos de silêncio, mas o Sr. Leszczyński não se mexeu. Ele ficou lá parado, olhou para baixo uma vez para garantir que eu estava bem. O homem o encarou um pouco mais, depois se virou e fugiu. Não sei quem era. Não sei como ou por que acreditava que eu era judia. Tudo o que lembro é que eu e o Sr. Leszczyński deixamos a plataforma, saímos da estação e fomos para as ruas movimentadas de Varsóvia, meu antigo lar que havia mudado bastante.

O Sr. Leszczyński me levou direto para os amigos de minha mãe, os Beredas. Viviam em um belo prédio na Rua Ossolinski, perto do Parque Estadual Saxon Garden. Eu nunca conhecera o Sr. ou a Sra. Bereda antes, então seus rostos sorridentes e manchados de lágrimas eram assustadores e desconhecidos. Eu não confiava em ninguém. Mas, de repente, vi o rosto que assombrava meus pensamentos e meus sonhos, e a saudade que há meses sentia explodiu dentro de mim. Larguei minha minúscula lancheira e caí nos braços de minha mãe, soluçando. Depois meu coração se partiu, porque eu sabia que estava experienciando algo e minha irmã não.

Naquele dia, minha mãe provavelmente descobriu pelo Sr. Leszczyński que Renia estava morta, mas não me contou até ela mesma confirmar semanas mais tarde. Com a ajuda e o acompanhamento do marido da sobrinha da Sra. Bereda, um aristocrata húngaro chamado Von Anderle, ela reuniu seus documentos e fez a longa viagem até Przemyśl. Essa deve ter sido a viagem de trem mais difícil da vida de minha pobre mãe, com a inútil esperança de sua filha mais velha ainda estar viva, mas sabendo, no fundo, da terrível verdade.

Ela não entrou no apartamento abandonado em que seus pais viveram, então não viu que o piano não estava lá ou que o armário da sala não tinha nenhuma louça ou prataria guardada. Não viu a mesa vazia, onde seu pai assinava todos os seus contratos. Mas, enquanto esteve em Przemyśl, alguém lhe deu um pequeno amuleto que Renia costumava usar. Acho que foi nesse momento que minha mãe aceitou que minha irmã realmente se fora.

Minha mãe voltou para Varsóvia e me buscou no convento para onde tinha me levado temporariamente. Juntas, pegamos um bonde para o quarto que alugara em um apartamento em Zolybusz, um bairro muito bom ao lado de Varsóvia. Durante as semanas seguintes, as conexões da Sra. Bereda me arranjaram documentos que me deram uma nova identidade, e fui batizada pelo mesmo padre que batizou minha mãe. De repente, eu era católica, com uma nova data de nascimento e um novo nome: Elzbieta Leszczyńska. E assim, sem aviso, a Shirley Temple polonesa desapareceu.

Apesar de mamãe e eu vivermos fora do gueto disfarçadas de polonesas católicas, ainda víamos e sentíamos a guerra todos os dias. Como minha mãe tinha que trabalhar, eu morava e estudava em um internato durante a semana e, nos finais de semana, ela me buscava e me levava para casa. Aos domingos, íamos à igreja, aceitando a religião que salvara nossas vidas. Pegávamos um bonde para ir e voltar, assim como minha mãe fazia todos os dias da semana. Durante a guerra, os bondes eram divididos: a frente era reservada para os alemães e o fundo para os poloneses.

Um dia, depois da igreja, planejamos jantar na casa do chefe da minha mãe, cujo nome era Kosiński. Minha mãe trabalhava no Hotel Europejski como diretora-assistente. O bonde em que entramos avançava e estávamos confortavelmente sentadas no fundo. Ele desacelerou, depois parou, em sua rota regular, que o levava aos muros do Gueto de Varsóvia. Lá, havia um caminhão do exército alemão, parado com o motor em ponto morto. De repente, a porta ao lado do passageiro do caminhão se abriu, um soldado nazista saiu e caminhou até o bonde. Ele segurava uma arma.

"Todos para fora!", gritou em alemão. "Alemães deste lado, poloneses deste outro lado. Saiam!"

Minha mãe segurou minha mão. Na época, havia algo que chamávamos de *Łapanka,* que significava "arrebatar pessoas". Essa prática, que existe desde que os alemães ocuparam a Polônia em 1939, referia-se ao ato de remover pessoas de algum lugar — como um bonde —, separá-las em grupos, obrigar o primeiro grupo a entrar em um caminhão e levá-lo a um campo de trabalho forçado. Lá, essas pessoas deveriam auxiliar os esforços de guerra alemães, cavando, pavimentando estradas, operando máquinas em fábricas ou, muito provavelmente, apanhar, passar fome e ser executadas.

Testemunhei isso em Przemyśl; e minha mãe, em Varsóvia. Não era nada novo. Mas ela se recusava a aceitar. *Não* perderia outra filha.

Graças ao estudo em universidades em Berlim e Viena e a seu trabalho no Hotel Europejski, minha mãe falava alemão fluentemente. Fez uma reverência com a cabeça, pegou minha mão e começou a falar comigo em alemão, um idioma que eu não compreendia. Mas fingi que sim, assentindo a tudo o que ela disse. Segurando a arma, um guarda se aproximou de nós, ouviu minha mãe falando e gesticulou para que fôssemos para o lado com os alemães. Ao nos virarmos, eu tinha certeza que estava prestes a ser executada pelas costas.

Mas não fomos colocadas em um caminhão ou mortas. Deram-nos permissão para ir embora, em direção à casa dos Kosińskis, que ficava no hotel. Caminhamos o que pareceu um dia inteiro, nos escondendo em portas de entrada diferentes sempre que nos sentíamos em perigo. Passamos por caminhões cheios de pessoas — mais do que eu já tinha visto em qualquer outro momento da guerra — e chegamos atrasadas ao jantar, mas antes do toque de recolher das 20h. Depois de comermos, apaguei em uma das camas dos Kosińskis. Fiquei lá a noite toda, suando de febre e, no dia seguinte, minha mãe chamou um médico. Após me examinar, disse que eu havia desenvolvido icterícia, que ele acreditava ter sido causada pelo susto.

Depois daquela noite, o Sr. Kosiński permitiu que minha mãe e eu morássemos no hotel. Durante semanas, me recuperei lá. Quando me senti melhor, jantamos com eles. Fomos à igreja. Celebramos o Natal e a Páscoa. Minha mãe fez amizade com a namorada do dono de um restaurante do outro lado da rua, chamada Ziutka, e às vezes ela nos alimentava de graça, pois adorava a minha mãe. Fui para a *komplety*, o que significa que estudei em uma escola em segredo. E, dia após dia, minha mãe e eu vimos os judeus e os poloneses serem pisoteados pelas botas dos alemães. Foi assim que vivemos.

Não vim para os Estados Unidos imediatamente após a guerra. Em algum momento entre os verões de 1942 e 1944, um oficial alemão que morava no hotel se apaixonou por minha mãe. Queria se casar com ela. Não acho que ela o correspondia; era simplesmente um acordo benéfico para uma mulher que usou cada célula de seu corpo a fim de se tornar útil o bastante para sobreviver. Mas no início de 1944, à medida que o exército soviético avançava em direção a Varsóvia, um movimento clandestino tramou uma rebelião contra os ocupantes alemães. A Revolta de Varsóvia começou em agosto de 1944 e a Alemanha revidou com tudo o que tinha. Em 63 dias, quase 250 mil poloneses foram mortos, e metade da cidade foi destruída por bombas.

Quando a violência estava no auge, o oficial alemão implorou à minha mãe para deixar Varsóvia. "É perigoso demais aqui", disse. "Eu a amo e posso ajudá-la a fugir."

Minha mãe concordou e o oficial preparou nossos documentos. No verão de 1944, minha mãe e eu arrumamos algumas pequenas malas. Antes de Varsóvia se render, escapamos de lá para a Alemanha. Viajar pelo território alemão era extremamente perigoso, e nós passamos por Berlim e Dresden antes de finalmente cruzar a fronteira da Áustria. Depois, seguimos em direção a um famoso spa austríaco — para onde o oficial nos disse que oficiais e soldados alemães eram enviados para se recuperar —, por meio de uma ambulância da Cruz Vermelha.

Foi uma viagem perigosa. As batalhas continuavam à nossa volta enquanto passávamos pelos Alpes Orientais Centrais. Mas, quando chegamos à cidade turística de Bad Gastein, percebi que o oficial tinha falado a verdade; havia milhares de soldados alemães feridos lá, e os hotéis estavam todos decorados com cruzes vermelhas, sinalizando que tinham se transformado em hospitais para recuperação. Em pouco tempo, minha mãe conseguiu um emprego de recepcionista em um dos hotéis, chamado Straubinger, e moramos lá de setembro de 1944 a maio de 1945, quando o exército norte-americano chegou. A Alemanha fora derrotada pelos Aliados e a Europa estava prestes a ser libertada.

Nunca me esquecerei da primeira vez que vi soldados norte-americanos. Estavam enfileirados, homens lindos com sorrisos no rosto. Gostei deles logo de cara, mas havia algo que parecia estranho.

"O que está havendo com eles?", perguntei a minha mãe. "Suas bocas se mexem, mas eles não falam!"

Minha mãe riu. "Estão mascando chiclete", respondeu.

Eu era uma refugiada adolescente que mal havia sobrevivido ao Holocausto e nunca tinha visto um chiclete, quem dirá mascar um.

Minha mãe arranjou um emprego com o Exército Norte-americano e tentou obter documentos que nos levassem aos EUA. Mas ela também conhecia alguém em Nova York, que conseguiu localizar pela Cruz Vermelha. A mulher ajudou minha mãe a encontrar um primo de meu avô, que escreveu uma declaração de suporte financeiro que nos possibilitou ir da Áustria para os Estados Unidos. Mas não fomos direto para lá; com a ajuda da Igreja Católica, acabamos em um campo de pessoas deslocadas em Munique. Depois fomos enviadas ao norte, para Brémen. Minha mãe restabeleceu contato com seu irmão na França e ele escreveu para ela, implorando para que fôssemos morar lá, perto dele. Quando ela não respondeu, ele nos enviou um carro, que seguiu até o local em que ficaríamos. Quando parou, um homem chamado Major Zaremba, membro do exército polonês, desceu. Nas mãos, segurava documentos que nos davam permissão de nos estabelecer na França.

Naquele momento, minha mãe tomou uma decisão.

"Passei por coisa demais na Europa", disse a ele. "Perdi todo mundo. Quero começar uma vida nova e essa vida será nos Estados Unidos."

Em dezembro de 1946, minha mãe e eu juntamos nossas malas, mais US$500 que meu tio Maurice nos enviou. Embarcamos no frágil *Marine Marlin* e, com o vento batendo, a chuva caindo e o barco se inclinando para os lados, navegamos por cinco ou seis dias, atravessando o Oceano Atlântico. Chegamos ao píer de Manhattan e fomos recebidas pelo filho do primo do meu avô, o Dr. William Dubilier. Ele nos levou a New Rochelle, no Condado de Westchester, ao norte da cidade. Ficamos apenas algumas semanas lá, pois minha mãe conseguiu um emprego em Greenwich, Connecticut. Trabalhou lá por cerca de um ano e depois nos mudamos para um pequeno quarto na West 90th Street, em Manhattan.

Além de um conservatório que frequentei na Áustria em algum momento de 1944 ou 1945, não ia a uma escola de verdade há mais ou menos três anos. Minha mãe valorizava a educação acima de tudo, então encontrou um internato católico para mim chamado Nazareth Academy, em Torresdale, Pensilvânia, e me mudei para lá. Eu mal falava inglês e tinha talvez apenas duas saias. Eu me senti extremamente pobre perto de todas aquelas outras meninas, mas não podia dizer o porquê a elas. Não quis contar nem à minha nova melhor amiga, uma menina polonesa chamada Ewa. A verdade era demais para eu digerir — quem dirá para outra adolescente. Falei para mim mesma: *Esta é minha nova vida. Estou nos Estados Unidos, sou católica e meu nome é Elizabeth.*

Eu me formei e fui para a universidade, primeiro em Manhattan, depois no Missouri, e depois de volta a Manhattan na Universidade Columbia. Porém, certo dia, no início da década de 1950, enquanto eu visitava minha mãe em seu minúsculo apartamento, Zygmunt Schwarzer nos fez uma visita. Esse belo homem de olhos verdes que tinha amado minha irmã mais do que tudo na vida não só sobreviveu ao Holocausto; havia se tornado um médico, como sempre quis ser.

"Tenho algo para você", disse, oferecendo um caderno grosso de capa azul para minha mãe.

Era o diário de Renia, todas as suas setecentas páginas. Minha mãe e eu nos acabamos de chorar.

Zygmunt ficou por um tempo e nos contou como sobreviveu depois de me contrabandear até a casa de Dzidka. No final de julho de 1942, ele evitou ser enviado para o campo de extermínio de Bełżec, pois finalmente recebera seu carimbo da Gestapo que confirmava seu vínculo empregatício. Entre julho e novembro de 1942, realizou trabalho forçado na base militar alemã na margem direita do Rio San. Quando o local ficou movimentado devido à volta dos soldados do fronte, Zygmunt se tornou um carpinteiro e foi encarregado de construir quartéis onde os recém-chegados eram desinfetados antes de retornarem à Alemanha.

Em novembro de 1942, houve outro *Aktion* de deslocamento dos habitantes do Gueto de Przemyśl. A essa altura, Zygmunt havia perdido seu visto de trabalho e estava se escondendo com outras pessoas no sótão de um dos prédios do gueto. De algum modo, eles conseguiram sobreviver até o fim do *Aktion*. Nunca confirmei com Zygmunt, mas acho que foi nessa época que ele deixou o diário de Renia com um amigo do lado de fora dos muros do gueto.

Após a destruição final do gueto em setembro de 1943, Zygmunt foi enviado ao campo de trabalho forçado em Szebnie, próximo a Jasło, e de lá — dois meses depois — para Auschwitz. Em outubro de 1944, ele foi transferido para o campo de Sachsenhausen e trabalhou na fábrica de aviões bombardeiros Heinkel em Oranienburg. Em dezembro de 1944, foi enviado ao campo em Landsberg, na Baviera. Em janeiro de 1945, pegou febre tifoide e só sobreviveu graças à ajuda de um médico e de uma menina lituana que trabalhava na cozinha. Você não vai acreditar, mas esse médico era Josef Mengele, o médico de campos de extermínio famoso por conduzir experimentos macabros com prisioneiros judeus.

No dia 30 de abril de 1945, o campo foi liberado e Zygmunt estava finalmente livre. Ele conheceu sua esposa, Genia — chamada Jean nos Estados Unidos —, em um campo de deslocados, e naquele outono começou a estudar medicina da Universidade Heidelberg. Formou-se em 1949 e partiu para os Estados Unidos, onde, em algum momento no início da década de 1950, conseguiu encontrar minha mãe e decidiu visitá-la.

Fazer faculdade foi uma luta para mim. Minha mãe e eu não tínhamos dinheiro, morávamos em um prédio de cinco andares sem elevador na Third Avenue, onde o aluguel era apenas US$55 por mês e os trens de ferrovia elevada passavam até as 19h todos os dias. Quando não estava na aula, eu trabalhava como garçonete e estava sempre muito cansada. Minha mãe também. Não era do feitio dela, mas um dia chegou a me falar: "Por que você quer estudar? Basta se casar."

"Não", respondi. "Quero meu diploma."

Finalmente o consegui em 1955 — sendo a área principal em alemão e a secundária em russo — e fiquei muito feliz. *Finalmente* tinha terminado.

Um dia, pouco antes de me graduar, fui chamada a um escritório da Columbia por um homem que nunca havia conhecido. Quando me sentei à sua frente, ele me ofereceu um emprego.

"Que tipo de emprego?", perguntei.

"Bom", começou, "é um emprego que você não pode contar a ninguém o que está fazendo".

Era na CIA. Eles me queriam porque eu sabia falar e escrever russo e alemão fluentemente. Mas não precisei pensar nem por um segundo no que *eu* queria.

"Muito obrigada", falei, "mas não posso aceitar. Vivi minha vida inteira em segredo. Não quero fazer mais isso".

Mas é difícil largar uma vida secreta quando ela a protegeu por tanto tempo, então minha mãe e eu ainda não contávamos às pessoas quem éramos. Ela até se casou com seu segundo marido, Clyde, no início da década de 1960 e nunca lhe contou sobre seu passado. Eu não falava sobre minha origem para meus amigos da Columbia, onde fiz meu mestrado em psicologia infantil. Eu me obriguei a esquecer os filmes que fiz e só os vi em 2014, quando Tomasz Magierski, cineasta polonês que pesquisara a história de Renia e a minha, os encontrou em alguns arquivos e os mostrou para mim. Na escola primária em que comecei a trabalhar em 1963 como professora de alemão e russo, não contei a ninguém que um dia eu fora a Shirley Temple polonesa. Só ria quando meus alunos me chamavam de "Srta. Niska" porque não conseguiam pronunciar *Leszczyńska.*

Certo dia, em 1964 — depois de deixar meu emprego como professora de negócios na Newton High School no Queens e me estabelecer em um cargo de professora do sexto ano em Staten Island —, fui convidada para uma festa da United Federation of Teachers, um sindicato de professores. A festa foi em um casarão de uma amiga no Queens, e ela tinha um piano na sala de estar. Podiam ter se passado trinta anos desde que atuei pela última vez, mas ainda era uma artista, então decidi me sentar no banco do piano e comecei a tocar e cantar meu repertório de canções polonesas e russas. Quando terminei uma delas, um homem alto e bonito, que era alguns anos mais novo do que eu, se aproximou. Era George Bellak, professor da Newton que sempre achei muito gentil. Ele nascera em Viena, então às vezes conversávamos em alemão, mas nunca o considerei mais do que um amigo.

"Você toca muito bem", disse e sorriu. "Como voltará para casa depois da festa?"

Conversamos a noite toda e fomos para o metrô às 2h. Quando saímos, George me acompanhou até meu apartamento. Foi assim que nosso romance começou.

Tudo aconteceu muito rápido depois disso. Em junho de 1965, nós nos casamos na câmara municipal, em um dia de folga que ambos tivemos durante a semana. Rimos quando o oficiante gaguejou meu nome: "L... L... L... shhh... ka" e celebramos aquela noite no Russian Tea Room. Poucos meses depois, eu estava grávida de nosso filho, Andrew.

Levei muito tempo para contar a meu marido quem eu era. Apesar de George ser muito parecido comigo — era judeu, mas sua família fugiu para a Áustria em 1939 —, eu não tinha certeza se conseguiria aguentar a dor de falar sobre o meu passado. Também não tinha certeza se ele me aceitaria. A guerra tinha terminado e eu não queria pensar nisso. Passei anos tentando esquecer que fui uma menininha que conseguiu sair viva da Polônia, mas cuja irmã não conseguira.

É por isso que, quando minha mãe faleceu de câncer no dia 23 de novembro de 1969 — poucos meses antes de minha filha, Alexandra Renata, nascer —, coloquei o diário de Renia em um cofre em um Chase Bank em Manhattan. "O passado é passado", sempre disse meu tio Maurice, e foi assim que o tratei.

Só quando meus filhos começaram a fazer perguntas é que contei a verdade a Andrew e Alexandra.

"Sou judia", falei a eles, "e chegou a hora de lhes contar a minha história. Acho que estão prontos para isso".

O passado ainda faz meu coração acelerar e me deixa enjoada, e ler o diário de Renia me dá ataques de pânico. George, Andrew, Alexandra e eu visitamos a Polônia no início dos anos 2000 — a primeira vez que estive lá desde que fugi — e não consegui chegar a Przemyśl ou à velha propriedade da minha família em Dniestre. Vi Maciek depois que voltei, contei-lhe sobre a viagem e mencionei que ainda estava ansiosa e com dificuldades para respirar direito. Ele me olhou de cima a baixo e balançou a cabeça.

"Se soubesse que você ia, teria tentado impedi-la", falou.

Não consigo imaginar a dor que minha irmã passou em seus últimos momentos, me vendo ir embora para uma nova vida enquanto ela ficava com seu destino. Não consigo explicar por que pude continuar vivendo, e é por isso que tentei não pensar nisso por tanto tempo.

Antes de sua morte no dia 1º de abril de 1992, Zygmunt aprendeu a processar o passado de outra forma. Ele se aposentou de seu consultório pediátrico em Long Island e criou um espaço em seu porão para o diário de Renia. Havia tirado fotocópias de todas as setecentas páginas e as colocara lá cuidadosamente, como tesouros. A cada poucos dias ou noites, ele ia até o porão, lia e analisava o diário ao lado de uma foto de Renia que pendurara na parede. Seu filho, Mitchell, disse que passar o tempo lá era quase uma experiência espiritual para ele — como se Renia fosse sua musa.

Em uma das pouquíssimas vezes que o vi, ele abriu as páginas do diário de Renia e escreveu:

> Outro mês de maio está chegando, o mês do amor... Hoje é dia 23 de abril de 1989. Estou com a irmã de Renusia — Jarusia. Esse elo de sangue é tudo o que me resta. Faz 47 anos desde que perdi Renusia. Quando penso nela, me sinto tão pequeno e insignificante. Devo tanto a ela. Graças a Renia, me apaixonei pela primeira vez na vida, profunda e sinceramente. E fui correspondido por ela de um jeito extraordinário, sobrenatural e incrivelmente apaixonado. Foi uma emoção delicada e maravilhosa. Nosso amor cresceu e se desenvolveu graças a ela. Não consigo expressar o quanto a amei. E isso nunca mudará, até o fim... Zygmunt.

Acho que todos nós — eu em especial — podemos aprender com o exemplo de Zygmunt. O passado não se foi; está presente em nossos corações, em nossas ações e nas lições que ensinamos a nossos filhos. Para Renia e Zygmunt, o passado significou amor, e o agradecerei até o dia de minha morte não apenas por salvar minha vida, mas também por abrir este capítulo dela novamente. Encarar o que você acha que deixou para trás pode ser doloroso, mas aprender e crescer com isso é a única forma de viver agora.

Espero que o diário da minha irmã ensine você a fazer o mesmo.

NOTAS

1. 02 DE FEVEREIRO DE 1939

Renia tinha apenas 14 anos quando começou este diário, e ela era pensativa, atenciosa, sentimental e tudo mais que uma "boa menina" do ginásio geralmente é. Ela era inocente. Acho que todos éramos. Era possível no início de 1939, antes de os alemães e os soviéticos invadirem a Polônia.

Naquela época, eu não morava em Przemyśl com meus avós e Renia. Estava viajando pela Polônia com a minha mãe, atuando em filmes e no teatro. Participei de um filme chamado *Gehenna* e outro chamado *Granica,* e tinha um emprego estável em Cyrulik Warszawski, um famoso teatro de Varsóvia, cantando, dançando e recitando poesias de famosos poetas poloneses como Jan Brzechwa e Julian Tuwim.

Renia viveu com nossos avós desde algum dia de 1938. Nosso pai, Bernard, que chamávamos de Ticio, ainda vivia na propriedade da família em Stawki. Nossa vila era pequena, mas era próxima de uma cidade maior chamada Zaleszczyki, que ficava em uma curva do Dniester a cerca de 300km ao sudoeste de Przemyśl. Não era incomum ficar separado do pai naquela época. Ticio tinha empregados para cuidar, trigo e beterraba para plantar e colher, e vários hectares para administrar. Ele nos sustentava como qualquer pai deveria, mas, com minha mãe longe, não tinha tempo o bastante para dedicar a nós. Além disso, os pais eram mais ausentes; eram as mães quem criavam os filhos.

Minha irmã e eu adorávamos ler poemas em público, então, quando eu tinha 5 anos, minha mãe nos levou para um teste em um programa de uma rádio com sede em Lwów (chamada hoje de *Lviv*), uma cidade grande a cerca de 200km ao nordeste de Zaleszczyki. Os produtores acharam que tínhamos muito talento, então conseguimos uma vaga para recitar poesia. Renia logo decidiu dedicar-se totalmente à escrita, mas minha mãe me levou a Varsóvia para fazer mais testes. Em dois anos, me transformei em uma pequena estrela no palco e na tela. Minha mãe se tornou minha agente e eu, sua sombra.

Diferentemente de Renia, eu estava sempre com ela, e, quando não estávamos na estrada, alugávamos um quarto em uma bela rua de Varsóvia. Eu achava a cidade tão grande e magnífica, com catedrais antigas, sinagogas, salas de concerto e museus — quase todos destruídos durante a guerra. Como estava sempre no palco, não ia a uma escola regular de segunda a sexta. Em vez disso, tinha uma tutora chamada Sra. Arciszewska, e ela me ensinou a ler poesia. Também frequentei uma escola de dança, e toda semana via uma moça que me ensinou a tocar piano. Pensando nisso agora, tive tanta sorte, como uma pequena celebridade. Estive em revistas e pôsteres de filmes. As pessoas me reconheciam na rua. Minha mãe mandava fazer lindos vestidos para mim e um deles tinha uma fileira de seis botões na frente que diziam: *A-R-I-A-N-A*.

Nossa mãe era alta e elegante, com cabelos escuros e olhos azul-claros como os meus. Ela também tinha dentes bonitos e alinhados. As pessoas costumavam fitá-la e perguntar: "Quem fez seus dentes?" Ela ria e respondia: "São meus!" Ela tinha uma presença fantástica e costumava usar sapatos elegantes que deixavam suas pernas com uma aparência ainda mais alongada. Apesar de termos vivido no interior a maior parte da minha infância, nunca a vi usando calças. Sempre usava vestidos, *tailleurs* ou casacos, com um corpete por baixo que Renia e eu adorávamos apertar bem as costas.

Não era uma aristocrata, mas suas amigas a chamavam de "a Baronesa". Havia uma loja muito exclusiva em Varsóvia chamada Telimena que tinha uma equipe de costureiras, e minha mãe um dia mandou fazer um *tailleur* de lã verde com botões de couro. Com ele, usou uma blusa de seda. Até quando saía para executar tarefas, parecia uma dama. "Vista-se para você mesma!", sempre me dizia. Ainda digo isso para meus próprios filhos.

Renia também tinha os olhos azuis brilhantes de minha mãe, mas era menos parecida com Buluś (como a chamávamos) do que eu. Renia às vezes ficava rechonchuda, e nossa mãe nunca ficou. Renia era inteligente e atenciosa, mas não era uma grande celebridade como minha mãe e eu. Mas as diferenças não importam. Renia simplesmente a adorava.

Eu não diria que Renia era bonita no sentido clássico, mas era linda e encantadora, por dentro e por fora. Tinha um sorriso doce que deixava todos à vontade, e as pessoas sempre queriam estar perto dela. Usava tranças no cabelo que prendia atrás da cabeça e, em muitas fotos que tenho dela, está com botas de cano que passavam dos tornozelos. Às vezes reclamava que outras meninas tinham roupas melhores que ela, mas eu também fazia isso. Afinal de contas, quando ficamos presas em Przemyśl, nossa mãe não estava lá para comprar vestidos e casacos bonitos para nós.

Mas tenho certeza de que nenhuma das outras meninas se importava ou notava o que Renia estava usando. Acho que a invejavam por suas conquistas. Era ótima em tudo o que decidia estudar na escola: matemática, geografia, russo, latim, francês, polonês e alemão. Ela também estudou polonês na casa de um professor chamado Jerschina e, com ele, aprendeu a escrever muito bem. Em casa e na escola, lia todos os tipos de escritores e poetas poloneses famosos, e acho que eles inspiraram seus próprios poemas.

Sua escola de ensino médio — chamado de *ginásio* — ficava na esquina do outro lado da rua do apartamento dos meus avós, e era um lugar enorme, com um grande jardim cercado por um alto portão de metal. Naquela época, a vida de uma adolescente fora de casa girava em torno da escola. As crianças de hoje saem nos finais de semana — vão ao cinema ou ao shopping — ou ficam em casa e jogam em seus celulares. Em 1939, era algo mais simples. Se você estivesse em casa à noite, escrevia em seu diário, desenhava, tocava um instrumento, lia ou fazia alguma outra atividade solitária. Se saísse, estava na escola, onde sempre havia atividades e festas. Quando Renia queria se conectar, ia para a escola — e parece que sempre estava por lá.

Ela tinha muitas amigas, e todas realmente a adoravam e respeitavam. Sei que ela escreve sobre ter problemas, mas acho que era só besteira, coisas típicas de adolescentes. Todos tivemos isso, certo? Sua melhor amiga se chamava Norka, e às vezes Renia me levava para a casa dela. Eu gostava de lá, gostava de Norka. Nossos avôs trabalhavam no mesmo negócio, pintando casas e fazendo construções, então tínhamos muitas histórias em comum.

Por volta de 1942, após a morte de minha irmã, Norka escreveu uma carta de duas páginas que enviou para minha mãe. Disse que minha irmã foi a pessoa mais maravilhosa, profunda e extraordinária que conheceu e que eram dedicadas uma à outra. Sei que Renia brigou com ela algumas vezes, mas Norka era sua melhor amiga, então enxergava além disso. Essa carta partiu meu coração e chorei quando a li.

E havia Irka Oberhard. Renia reclamava dela e sei o porquê. Ela era uma menina muito rude, com um pai advogado que sempre achei ser um cara baixinho e muito feio. Sua mãe frequentou o ginásio com a nossa — creio que na mesma escola de Renia — e eram meio amigas. A mãe de Irka tinha um jeito muito sarcástico de falar e eu achava que ela sempre tentava interferir nas vidas de Irka e sua irmã Fela. Elas vinham de um bom lar, mas não tinham o talento de Renia. Minha irmã era a presidente do clube literário. Ganhou todos os prêmios. Escreveu belos poemas, que todas as suas amigas e professoras sempre queriam ler.

2. 26 DE FEVEREIRO DE 1939

Antes da ocupação dos alemães e soviéticos, minha mãe e eu visitávamos Renia em Przemyśl quando não estávamos em Varsóvia ou na estrada. Não lembro quantas vezes fomos para lá, mas sei que Renia adorava. Eu também. Sentia saudades de minha irmã com frequência, e estar na cidade natal da minha mãe era algo mágico. Przemyśl era uma cidade antiga e agradável construída no encontro dos Cárpatos com as planícies. O Rio San abriu lentamente seu caminho por ali, e a Catedral de Przemyśl se elevava, sendo o ponto focal da cidade. Não era um lugar grande — antes da guerra, tinha uma população de cerca de 60 mil pessoas —, mas parecia agitado, com um grande mercado no centro da cidade histórica, que ficava na margem leste do San.

Pena que não sabia o quanto Renia ficava magoada por Buluś e eu não estarmos sempre com ela; se soubesse, me lembraria de mais coisas. Talvez tivesse demonstrado mais a ela o quanto a amava. Mas eu não tinha nem 10 anos, e quem é que se lembra de eventos diários antes dos 11 ou 12 anos? Recordo grandes coisas, impressões gerais, por exemplo, como o quarto em que ficávamos em Varsóvia estava localizado em uma rua sofisticada e como era cheio de móveis Biedermeier. Lembro-me de como minha mãe, seu grande sorriso e casacos de pele pareciam à vontade por lá. Lembro-me dela me arrastando por Varsóvia de lugar em lugar, compromisso a compromisso. Eu tinha uma apresentação algumas vezes por semana e precisava chegar no horário! Lembro-me de estudar poesia à noite com a Sra. Arciszewska. Ela tinha uma pele lisa de porcelana e morava no que parecia um castelo, com uma bela cama e paredes internas encrustadas de joias. Tinha um mordomo, um cozinheiro e uma faxineira. Tinha um cachorro enorme chamado Rex e um pequeno chamado Toja, que significa "este sou eu". Essas são algumas das minhas principais lembranças antes da guerra, e Renia perdeu todas elas.

Não tenho certeza do que acontecia com meu pai na época. Sei que estava ocupado fazendo o que sempre fez — plantando e colhendo trigo, cuidando de suas beterrabas e supervisionando os camponeses que trabalhavam para ele, muitos dos quais eram ucranianos e viviam na pequena cidade de Tluste (Tovste), que ficava a alguns quilômetros de distância de nossa casa. Nós tínhamos cavalos e vacas, e meu pai — que era alto e bonito, com olhos verdes e um cabelo ondulado e avermelhado — costumava acordar cedo, colocar suas calças de montaria e botas de couro, e sair para checar os animais e os trabalhadores.

Sei que meu pai era um pouco mais velho que minha mãe, mas não tenho ideia de quando se conheceram. Só tenho uma foto deles juntos, e ela está emoldurada no balcão da minha cozinha ao lado das minhas fotos preferidas dos meus filhos, marido e netos. A foto é do dia de seu casamento e, na parte de trás, alguém escreveu *1923*. Um ano antes do nascimento de Renia.

Mas isso é tudo o que sei. Não sei onde meu pai nasceu e nem quando. Minha filha, Alexandra, tentou descobrir algo sobre ele de todos os jeitos, mas quando não temos locais e datas de nascimento, e quase todos os documentos da família foram destruídos na guerra, descobrir o histórico familiar é praticamente impossível.

3. 28 DE MARÇO DE 1939

Éramos judeus, mas não muito praticantes. Em Stawki, celebrávamos os principais feriados, e quando fiquei presa em Przemyśl, em 1939, fazíamos o mesmo. Lembro que a sinagoga de meus avós ficava descendo a rua de seu prédio e, na congregação, as mulheres se sentavam no andar de cima e os homens, no de baixo. Mas eu raramente estava por lá — só nos feriados.

Minha avó tinha uma papelaria que ficava no térreo do prédio dela e do meu avô. Eles moravam no andar de cima. Ela vendia livros, lápis, cadernos e cartões. Angariava alimentos para os pobres nas sextas-feiras e nossa empregada cozinhava o frango para o Shabat, quando acendíamos as velas. Minha avó também fechava a loja aos sábados. Mas era só até aí que ia nossa religião.

Na verdade, nunca pensei muito sobre ser judia até que os alemães chegaram. Nunca nos sentimos diferentes. Os trabalhadores do meu pai eram poloneses e ucranianos, e os do meu avô também. Esses homens podem ter sido antissemitas — pelo menos um pouco —, mas nunca testemunhei nada disso. Em Przemyśl, minhas amigas não eram apenas judias. Minha melhor amiga, Dzidka Leszczyński, era católica. E, quando eu estava no palco, ninguém falava sobre religião. Meu nome era Ariana e nada mais. Ninguém tinha interesse no fato de que meu sobrenome era Spiegel.

É claro que tudo isso mudou durante a guerra.

4. 02 DE ABRIL DE 1939

Minha mãe tinha um irmão chamado Maurice, que era alguns anos mais novo que ela. Ele era um homem muito bonito — muito elegante, com os mesmos olhos azuis de minha mãe, e um bigode grande e grosso. Em algum momento na década de 1920, foi estudar em Caen, uma cidade no norte da

França. Ficou por lá, se tornou arquiteto e engenheiro, e se casou com uma dama da sociedade francesa. Ela era católica. Não sei se ele chegou a contar a ela que era judeu — suponho que sim —, mas se casou na igreja; acredito que tenha se convertido.

Hitler anexou a Áustria em março de 1938, e a Região dos Sudetas, a parte da Checoslováquia que falava alemão, foi tomada pela Alemanha logo depois. Em março de 1939, o resto do país sucumbiu. Apesar de parte dessa ocupação ter ocorrido de forma pacífica — a anexação da Região dos Sudetas foi um tratado dos principais países europeus no Acordo de Munique —, todos sabiam que Hitler era uma ameaça para toda a Europa. O tratado foi apenas um modo de acalmá-lo por um tempo.

Tio Maurice deve ter ficado preocupado com Hitler e os nazistas mesmo antes do Acordo de Munique, porque foi a Stawki por volta de 1938 e tentou convencer minha mãe a se mudar para Paris. Lembro-me de ele ter levado um belo relógio de presente para ela. Mas não adiantou. A vida de minha mãe e da minha família era na Polônia, e ela não queria ir embora.

Claramente, Renia queria, mesmo que fosse apenas para fugir e ver o mundo. Ela era tão curiosa e interessada, e queria estudar na França, assim como meu tio. Nunca conseguiu; a guerra interferiu em todos os seus sonhos.

5. 15 DE AGOSTO DE 1939

Durante todo o verão de 1939, oficiais da Alemanha e da URSS se encontraram secretamente, planejando formar uma aliança política que estabeleceu a esfera de influência de cada país na Europa. Em 15 de agosto de 1939, um acordo foi iniciado e, em 23 de agosto, o Pacto Molotov-Ribbentrop — também conhecido como o Pacto Nazi-Soviético — foi assinado. Prometia a paz entre os dois países e selava seu acordo secreto de repartir a Romênia, a Polônia, a Lituânia, a Letônia, a Estônia e a Finlândia. A Polônia seria dividida ao meio ao longo dos rios Pisa, Narev, Vístula e San. A Alemanha ficou com o lado oeste, e os soviéticos, com o leste. No dia 1º de setembro, a Alemanha invadiu a Polônia e, dezesseis dias depois, a Rússia a invadiu e começou sua ocupação.

Nossas vidas nunca mais foram as mesmas depois disso.

Mamãe me deixou com meus avós um dia daquele verão, quando só havia rumores da guerra. Voltou para Varsóvia, provavelmente para me promover. Nossa separação nunca deveria ter durado mais de algumas semanas ou meses; eu era uma criança e tinha filmes para estrelar, aulas para fazer e poemas para recitar. Estava construindo uma carreira em Varsóvia. Mas agosto virou setembro e, sem aviso, as tropas alemãs marcharam em direção a Varsóvia, bombas caíram do céu e o país sucumbiu aos alemães. Então, os soviéticos invadiram a Polônia, e a metade de Przemyśl na margem leste do San ficou com eles. A outra margem se tornou território nazista. Os alemães destruíram a ponte que ligava ambos os lados, mas isso não fez muita diferença para nós; não podíamos cruzar o rio sem documentos oficiais, que nós não tínhamos, então fomos separadas de nossa mãe.

Levou um tempo para que eu entendesse que não veria minha mãe tão cedo. Era apenas uma criança e a ideia de não ter a pessoa que eu mais amava no mundo por perto era inimaginável. Mas Renia entendia — ela sentia aquela dor de ficar sem nossa mãe há mais de um ano — e decidiu me contar toda a verdade um dia.

"Agora pare de chorar", disse me abraçando com força. "Sei que você sente falta de Mamãe, também sinto. Mas temos que nos acostumar. É assim agora. A vida mudou."

Não acho que meus avós teriam coragem de me falar isso. Eles eram bondosos, gentis, trabalhadores e queriam nos proteger sempre, especialmente quando não estávamos com mamãe e papai. Minha avó se chamava Anna e meu avô, Marek. Ela nasceu e foi criada em Jarosław, uma cidade a cerca de 35km ao norte de Przemyśl na margem oeste do San. Não sei bem onde conheceu vovô, mas em algum ponto do início de seu casamento, eles se estabeleceram em uma casa no segundo andar de um prédio de dois andares próximo da rua principal em Przemyśl. Foi lá que minha mãe e tio Maurice foram criados. Foi nesse mesmo apartamento — localizado na Rua Slowackiego, nº 19, descendo a praça principal — que morei de 1939 a 1942.

Seu apartamento não era muito espaçoso. Renia e eu dormíamos em um canto da sala, perto de uma grande mesa de madeira em que minha irmã fazia sua lição de casa. Era nela também que Renia costumava escrever as propostas de trabalho do meu avô, fazendo orçamentos que ele entregava para clientes em potencial. As pessoas não tinham armários como agora, então nesse mesmo cômodo ficava uma grande cristaleira na qual guardavam as louças para o Sêder. Lembro-me de, um dia, uma gata entrar escondida e ter seus filhotes. Foi incrível! Ainda não sei de onde ela veio.

O prédio ficava na esquina descendo a rua da sinagoga e perto da escola de Renia. A loja da minha avó ocupava metade do andar térreo e a outra metade era de um boticário. Sua cunhada tinha uma loja de laticínios que ocupava o comércio ao lado. Nunca entendi esse relacionamento; seu irmão e a família viviam no andar de cima do apartamento ao lado do nosso, mas nunca falavam com a gente.

O outro irmão de minha avó — que fora presidente de um banco — faleceu antes de 1939, mas sua família fugiu de Jarosław quando os alemães chegaram. Sua esposa, os dois filhos advogados, sua filha — que era diretora de uma escola — e suas famílias ficaram conosco por um tempo até que encontrassem sua própria casa. Um dos filhos tinha uma filha pequena de mais ou menos 6 anos, chamada Marylka, e ela tinha o cabelo encaracolado e vermelho como o fogo. Dormíamos praticamente um em cima do outro até irem embora, mas não tinha problema. Estávamos felizes por estarem em segurança.

Vovó era mais alta que vovô e estava na casa dos 65 anos, que naquela época parecia muito mais do que agora. Como eu, esteve nos palcos quando era nova, e às vezes me pergunto se ela se identificava comigo por causa disso. Ou talvez apenas soubesse que eu era uma criança sem mãe que precisava de atenção extra. Às vezes, nos finais de semana, ela colocava um de seus casacos de pele bons e me levava para passear no Zamek, um castelo em uma montanha nos arredores da cidade. Segurava minha mão com força durante todo o caminho e ainda me lembro do quanto me sentia segura com suas luvas de couro envoltas em meus dedinhos. Eu amava muito minha avó, muito mesmo.

Vovô era bem baixo, com grandes olhos azuis penetrantes como os meus, os de Renia e os de nossa mãe. Ele era careca, tinha um bigodinho bem aparado e usava um casaco forrado com pele como minha avó. Como a maioria dos homens da época, usava chapéus quando saía de casa. Seus funcionários o adoravam e sei o motivo; ele não teve educação formal, mas era gentil. Tratava-os com o mesmo respeito que empregava à família.

Também fez tudo o que podia para nos proteger.

No dia 7 de setembro de 1939, bombas começaram a cair em Przemyśl. O shopping center, Pasaz Gansa, pegou fogo e, com o avanço dos alemães, milhares fugiram — principalmente os judeus, que começaram a ser ameaçados, presos e mortos pelos alemães. Muitos deles foram para o lado soviético em busca de refúgio.

O exército polonês tentou reagir, mas levou apenas um mês e cinco dias para que todo o país sucumbisse. Os alemães e os soviéticos estavam bem armados, coordenados e eram muito mais fortes do que nossos soldados de infantaria, cavalaria, artilharia e voluntários. Éramos alvos — sob ataque e correndo perigo em nossa própria casa —, então vovô decidiu tirar Renia e eu de Przemyśl quando a cidade foi cercada. Sem nenhum plano real, nada além das roupas do corpo e um pouco de dinheiro, saímos do apartamento e começamos a andar em direção a Lviv, que fica a mais ou menos 100km de distância. Era para lá que eu ia com minha mãe e Renia para recitar poesias no rádio, e sei que não era perto — nem um pouco. Mas mantive a boca fechada porque confiava em Vovô. Ele, Vovó e Renia eram tudo o que eu tinha.

Minha avó ficou em casa com a empregada, que se chamava Pelagia Palivoda. Ela não disse por que se recusou a ir, mas acho que estava velha e cansada demais para caminhar tanto. Mas Pelagia seria uma boa companhia. Ela e vovó eram muito diferentes — Pelagia era uma polonesa simples que dormia em uma cama dobrável pendurada na parede da cozinha —, mas eram próximas. Pelagia dedicou sua vida aos meus avós.

Assim que pisamos em uma das ruas principais que saíam de Przemyśl, lembro-me de ver multidões de pessoas fugindo com o pouco que tinham e aqueles que podiam estavam correndo. Havia mais cavalos e carroças do que carros onde morávamos, e talvez tenhamos conseguido uma carona em uma carroça em certo ponto, mas não lembro. Tudo o que recordo é que estava completamente escuro, eu estava com fome e assustada, e ninguém sabia para onde estávamos indo. Mesmo para uma menina ingênua, parecia que estávamos perdidos. Tudo o que compreendíamos era que os alemães estavam lá, bombardeando nossas casas, e ficar não era seguro.

Enquanto fugíamos, podíamos ouvir os aviões alemães circulando por perto, os motores zunindo continuamente e os *buns* das bombas caindo no chão. Mas achávamos que o inimigo bombardearia uma cidade e não fora dela. Pessoas vivem em cidades, em prédios, e, se o seu objetivo é matar o máximo delas, o lugar certo para se bombardear é a cidade. Achávamos que ficaríamos seguros nos campos ou nas florestas, então seguimos para lá.

Setembro era a época de colheita do trigo, que fica rígido ao ser cortado. Enquanto minha irmã caminhava pelos campos, às vezes caía ou se arranhava contra uma haste remanescente, machucando os braços e pernas, que começaram a sangrar. Mas não podíamos parar por ela; tínhamos que continuar em frente para nos afastar dos tiros e das bombas que conseguíamos ouvir atrás de nós.

Saímos do campo de trigo, passando pela floresta a caminho de outro campo. Olhei em volta e notei várias fileiras de repolho, redondos e amadurecendo, quase prontos para serem colhidos.

"Parecem cabeças", disse Renia. "Quero dizer, cabeças humanas, não cabeças de repolho."

Então Vovô parou, olhou para nós e sussurrou: "Corram para a floresta meninas. Corram! Não podemos ficar aqui porque os aviões alemães verão os repolhos e os confundirão com pessoas. Vão querer bombardear este lugar."

Então mudamos de direção e corremos para salvar nossas vidas pela floresta em direção a Lviv.

6. 06 DE NOVEMBRO DE 1939

Não me lembro desse cartão-postal do meu pai. Na verdade, não me lembro de nada dele durante a guerra. Mas está claro que perdeu nossa propriedade. A parte da Polônia em que nasci foi ocupada pelos soviéticos, que eram comunistas, então nossa terra agora era do governo. Ticio tinha se mudado para Horodenka — uma cidade a oeste de nossa antiga casa — a fim de encontrar outro emprego.

Não éramos aristocratas, então não tínhamos grandes coleções de arte que os soviéticos podiam roubar como fizeram com tantos outros latifundiários poloneses. Vivíamos em um casarão, não uma mansão. Mas tínhamos conforto. Babás e empregados. Um galinheiro e um lugar para armazenar alqueires de trigo. Plantávamos beterrabas que vendíamos para fábricas de açúcar. Porém, o mais importante, morávamos em hectares de terra fértil, e era isso que os soviéticos queriam.

7. 17 DE FEVEREIRO DE 1940

Não me lembro dessa visita de meu pai, mas queria. Acho surpreendente como alguém próximo — seu próprio parente de sangue — pode se afastar tanto da gente em um curto período de tempo. Agora, passados todos esses anos, muito do que sei sobre ele foi baseado em coisas que outras pessoas me contaram mais tarde.

Por exemplo, Renia tinha uma babá chamada Klara quando ela e meus pais moravam na propriedade em que nasceu. Aparentemente, Klara era uma mulher muito magra e não era bonita como minha mãe, mas ainda assim ouvi dizer que minha mãe achava que meu pai teve um caso com ela. Eu nem lembro quem me contou isso; foi apenas fofoca de família, passada de uma pessoa para a outra, e agora parece tão real quanto qualquer outra verdade.

Também me contaram que minha mãe perdeu um bebê entre Renia e eu porque pegou uma doença venérea de meu pai. Todos suspeitaram que ele teve um caso com uma mulher que trabalhava na fazenda e que foi ela quem transmitiu a doença. Meu pai era um mulherengo? Nunca saberei, mas ainda acredito que era por causa dessas duas histórias.

De qualquer maneira, meus pais claramente tinham problemas, e isso deve ser parte do motivo pelo qual Buluś se mudou para Varsóvia comigo. Ou talvez meu pai apenas não se interessasse muito por nós, meninas. Talvez ele quisesse um menino que o ajudasse na propriedade, que era o que bons filhos faziam naquela época.

8. 12 DE OUTUBRO DE 1940

Nunca imaginei que Zygmunt Schwarzer — ou Zygo, como Renia o chamava às vezes — seria tão importante na minha vida. Que mudaria minha vida, na verdade. Mas foi o que aconteceu, e ainda mais importante do que isso, de muitas formas, ele tornou os dois últimos anos da vida de minha irmã melhores. Com Zygmunt, ela conheceu o amor mais forte e romântico de sua vida.

Zygmunt nasceu em 1923 em Jarosław, a cidade de minha avó. Não conheci bem sua família, mas soube que minha mãe fez o ginásio com a mãe dele, e o pai dele, Wilhelm Schwarzer, foi um médico respeitado em Jarosław. Quando os alemães invadiram a Polônia, os Schwarzers fugiram para Przemyśl, assim como a família de minha avó. Lá, o Dr. Schwarzer retomou sua prática imediatamente, mesmo com uma casa nova e o país em meio a uma ocupação. Era esse tipo de força que Zygmunt também tinha, apesar de eu não perceber por um tempo.

Sempre achei Zygmunt muito bonito, e isso deixava minha irmã maluca. "Você é muito assanhada!", gritava para mim, e eu respondia: "Ele é seu namorado, não meu!" Juro que não era apaixonada por ele. Era só uma menininha dramática que adorava seguir minha irmã por aí e ser amiga dos amigos dela. E Zygmunt era muito amigável.

Ele tinha cabelos pretos e encaracolados, olhos verdes brilhantes e covinhas nas bochechas, que ficavam ainda mais aparentes quando sorria, o que fazia com frequência. Zygmunt era um ano mais velho que Renia, o que o tornava sete anos mais velho do que eu, mas, apesar da nossa diferença de idade, sempre me senti acolhida e confortável perto dele. E Renia também. Minha irmã gostava muito, muito dele.

O melhor amigo de Zygmunt se chamava Maciek Tuchman. Tinham mais ou menos a mesma idade, e ele era alegre e meio rechonchudo. Sempre foi apaixonado por minha irmã, e mesmo adorando estar com ele, Renia só tinha olhos para Zygmunt. Embora eu saiba que havia uma competição amigável entre Zygmunt e Maciek, eles eram uma dupla e tanto. "Éramos grudados e vivíamos a vida um do outro", disse Maciek — que passou a se chamar Marcel quando foi para os Estados Unidos depois da guerra — em uma entrevista.

Não sei exatamente como Zygmunt, Maciek, Irka e Nora ficaram tão amigos. Deve ter sido na escola, já que minha irmã agora a frequentava com os meninos. Mas Zygmunt ocupava toda a sua mente. Às vezes eles brigavam, mas nada sério; suas pequenas discussões eram apenas os altos e baixos do amor adolescente.

9. 25 DE DEZEMBRO DE 1940

Entre outubro e novembro de 1940, o governo nazista alemão criou o Gueto de Varsóvia, ao longo de 3,4km² da parte norte da cidade, bem no centro do bairro judeu. Imediatamente, todo o resto da população judia da cidade — em sua maioria, refugiados, e não nativos de Varsóvia — foi obrigada a ir para lá. Cerca de 400 mil judeus foram apertados em um espaço que tinha cerca de nove pessoas por quarto, e um enorme muro de tijolos os cercava. Uma linha de trem passava do lado de fora dos muros do gueto, com várias paradas para embarcar passageiros e levá-los aos campos de extermínio.

A formação do gueto não foi uma surpresa para ninguém; os judeus estavam sendo perseguidos desde que os nazistas invadiram a Polônia em 1939. A partir de novembro daquele ano, os empreendimentos judeus foram forçados a expor uma Estrela de Davi, suas contas bancárias foram congeladas e judeus de toda a cidade foram obrigados a usar braçadeiras. Tudo isso — mais o medo real de deportação ou execução — foi o motivo de tantos judeus fugirem da parte da Polônia ocupada pelos alemães.

Mamãe era judia, então é claro que Renia achou que ela estava dentro dos muros do gueto. Mas não estava; ela evitou o gueto ao obter documentos falsos com um nome polonês católico romano. Algum tempo depois de os alemães chegarem, minha mãe entrou em contato com uma velha amiga chamada Halina Bereda, que também era judia, mas que se casara com um rico polonês católico romano e se converteu. Na verdade, um dos tios-avôs do marido de Halina era cardeal de uma diocese católica romana polonesa. Halina e seu marido conheciam pessoas que conseguiam documentos poloneses, então pagaram para criar alguns para minha mãe. Em fevereiro de

1940, ela passou a se chamar Maria Leszczyńska, foi batizada por um padre chamado Fajecki na fé católica romana e, dessa forma simples, se camuflou na multidão.

Renia e eu não sabíamos disso em um primeiro momento. Quando tínhamos sorte, recebíamos cartas de Buluś, talvez duas vezes por ano, pois era quase impossível enviar cartas da zona ocupada pelos nazistas para a ocupada pelos soviéticos. Toda correspondência expedida era lida e censurada pela Gestapo. Mas isso não impediu minha mãe de tentar. Por volta da época em que o gueto foi criado, ela pagou um homem polonês de Varsóvia para cruzar o rio San com uma carta para nós. Quando apareceu em nossa porta, ficamos muito animadas! Depois ele voltou para Varsóvia, encontrou minha mãe e ameaçou denunciá-la para a Gestapo se não lhe pagasse mais. Ela se mudou de seu apartamento para fugir dele.

Minha mãe era charmosa, capaz, inteligente — e fluente em alemão. Ela estudou em uma universidade em Berlim, depois Viena, e aprendeu o idioma durante esse tempo. Em alguma época após 1939, tornou-se diretora-assistente do Europjski, um belo hotel histórico com uma escadaria enorme, um salão de festas e um grande terraço que se estendia até a Praça Pilsudski. Durante a ocupação alemã, trezentos oficiais da Wehrmacht viviam lá, e o governo alemão o rebatizara como Hotel Europäisches. Mamãe era dedicada em seu trabalho e era tão boa que trabalhou lá por vários anos durante a guerra.

Sei que alugou um apartamento em Żoliborz, um bairro ao norte do centro da cidade na margem oeste do Rio Vístula. Ela o conseguiu graças à Sra. Bereda novamente. Mas, além da Sra. Bereda e de seu marido, não tenho certeza de quem eram seus amigos. Fora o trabalho, não sei como passava seu tempo. Quando moramos juntas em Varsóvia, ela tinha um amigo que, agora suponho, era seu namorado, mas não sei se ficaram juntos depois de 1939. Independentemente de com quem esteve, sei que deve ter se sentido solitária, pois as poucas cartas que chegaram diziam que sentia muitas saudades de nós. Imagine ser uma mãe jovem separada de suas filhas durante dois anos por causa da guerra! Tenho dois filhos e meu coração dói só de pensar.

10. 31 DE DEZEMBRO DE 1940

Como disse antes, a vida de uma adolescente em Przemyśl girava em torno da escola, e havia festas, danças e reuniões constantemente. Sei que fui a pelo menos um evento com Renia — e adorei cada segundo — mas, na maior parte do tempo, eu tinha mais interesse de estar com minhas próprias amigas. A melhor delas era uma menininha loira chamada Dzidka.

Dzidka Leszczyński — cujo verdadeiro nome era Zosia — era a mais nova de três irmãs de uma família católica romana que possuía e administrava uma pequena fábrica de café em lata na Rua Mickiewicz, nº 41, em Przemyśl. Seu pai, Ludomir, era alto, magro e tinha uma aparência aristocrática, com um bigode grosso e um jeito confiante de caminhar e de falar. Só fiquei sabendo muito mais tarde, mas, durante a ocupação alemã, ele estava em Żegota — era membro do Conselho de Auxílio aos Judeus — e isso lhe proporcionou certa influência. O Sr. Leszczyński era devotamente religioso, mas não via barreiras entre as pessoas. Em seu negócio e em sua vida, judeus, católicos romanos, ucranianos, poloneses e outros trabalhavam juntos pelo bem da sociedade e de suas famílias e, por isso, a melhor amiga de sua filha mais nova era como se fosse sua própria filha. Ou pelo menos foi como ele sempre fez com que eu me sentisse.

Dzidka era magra, clara e um pouco mais alta do que eu. Uma de suas irmãs mais velhas — Ludomira ou Janina, não lembro qual delas — estudava com Renia, e às vezes passavam o tempo juntas criando poemas em seus pequenos cadernos em couro. Renia os escrevia e sua amiga os ilustrava. Dzidka e eu provavelmente estávamos juntas em algum outro lugar enquanto elas faziam isso. Nós também costumávamos cantar, brincar de bonecas e caminhar de mãos dadas pela cidade depois da escola. Éramos inseparáveis.

O pai de Dzidka salvou minha vida, e falo sobre isso no epílogo após o diário de Renia. Mas, embora nunca mais tenha visto minha melhor amiga depois que fugi de Przemyśl, nossa proximidade foi a única sorte que tive na vida. Não sei como Dzidka sobreviveu à guerra, mas descobri, felizmente, que conseguiu. Mudou-se para Cracóvia, casou-se, adotou filhos e morreu de Alzheimer há alguns anos. Minha querida Dzidka, senti saudades todo esse tempo.

11. 9 DE MARÇO DE 1941

Eu tinha um diário? Nem me lembro dele! Mas conheci Maciek Tuchman por mais de oitenta anos e, se ele teve uma paixonite por minha irmã, tenho certeza de que era inofensiva. Ele e Zygmunt eram melhores amigos, e Maciek nunca tentaria roubar Renia dele. Era brincalhão naquela época, e foi assim o resto de sua longa vida.

Maciek e eu éramos amigos em Nova York até seu falecimento em 2018, aos 97 anos. Ele também foi meu médico internista até o final de sua longa carreira. Quando chegou aos Estados Unidos, as pessoas começaram a chamá-lo de Marcel, e eu costumava fazer o mesmo, pois tornou-se sua identidade da mesma forma que Elizabeth se tornou a minha. Mas, em minha memória, ele é Maciek, quem sempre será no mundo de Renia.

Como Zygmunt, Maciek obteve um visto de trabalho antes de ser enviado ao gueto de Przemyśl em 1942. Morou lá com seus pais até que o gueto foi dizimado — os nazistas executaram as pessoas que ainda viviam lá com um tiro na nuca. Sua mãe foi uma delas; ela foi retirada do gueto e assassinada no cemitério judeu de Przemyśl. Maciek e seu pai estavam escondidos em um sótão e passaram a noite toda ouvindo os sons dos tiros.

Em algum momento de 1942, ele e seu pai foram enviados a Auschwitz e obrigados a trabalhar em uma fábrica da Siemens próxima ao campo. Juntos de outros cem prisioneiros, trabalharam como escravos até que a SS os forçou a sair de lá em uma marcha da morte em 1945. Sobreviveram — caminhando de Buchenwald a Berlim, onde foram libertados no fim da guerra. Em um campo para pessoas deslocadas em Bergen-Belsen, ele conheceu sua esposa, uma checa chamada Shoshana.

Como Zygmunt, Maciek queria ser médico, mas havia poucas oportunidades de estudo para sobreviventes na Europa. Maciek e Zygmunt se inscreveram e foram aceitos em um programa especial da Universidade de Heidelberg, e eles, suas esposas e outros oitocentos sobreviventes viveram e estudaram cercados por antigos nazistas. Em 1949, Maciek se formou com menções honrosas e depois se mudou para a cidade de Nova York, onde se tornou médico internista na NYU e lá ficou por cinquenta anos.

Em 1963, eu estava trabalhando na escola de medicina da NYU e, certa tarde, entrei no refeitório. De repente, ouvi uma voz gritando. Tinha o sotaque polonês igual ao meu.

"Arianka! Arianka!"

Era Maciek! O sorridente, alegre, carinhoso e familiar Maciek de Przemyśl, que sobrevivera ao gueto, aos campos e perdera metade de sua família, assim como eu. Ele estava vivo e em um refeitório na cidade de Nova York com seus braços abertos, pronto para me abraçar.

Maciek foi meu internista por muitas décadas, até que se aposentou após ser diagnosticado com Alzheimer. Eu o visitei em casa depois que deixou seu consultório e ele não se lembrava de eventos recentes, como o falecimento de seu filho, Jeffrey, em 2017, devido a um câncer. Mas conseguia recordar coisas da época da guerra. Demos as mãos e cantamos algumas antigas canções tradicionais polonesas, e ele pronunciou perfeitamente cada palavra. Conseguia até recitar Pushkin em russo.

Maciek morreu no dia 10 de novembro de 2018, e fui ao seu funeral no dia 18 de novembro, meu aniversário. Em seguida, eu e minha família fomos ao meu restaurante italiano favorito, onde brindamos os 97 anos de Maciek — e o meu aniversário também. Que milagre ter passado por tanta coisa e vivido por tanto tempo.

12. 21 DE JUNHO DE 1941

Faz quase oitenta anos desde que vi minha irmã pela última vez. Uma vida desde que ouvi o som de sua risada na cozinha, observei seu olhar desviando de um de seus cadernos com capa de couro, o brilho de seus olhos azuis reluzentes ou senti o toque familiar de sua mão segurando a minha. Mesmo assim, sua presença é uma das maiores em minha vida. Há uma foto dela pendurada na entrada do meu apartamento, voltada para o centro da minha sala de estar, e é um lembrete constante do passado. Ver o sorriso de Renia todos os dias me lembra dos bons tempos, mas também de como o mundo se transformou repentinamente e me poupou, enquanto sacrificou tantos outros, inclusive ela.

Não tenho certeza se percebi totalmente o quanto minha infância foi traumática até já estar há um tempo na idade adulta. A guerra é muito grande e assustadora para a maioria das crianças entender, e não fui uma exceção. Mas com seu jeito profundamente poético, acho que Renia compreendeu o que acontecia ao nosso redor. Ela só via o mundo com outros olhos. Sua crença no destino, seu cuidado, suas observações sutis e perceptivas sobre o ritmo e o significado de cada momento me mostram como processou a passagem do tempo. Ela percebeu que estava testemunhando a calmaria antes da tempestade e a traduziu em palavras. Saboreou-a, consciente de que seria passageira.

A incerta sensação de segurança que tínhamos na Polônia ocupada pelos soviéticos acabou em 22 de junho de 1941, quando estourou a guerra entre a Alemanha e a União Soviética. A Alemanha nazista decidiu que queria tomar toda a Europa e que a URSS era seu maior obstáculo. Naquele verão, tropas alemãs invadiram os territórios ocupados pelos soviéticos em três diferentes frontes. O codinome usado para esse ataque foi Operação Barbarossa, a maior operação ofensiva militar da Segunda Guerra Mundial.

Era esse ataque alemão que estava presente nos alertas de nossas rádios proibidas e secretas, nos versos da propaganda comunista aprendida na aula de russo e nos pesadelos de Renia. No final de junho de 1941, bombas caíram rápido nas principais cidades da Polônia ocupada pelos soviéticos, e Przemyśl, infelizmente, foi uma das primeiras atingidas.

13. 1º DE JULHO DE 1941

E, de repente, o exército alemão chegou, bombas caíram, vidas foram perdidas e o exército soviético se retirou. Então, os alemães seguiram para o leste. Para Lviv, para Kiev. E, finalmente, no amargo frio do inverno, para São Petersburgo.

Przemyśl foi apenas uma parada no caminho dos nazistas, que estiveram do outro lado do Rio San durante dois anos, esperando pela ordem de ataque. Eles começaram a reprimir os judeus quase imediatamente após a invasão. Primeiro, obrigaram todos os judeus empregados a registrarem seus nomes no escritório de empregos local. Depois, ordenaram que todos os judeus acima de 12 anos usassem braçadeiras com uma Estrela de Davi azul. Se você estivesse na rua e passasse por um soldado alemão, tinha que mostrar sua braçadeira. Se resistisse, poderia ser preso ou morto na hora.

Eu ainda não tinha 11 anos, então não precisei usar, mas, quando vi uma delas pela primeira vez, algo dentro de mim morreu. Meus familiares, amigos e vizinhos que a usaram não eram mais pessoas. Eram objetos.

14. 11 DE JULHO DE 1941

Quando os alemães chegaram, trabalhar era algo muito significativo se você fosse judeu. Talvez seu trabalho fosse sujo, desagradável ou muito aquém da sua instrução, mas não importava. Fazer qualquer coisa que provasse que você era forte e capaz o bastante para dar suporte aos esforços de guerra podia salvar a sua vida.

No começo, Zygmunt trabalhou em uma clínica, como Renia descreveu. Tenho certeza de que foi um trabalho agradável, porque ele queria ser médico, mas foi o último trabalho inteligente que teve. No verão seguinte, quando todos os judeus foram obrigados a se mudar para o gueto, ele e Maciek encontraram serviço em um depósito localizado próximo a Przemyśl, em um campo de trabalho do exército. Ambos classificavam e organizavam uniformes lá.

Em seu livro, *Remember: My Stories of Survival and Beyond* [sem publicação no Brasil], Maciek relata que seu tempo na fábrica quase matou Zygmunt. Consciente de que quase não havia suprimentos no gueto e que podia trocar um belo par de calças por comida, Zygmunt decidiu arriscar. Olhou em volta, percebeu que não estava sendo observado por nenhum guarda e colocou seis ou sete calças de uniforme militar debaixo de suas próprias calças de trabalho. Ao caminhar em direção à porta, parecendo que tinha engordado 13kg desde aquela manhã, foi parado por um guarda.

"O que está acontecendo aqui? O que está tentando fazer?", perguntou o guarda.

Zygmunt sabia que fora pego e que apanharia, seria preso ou executado imediatamente, então ficou em silêncio.

Havia uma jovem judia trabalhando no escritório administrativo que gostava de Zygmunt e sabia que o soldado alemão que acabara de flagrá-lo tinha uma quedinha por ela. Vendo-o em apuros, levantou-se de sua mesa e interveio.

"Por favor, deixe-o ir. Posso lhe dar algo em troca."

Não se sabe ao certo o que deu a ele — e espero, pelo seu bem, que não tenha sido muita coisa —, mas ela salvou Zygmunt. Apenas para garantir, Zygmunt também entregou ao soldado alemão uma moeda de ouro.

Esse incidente foi o primeiro de muitos aos que Zygmunt sobreviveu durante a guerra. Entre conseguirem trabalho, fazerem conexões e serem engenhosos, ele e Maciek tiveram mais vidas do que quase qualquer pessoa que tive contato na infância.

15. 25 DE AGOSTO DE 1941

Depois que os alemães tomaram toda a Polônia, as cartas da minha mãe chegavam com mais frequência. Como Renia escreveu, chegaram uma seguida da outra. Acho que isso ocorreu porque a correspondência não precisava mais passar de uma zona ocupada para outra, mas pode ter sido outra coisa, como minha mãe fazer amizade com alguém dos correios. Não perguntei na época; só fiquei feliz de ter notícias dela.

Com seu novo nome e documentos, minha mãe também tinha liberdade para viajar e nos ver. Seria difícil e perigoso — ela precisaria tirar uma licença do trabalho, viajar por uma zona de guerra e, muito provavelmente, mentir sobre quem iria visitar. A viagem de trem também levaria mais de dez horas, com uma baldeação em Cracóvia.

Mas minha mãe não passava uma quantidade de tempo significativa e ininterrupta com suas filhas há dois anos e precisava fazer isso. Sentia muitas saudades de nós. E nós dela!

16. 29 DE SETEMBRO DE 1941

Em 1939, os alemães haviam bombardeado a ponte que ligava Zasanie — um bairro de Przemyśl na margem esquerda do San —, então as pessoas cruzavam a ponte ferroviária. Mas, em setembro de 1941, os judeus foram proibidos de usá-la. O segredo sobre o qual Renia escreve morreu com ela, portanto, não tenho ideia de como atravessamos o San. Nem sei por que fui ver nossa mãe antes dela. Será que nosso avô ou mãe subornaram um soldado alemão? Será que fomos com o pai de Dzidka, que mentiu dizendo "Estas são minhas filhas"? Gostaria de lembrar, mas não consigo. Tudo o que sei é que, quando falo para as pessoas que vi minha mãe algumas vezes durante a guerra em Przemyśl e que ela voltou para Varsóvia sem mim e Renia, a única pergunta delas é: "Por que vocês não ficaram com ela? Poderiam ter escapado!"

Mas não era tão fácil. A morte se escondia em todos os cantos, e era uma aventura cara e perigosa começar uma nova vida. Não tínhamos os documentos que nos possibilitariam isso. Mesmo assim, a única saída era obter uma nova identidade, como Buluś fez.

17. 10 DE OUTUBRO DE 1941

Logo depois do verão de 1941, os nazistas começaram a confiscar objetos valiosos e utensílios domésticos dos judeus. Caso não abrisse sua porta quando batiam, eles forçavam a entrada e você era levado e apanhava ou ia preso.

O piano vertical dos meus avós ficava ao lado da sacada em que Renia estava quando Zygmunt mandou um beijo a ela antes da chegada dos nazistas. Por dois anos, tocamos o piano quase todos os dias, e o estudo nunca pareceu uma obrigação. Gostávamos de tocar e Vovó gostava de nos ajudar. Para meus avós, minha irmã e para mim, aquele piano vertical era um símbolo de algo forte e permanente. Ele se manteve firme desde que minha mãe e meu tio Maurice eram bebês.

Mas os nazistas pegavam o que queriam. Seu dinheiro, suas louças, suas roupas, sua prataria, seus filhos ou sua vida. A primeira coisa que roubaram de nós foi o piano de meus avós — alguns soldados entraram no apartamento uma tarde enquanto eu estava fora. Eles o rebocaram escada abaixo e pela porta, deixando uma pequena pilha de pó no espaço em que ficava. Quando cheguei em casa, Vovó era outra pessoa, como se seu coração tivesse sido arrancado do peito.

Pouco depois de a Alemanha invadir Przemyśl, crianças judias foram proibidas de ir à escola. Essa política não era novidade para os nazistas, apenas para aqueles de nós em Przemyśl. Em abril de 1933, o governo alemão ordenou que apenas 1% da população dentro das universidades alemãs fosse de judeus. O problema é que 5% da população alemã *era* judia. Então, em 1938, crianças judias foram impedidas de se matricular em qualquer escola pública alemã. Embora professores judeus — todos despedidos das escolas públicas — tivessem permissão de criar suas próprias escolas judaicas, muitas mães, avós, irmãos mais velhos e vizinhos preferiram o ensino domiciliar.

Renia e eu sempre frequentamos escolas públicas, e, durante a ocupação soviética, nada nos impediu. Nossos amigos e colegas eram judeus, poloneses e ucranianos, e não fazíamos distinção alguma entre eles. Nossos professores também não. Mas, quando os nazistas chegaram, fui forçada a ficar em casa. Durante esses longos dias, sonhava acordada ou inventava histórias com minhas bonecas. Quando ficava entediada a ponto de não aguentar mais, colocava meu casaco e saía para caminhar, contando os minutos até que Dzidka chegasse em casa da escola e eu pudesse correr para a casa dela.

Renia escrevia em seu diário, criava poemas, enviava cartas e olhava pela janela durante horas, sentindo nada. Às vezes, ia de fininho até a casa de Norka para estudar francês ou história antiga, dependendo dos livros, e não de professores. Felizmente, Jerschina ainda aparecia para nos ensinar polonês, e Renia sempre esperava por essas aulas ansiosamente.

Em 1944, ainda não tinha voltado para a escola, mas me matriculei em um conservatório em Salzburgo, que era o mais próximo de uma educação que eu podia conseguir. Pensei o tempo todo em minha avó. Com meus dedos esticados pelas teclas de marfim, Vovó teria ficado muito orgulhosa de mim. Hoje, em meu apartamento, tenho um piano vertical da Steinway que fica encostado em uma parede e próximo de uma ampla janela, assim como o de meus avós. Quando fico nostálgica, toco músicas folclóricas polonesas e russas que meus professores me ensinaram na juventude, quando a música patriótica era cheia de esperança e rebeldia. Os nazistas podem ter tentado tirar tudo de nós — nossas identidades, nossas paixões e nossa educação —, mas não conseguiram roubar a música em nossos corações.

18. 7 DE NOVEMBRO DE 1941

O processo que ocasionou a criação do Gueto de Przemyśl foi lento, cuidadoso e bem elaborado. No fim do outono de 1941, o bairro de Garbaze — cercado pelo San a oeste, norte e leste, e ao sul, pela estrada ferroviária que ligava Cracóvia a Lviv — foi proclamado como área residencial de judeus. O estabelecimento do distrito se estendeu até o verão de 1942, e até essa época os judeus tinham permissão de caminhar livremente pelas ruas, contanto que usassem suas braçadeiras.

Essa área não era chamada de gueto — ainda. Era uma área residencial para judeus, e, quando um policial chegou batendo em nossa porta no início de novembro de 1941, ele queria que nos mudássemos para lá. Não sei quem o subornou, mas tenho quase certeza de que foi meu avô. Talvez tenha apelado ao fato de que ele era polonês como nós e que os alemães podiam tomar nossos bens e casas, mas não quem éramos. Mas aposto que meu avô não disse muito. Provavelmente vasculhou sua mesa, pegou algumas moedas de ouro e resmungou: "Aqui, leve isso. Mas, por favor, deixe minha família ficar. Por favor, pelo menos por enquanto."

Mas sei que meu avô percebeu que da próxima vez que um soldado ou um policial batesse na porta, suas ordens talvez fossem definitivas para sairmos, imediatamente, com apenas 25 quilos de nossos bens materiais dentro de uma mala. Talvez meu avô pudesse tentar subornar essa pessoa também, mas não se pode fazer isso por muito tempo. Perderíamos nossos bens e nossas casas, e tínhamos que nos preparar.

Em determinado momento do outono de 1941, meus avós retiraram toda a prataria, que guardavam junto com porcelanas de Sêder, de um grande armário na sala de jantar e as encaixotaram. Forrando uma enorme caixa de madeira com papel e tecido, eles posicionaram colheres, facas, garfos, travessas, candelabros e qualquer peça de prata da casa e embalaram firmemente. Depois fecharam a tampa com pregos. Tarde da noite, meu avô entrou sorrateiramente em seu pequeno porão e enterrou a caixa com uma pá. Pelo que eu saiba, ela ainda está lá.

19. 24 DE NOVEMBRO DE 1941

Não sei bem o que Renia quis dizer quando falou que Buluś mudou a casa. Será que minha mãe removeu todos os bens que sabia que os alemães levariam? As fotos de família, as pratarias e as roupas que a lembravam a casa?

Deve ter sido isso. Esconder seus bens era um pequeno ato de controle e rebeldia, e se minha mãe fez algo na vida foi assumir o controle das situações.

Minha mãe morreu de câncer no fim de 1969. Começou no seio, mas naquela época não existiam mamografias, então ela só descobriu quando já tinha se disseminado para o quadril. Estava doente desde mais ou menos 1960 e havia se casado com um homem chamado Clyde, pois sabia que ele podia ajudar a tomar conta dela. Ele era bom com ela, mas não gostava muito de estrangeiros, apesar de ter amigos imigrantes e um deles tê-lo apresentado à minha mãe.

Esse não era seu único segredo. Quando esvaziei seu apartamento, encontrei duas malas pequenas que ela escondera no guarda-roupa. Dentro de uma delas, havia duas pequenas colheres de prata, um maço de fotografias de família, um par de brincos de pérola, alguns braceletes de ouro e um colar de contas feito de coral. Eram tesouros da minha infância, as memórias que eu havia guardado na mente e tinha medo demais de desenterrar porque poderiam me fazer chorar. Na outra mala, encontrei tradicionais roupas polonesas bordadas e com miçangas que Renia e eu usamos no festival da colheita em Zaleszczyki. Eram Krakowski Strój, ou seja, roupas tradicionais da região da Cracóvia. Lá, dentro daquelas malas, estava minha infância. Lá estava a Polônia. E não tenho ideia de como minha mãe levou tudo isso da nossa propriedade para Przemyśl, para Varsóvia, para a Áustria e para todas as outras dezenas de lugares em que vivemos depois da guerra, sem que eu soubesse.

20. 8 DE DEZEMBRO DE 1941

A notícia de meu pai e Lila morando em um gueto é uma das poucas informações sólidas que tenho de seu paradeiro no final de 1941. Infelizmente, o que Renia escreveu não revela muita coisa. Não sei em qual gueto eles estavam, apesar de provavelmente ter sido o de Horodenka, para onde fugiram quando foram forçados a sair de nossa propriedade. Os alemães criaram o gueto de Horodenka por volta de abril de 1941, estabelecendo-o em uma parte da cidade que tinha um terço da área onde a maioria dos judeus vivia antes.

Se meu pai e Lila estiveram lá, certamente não sobreviveram. Isso porque, no dia 5 de dezembro, os nazistas executaram sua "Primeira Ação" em Horodenka, reunindo um esquadrão da morte para fazer uma limpa. Eles atraíram 2.500 judeus — metade da população do gueto — para fora, informando que receberiam uma vacina contra a febre tifoide. Em vez disso, todos foram assassinados em uma floresta próxima. Os que permaneceram no gueto foram isolados em um trecho de quatro quadras, vivendo praticamente um em cima do outro até o dia 2 de setembro de 1942, quando a maioria foi enviada ao campo de concentração em Majdanek, a cerca de 400km a noroeste.

Os nazistas mantinham registros meticulosos nos campos, mas não temos a data de nascimento do meu pai, então não sabemos se ele esteve lá. O mesmo se aplica a Lila.

21. 28 DE DEZEMBRO DE 1941

No dia 26 de dezembro de 1941, os nazistas anunciaram que os judeus tinham que entregar seus artigos de pele porque as tropas alemãs precisavam deles no campo de batalha. Policiais alemães e poloneses — como aquele que subornamos meses antes — invadiram casas e confiscaram artigos de pele, e, nas ruas, policiais alemães paravam judeus, homens e mulheres, arrancavam os forros de pele de seus chapéus ou casacos e seguiam em frente. Em alguns casos, as mulheres também eram obrigadas a tirar os sapatos. Elas os tiravam e iam para casa caminhando pelas ruas de paralelepípedos somente de meias.

Minha avó havia contratado um alfaiate para fazer nossos casacos. O da minha irmã era totalmente forrado e tinha uma gola de pele, o do meu avô ia até abaixo do joelho e era todo forrado com pele, e o da minha avó também. O meu era igual ao da Renia, mas em uma versão menor, e sempre os usávamos com meia-calça e chapéus no inverno. Tínhamos outros casacos, mas esses eram os melhores — os que usávamos em ocasiões especiais e quando estava no auge do inverno.

Quando Vovô ficou sabendo que os alemães publicaram um decreto sobre nossos artigos de pele, não entrou em pânico. Alguma parte esperançosa dele decidiu que a guerra acabaria logo. Ele sobreviveria. Poderia perder os artigos de pele da família no momento, mas os reaveria quando tudo acabasse e os alemães recuassem.

Então elaborou um plano e pediu um favor a um amigo.

Meu avô trabalhou algumas vezes com um ucraniano que fazia chaves. Eles se gostavam e confiavam um no outro, então Vovô juntou todos os nossos artigos de pele, colocou-os em uma mala e foi até a loja do ucraniano, que ficava perto.

"Pegue estes casacos", disse. "Por favor, guarde-os para mim. Voltarei quando a guerra acabar."

Acho que não preciso dizer que nunca reavemos esses casacos. Todos, exceto eu e, talvez, o chaveiro, morreram antes do inverno seguinte.

22. 9 DE ABRIL DE 1942

Quando seu distrito era fechado, não era com muros ou arame farpado, como logo ficaríamos trancados no gueto, mas com a proibição de sair do bairro sem permissão especial dos alemães. A casa dos meus avós ficava na rua principal da cidade, e pelo que eu saiba Norka vivia em um bairro diferente, não lembro qual. Sei que morava em uma rua menor — não em uma das principais —, mas nossa cidade era pequena, então Renia podia caminhar até lá com facilidade. De qualquer maneira, a possibilidade de minha irmã ver Norka todos os dias, como sempre fez, eram mínimas, porque ela não tinha os documentos adequados.

Mas, por volta dessa mesma época, coisas ainda piores aconteciam perto da saída da rua principal para o subúrbio. O cemitério judeu de Przemyśl fica bem próximo de Slowackiego e foi construído em uma colina por volta de 1860, quando o velho cemitério lotou. Ouvi dizer que é lindo hoje em dia: montanhoso, arborizado e coberto de vegetação no meio, onde ficam os túmulos mais antigos, alguns dos quais até tombaram um pouco para o lado com o tempo. Os túmulos mais recentes estão voltados para fora, e geralmente podemos encontrar flores ou fotos em suas bases.

Esse foi um dos locais em que oficiais da Gestapo decidiram executar judeus a partir da primavera de 1942, quando Renia percebeu que nunca mais veria Norka novamente. Foi também para onde levaram a mãe de Maciek no dia 3 de setembro de 1943, depois que foi encontrada em um búnquer no gueto com outros trinta judeus. Antes de a Gestapo levá-la para o cemitério, onde a forçaram a se despir e cavar sua própria cova, ela olhou para um dos guardas e disse: "Sim, vocês me pegaram, seus desgraçados, mas nunca pegarão meu filho e meu marido."

23. 12 DE MAIO DE 1942

Nunca entendi o relacionamento dos meus pais da maneira que Renia entendia. Nas minhas primeiras memórias, eles estavam separados porque minha mãe agenciava minha carreira em Varsóvia e meu pai tinha seu negócio na propriedade. Havia algo de errado? Não que soubesse, mas eu era uma menininha ocupada que nunca teve um relacionamento de verdade com o pai. O que havia para ser compreendido? Renia era quase uma adolescente quando minha mãe e eu nos mudamos para Varsóvia, então teve muitos anos antes de mim para ver coisas que não vi e sentir coisas que nunca senti. Acho que é por isso que minha mãe disse a ela que ia pedir o divórcio. Sabia que Renia entenderia, mesmo que fosse difícil para ela aceitar.

Renia não me contou nada, mas isso era típico dela. Embora reclamasse de eu ser muito paqueradora, chata ou respondona, era sua irmãzinha e ela queria me proteger. Também nunca perguntei para minha mãe o que a fez querer o divórcio. Claro, ela não via meu pai há anos, pelo que eu saiba, mas o divórcio era uma grande decisão que mudaria sua vida. As mulheres não faziam isso naquela época.

Já meu pai... me parte o coração dizer isso, mas a carta que Renia mencionou foi a última vez que tivemos notícias dele. A guerra matou a maior parte da minha formidável família. Que Deus o guarde, Bernard Spiegel, meu Ticio. Você foi um homem de poucas palavras, que cuidava de seus campos, com suas botas brilhantes de couro e seus cintilantes olhos verdes sob o sol do verão. Queria tê-lo conhecido melhor e por mais tempo.

24. 7 DE JUNHO DE 1942

Existe um bairro em Przemyśl chamado Zasanie e, antes da guerra, ele tinha uma sinagoga. Durante a guerra, os alemães transformaram a sinagoga em uma usina elétrica e forçaram os residentes judeus a viverem juntos em um prédio. Li que havia entre 45 e 60 ocupantes, amontoados como sardinhas.

No dia 3 de junho de 1942, os alemães assassinaram 45 dessas pessoas. Assim como tantas outras antes delas, foram colocadas em caminhões, levadas a um forte nos subúrbios de Przemyśl e executadas uma a uma com um tiro na nuca. Logo antes de morrerem, muitas delas — como a mãe de Maciek — foram forçadas a tirar toda a roupa e cavar suas próprias covas.

Não me lembro disso, mas outros judeus — tanto em Zasanie quanto em Przemyśl — apanhavam na rua por tentar roubar um pão. Outros eram perseguidos por cães enquanto os soldados — alguns com seus filhos do lado — riam. Depois os judeus eram enforcados, um espetáculo público ao qual as crianças também assistiam.

Escrever isso me faz mal. Renia tinha as emoções plenas e abertas para descrever o que viveu, mas agora, na maior parte do tempo, não tenho. Quando as pessoas me perguntam sobre a guerra, só não quero falar sobre o assunto.

25. 19 DE JUNHO DE 1942

No início do verão de 1942, ouviram-se notícias de uma série de revoltas antijudeus nas cidades de Tarnów e Rzeszów, que ficavam ao longo da estrada entre Przemyśl e Cracóvia. A comunicação entre as cidades não era confiável durante a guerra, então o Judenrat de Przemyśl decidiu que precisava fazer uma investigação para descobrir se os rumores das revoltas eram reais. E eram.

"Isso não pode acontecer aqui conosco", falou o Judenrat à Gestapo. "Já estamos enfrentando o bastante sem toda a comunidade nos perseguir também."

O Judenrat e os alemães trabalharam juntos de duas formas. Como o Judenrat era administrado pelo governo nazista, realizava serviços como o registro de judeus e os relatórios desses números. Também trabalhava para proteger a comunidade judaica; organizando a distribuição de alimentos, ajudando os idosos e tentando facilitar a vida no gueto. Não era incomum recorrer à Gestapo com uma reclamação; sabia que a comunidade judaica precisava de proteção e achava que a Gestapo podia oferecê-la.

Os oficiais da Gestapo ouviram e assentiram, parecendo solidários. Depois disseram que planejariam algo. Alguns dias depois, anunciaram o plano.

"Se vocês se comportarem bem, nós os protegeremos", disse um oficial da Gestapo.

"Mas como?", perguntou o chefe do Judenrat.

O chefe da Gestapo, cujo nome era Benthin, limpou a garganta.

"Se você me fornecer mil jovens para trabalhar no campo Janowska em Lviv, eles serão protegidos. Nada acontecerá a eles."

No dia 18 de junho de 1942 — a noite terrível que Renia descreve, que também era seu aniversário —, 1.260 judeus foram colocados em carroças e transportados para o trabalho forçado em Janowska. Lá, a maioria foi escravizada, trabalhando com carpintaria ou metalurgia para os nazistas. Para piorar as coisas, a Gestapo matou muitos de seus parentes lá mesmo, nos trilhos, enquanto se despediam. Posteriormente, as famílias que não foram mortas tiveram que pagar pelo transporte de seus entes queridos para os campos.

Tudo o que a Gestapo disse era mentira, e ela traiu a confiança do Judenrat para ajudá-la com seu trabalho sujo.

AGRADECIMENTOS

Gostaria de dedicar este livro à memória de minha querida irmã, Renia. Ela foi uma figura materna para mim durante a guerra. Por meio deste livro, sua memória não se perderá na história.

Sou grata à renomada estudiosa do Holocausto, Deborah Lipstadt, por escrever a introdução para este diário. Agradeço sua compreensão das poesias, do amor e da humanidade de minha irmã.

Para *moja mamusia,* Bulczyk. Você foi a mulher mais bonita, bem educada, elegante e engenhosa que já conheci. Soube como navegar pela vida. Soube como sobreviver. Você me trouxe ao mundo, me deu a coragem, a esperança e uma nova oportunidade nos Estados Unidos.

Há certas pessoas a quem devo minha existência. Sua coragem é a razão de eu estar viva hoje: Ludomir Leszczyński, um polonês íntegro que, sob risco de pena de morte, me salvou e me levou de Przemyśl para minha mãe em Varsóvia; a família Bereda, que me recebeu em Varsóvia, me reuniu com minha mãe, a quem eu não via há dois longos anos, me ajudou a obter documentos e, basicamente, salvou minha vida — de novo; Zygmunt Schwarzer, que arriscou sua vida para me tirar do gueto de Przemyśl e me levar a um lugar seguro. Ele salvou minha vida. Novamente. Trouxe os últimos resquícios de minha irmã na forma do diário e encontrou milagrosamente minha mãe nos Estados Unidos. Devo minha vida a eles eternamente.

Meu total apreço a Tomasz Magierski. Ele desenterrou clippings de imprensa, rolos de filmes, fotografias e inúmeros outros documentos sobre Renia e eu. Foi cativado pela história de Renia e, sem seus incansáveis esforços, sua história nunca teria ganhado vida. *Dziękuję bardzo.*

Gostaria de reconhecer com gratidão o apoio e o amor de minha família: meu filho, Andrew Bellak, e minha nora, Susan. Meus lindos netos, Theo, Nicholas e Julian.

Uma nota especial de agradecimento a Marta Dziurosz e Anna Blasiak, que tiveram a difícil e árdua tarefa de traduzir mais de setecentas páginas escritas do trabalho de minha irmã, incluindo sessenta poemas.

Muito obrigada a Jennifer Weis, da St. Martin's Press, por se interessar por esta história e acreditar sinceramente que ela precisava ser contada!

A meu recém-falecido marido, George Bellak, com quem fui casada por 53 anos, sinto muito a sua falta. Você me entendeu de maneira inquestionável. George foi meu *wunderkind* vienense, que deu apoio incondicional, amor e devoção a mim e a nossos filhos.

Gostaria de agradecer a todos aqueles cuja assistência se revelou um marco na realização de meu objetivo final: contar ao mundo o que aconteceu.

Gostaria de fazer uma homenagem ao restante de minha família, que não teve tanta sorte e pereceu no Holocausto.

Porém, mais do que qualquer outra, existe uma pessoa cuja dedicação e perseverança infalíveis garantiram que as palavras de minha irmã não fossem perdidas na história.

Essa pessoa é minha querida filha, Alexandra Renata.

O espírito de Renia continua vivo por meio de Alexandra, e as gerações de futuros leitores serão gratos a ela.

— *Elizabeth Bellak*

Este livro foi impresso nas oficinas gráficas da Editora Vozes Ltda.,
Rua Frei Luís, 100 – Petrópolis, RJ.